本书系国家社科基金青年项目
"基于社会主义思想舆论壮大的新闻评论表达研究"
(项目批准号:13CXW001)的最终成果

新 闻 学 与 传 播 学 前 沿

转型期的
新闻评论表达研究

Discursive Dynamics of News Commentary
in China's Social Transition

胡沈明 —— 著

中国传媒大学出版社
·北京·

目 录

第一章　绪言　/　1
第一节　研究背景　/　1
第二节　研究综述　/　6
第三节　关键概念界定　/　11
第四节　研究方法及研究价值　/　15

第二章　新闻评论的当代特征　/　18
第一节　观点表达:严重泛化　/　18
第二节　传播特征:分享决定价值　/　21
第三节　价值特征:满足社会交往　/　26
第四节　话语特征:解构话语居多　/　33
第五节　功能特征:强调功利性　/　41

第三章　新闻评论表达主体与共同体凝聚模式　/　45
第一节　建构型主体:中国新闻奖获得者　/　46
第二节　理念模糊型主体:大学生群体　/　57
第三节　解构型主体:市场倾向的表达者　/　69
第四节　学术共同体与党报评论共同体　/　91

第四章　不同情境下新闻评论表达者心态的公开呈现　/　102

第一节　日常情境　/　103

第二节　记者节　/　124

第三节　离职情境　/　139

第五章　传统媒体评论员的职业状态与评论认知　/　154

第一节　新闻评论表达者基本情况　/　154

第二节　新闻评论表达者微博使用状况　/　163

第三节　评论主体的评论认知　/　172

第六章　转型期新闻评论表达的问题　/　185

第一节　新闻评论表达发展背景：社会转型　/　185

第二节　进攻型表达：网络道德绑架　/　188

第三节　求利型表达：追逐热点，肆意阐释　/　196

第四节　违规式表达：躲避技术把关，引发表达无序　/　200

第五节　简化表达：利用场景进行论证　/　210

第六节　新闻评论表达问题的产生原因　/　215

第七章　新闻评论壮大社会主义思想舆论的策略　/　219

第一节　壮大主流舆论表达主体　/　219

第二节　培养表达主体理性意识　/　222

第三节　推进人工智能辅助表达　/　225

参考文献　/　232

第一章 绪言

在由物质交往和精神交往组成的整个社会生活中,"以语言为媒介"①的精神交往与人们的信息传播、知识传递、情感表达和观点表达密切相关。在语言及其承载的内容仅限于人际传播之时,其效率和影响较小,但当其借助媒介向外大范围传播之时,经过拟态环境的塑造,其对社会的影响更大。泛媒时代人人皆媒,人的观点及其情感表达一旦激起共鸣,无论真假、正确与否,其对社会的冲击力可想而知。现象学认为,人类的所有认知和表达都摆脱不了主观意识,在社会精神交往日益频繁的今天,关注表达背后的观点与情感,壮大社会主义思想舆论,对于维护正常社会秩序极其重要,有助于做到"人民有信仰,民族有希望,国家有力量"②。壮大以社会主义核心价值观为基础的主流思想舆论是维护社会整体存在、规避社会割裂的手段之一。

第一节 研究背景

当前,中国日益崛起,国际竞争日趋激烈,同时国内正处于由传统农业社会向工业社会、消费社会、网络社会转型的阶段,网络舆论往往成为国际利益、社会利益、社会思潮的角斗之所。新闻已成为各种社会心态显现的触媒,新闻评论更是各种社会思潮争夺话语权的场地。

一、政治背景:网络舆论斗争激烈

网络无界,传统意义上的国家主权界限消失,然而现实世界中的国家意

---

① 郭庆光.传播学教程[M].北京:中国人民大学出版社,2011:11.
② 习近平:人民有信仰民族有希望国家有力量[EB/OL].(2015-02-28)[2017-05-20].http://news.xinhuanet.com/politics/2015-02/28/c_1114474084.htm.

识、国家疆界以及国家利益错综复杂,使得网络成为各国进行意识形态斗争的重要场所。此时,维护国家网络主权及围绕网络主权进行的斗争成为当前一段时间重要的斗争。网络主权的核心包括掌握物理设备、网络设施不受外国侵害和控制的权利;掌握事实及其传播不受外部势力扭曲和歪曲的权利与能力;掌握国家文化、意识形态和主流价值观不受冲击的能力与权利。就新闻传播学研究而言,主要涉及网络舆论斗争方面,网络上的信息输出和价值渗透成为影响其他国家政治安全的重要手段。当前我国正处于社会主义现代化建设的关键时期,网络意识形态安全直接决定着国家建设的安全,习近平总书记指出"要深入开展网上舆论斗争,严密防范和抑制网上攻击渗透行为,组织力量对错误思想观点进行批驳。要依法加强网络社会管理,加强网络新技术新应用的管理,确保互联网可管可控,使我们的网络空间清朗起来"①。具体而言,网络舆论斗争不仅包括意识形态等价值层面的斗争,也包括事实层面的斗争,因为自媒体时代的事实呈现具有典型的碎片化、圈层性的特征,事实的不同层面可能为人们呈现出完全不同的世界。

二、社会背景:社会转型

"中国社会30年发展,是通过社会结构转型和经济体制转轨的方式实现的"②,依赖于结构转换而形成的社会转型强烈地冲击着人们既有的利益和思维框架,于是社会矛盾相对突出,人们弱势心理突出、群体心理极化、群体事件不断发生,冲击着社会既有的价值秩序和管理秩序。具体而言,中国当前的社会转型所造成的影响主要有以下两点:

一是主观社会阶层认知与客观社会阶层发生偏离。主观社会阶层是"个人对自己在社会阶层结构中所占据位置的感知"③。有研究者通过观察2001年至2011年中国主观社会阶层认知发现,"被调查者的主观经济社会

---

① 中共中央文献研究室.习近平关于全面深化改革论述摘编[M].北京:中央文献出版社,2014:83-84.
② 郑杭生.改革开放三十年:社会发展理论和社会转型理论[J].中国社会科学,2009(2):10-19,204.
③ JACKMAN M R, JACKMAN R. An interpretation of the relation between objective and subjective social status[J].American sociological review,1973(5):569-582.

地位认同结构出现了前期明显下沉,然后不稳定上扬的趋势"①,认为导致这种情况的原因不仅在于"相对剥夺感,还在于户籍身份、党员身份、近五年生活变化以及生活压力感等形成的转型期生存焦虑"②。近年来,有研究者发现"中层和中上层的负向情绪最低,用正向情绪减去负向情绪得到的净情绪来看,中层和中上层的净情绪最高,上层和下层的净情绪最低,中下层介于中间"③。这种强烈的认知偏差使得人们的弱势心态突出,在网络上表现出负面情绪,从而影响社会整体对社会心态和社会情绪的感知。

二是基于强烈心理不平衡感而产生的社会焦虑感和群体事件。近年来,群体事件频发,这些事件或涉及社会不公,或涉及社会利益纠纷,或由社会情绪累积而成,所涉领域包括城市管理、房屋拆迁、医疗纠纷、刑事处罚、政府行政以及环境事件等,产生原因涉及社会管理层面、个体认知方面、社会情绪方面和社会利益方面。这些事件不仅在现实社会中产生,有时还在线上产生,形成网络群体事件,不仅影响网络社会秩序和社会情绪,更可能影响良性社会心态的构建。近年来,这类群体事件已经由传统的利益纠葛型逐步转化为观念冲突型,由环境事件而引发的群体事件逐渐增多,同时在群体事件展现方式上也由传统的直接抗争型转换为语言抗争型,不少网络群体事件最终化为若干网络流行词语,这些网络流行词语通过移动媒体的场景化平台深植普通公众的内心之中,如"赵家人""低端人口"等系列词语;有时此种焦虑变成网络社会阶层间的冲突与争议,如"油腻中年男""保温杯""大妈""女文青"等系列词语的出现;更有甚者,不少网民形成"佛系心理"。

社会转型所导致的相关问题不仅在社会结构层面形成影响,更在社会心态层面形成影响。"社会心态是一段时间内弥散在整个社会或社会群体/类别中的宏观社会心境状态,是整个社会的情绪基调、社会共识和社会价值观的总和。社会心态透过整个社会的流行、时尚、舆论和社会成员的社会生活感受、对未来的信心、社会动机、社会情绪等而得以表现;它与主流意识形

---

① 陈光金.不仅有"相对剥夺",还有"生存焦虑":中国主观认同阶层分布十年变迁的实证分析(2001—2011)[J].黑龙江社会科学,2013(5):76-88.
② 陈光金.不仅有"相对剥夺",还有"生存焦虑":中国主观认同阶层分布十年变迁的实证分析(2001—2011)[J].黑龙江社会科学,2013(5):76-88.
③ 王俊秀.不同主观社会阶层的社会心态[J].江苏社会科学,2018(1):24-33.

态相互作用,通过社会认同、情绪感染等机制,对于社会行为者形成模糊的、潜在的和情绪性的影响。它来自社会个体心态的同质性,却不等同于个体心态的简单加总,而是新生成的、具有本身特质和功能的心理现象,反映了个人与社会之间相互建构而形成的最为宏观的心理关系。"①王俊秀将社会心态分为社会认知(社会安全感、社会公正感、社会信任感、社会支持感、社会认同与归属感、社会幸福感、社会成就感和社会成员自我效能感等)、社会情绪(社会焦虑、社会冷漠、社会愤恨、社会痛苦、社会愉悦、社会浮躁和社会贪欲等)、社会价值(国家观念、道德观念、公民观念、公私观念、责任观念、财富观念、人际观念、权力观念和文化观念等)和社会行为倾向(公共参与行为倾向、利他行为倾向、歧视与排斥行为倾向、矛盾化解策略、冲突应对策略和生活动力源等)四个指标。②

从社会结构的转型到社会心态的转变并非一个简单的过程,其形成源于人们对社会的长期感知,已有研究表明"新媒体可以重塑阶级或阶层"③,而新媒体的表达主要分为事实传递和观点表达,以新闻评论表达为主体的观点表达对于重塑主观阶层意识具有重要作用。已有研究表明"主观社会阶层中层和中上层成为积极社会心态的核心,他们的幸福感更高,安全感更高,公平感更高,社会支持感更高,社会信任更高,积极情绪更高,消极情绪更低,社会参与程度更高"④,探讨这类人群的新闻评论表达模式及其激励模式对于壮大社会主义思想舆论具有一定的价值。

三、技术背景:媒介即生活

第53次中国互联网络发展状况统计报告显示,截至2023年12月,我国网民规模达10.92亿人,互联网普及率达到77.5%,手机网民规模达10.91亿人,占比为99.9%,网民周上网时长26.1小时。⑤ 如按正常成年人一天睡眠9小时,进餐等生活必要时间3小时,工作8小时计算,一周剩余时间仅为28

---

① 杨宜音.个体与宏观社会的心理关系:社会心态概念的界定[J].社会学研究,2006(4):117-131,244.
② 王俊秀.社会心态的结构和指标体系[J].社会科学战线,2013(2):167-173.
③ 周葆华.新媒体使用与主观阶层认同:理论阐释与实证检验[J].新闻大学,2010(2):29-40.
④ 王俊秀.不同主观社会阶层的社会心态[J].江苏社会科学,2018(1):24-33.
⑤ 中国互联网络信息中心.第53次《中国互联网络发展状况统计报告》[R/OL].(2024-04-03)[2024-06-08].https://www.cnnic.net.cn/n4/2024/0322/c88-10964.html.

小时,网民上网时间几乎达到极致。这表明网络,尤其是移动网络,占有人们绝大部分的闲暇时间,或已经完全侵入人们的工作、学习、睡眠等日常生活必要时间中。与此同时,报告显示,网民手机即时通信使用率占比97.7%,短视频用户占比96.4%,在线政务用户占比89.1%,网络支付用户比例达到87.3%。① 在日常生活的衣食住行等消费中,网络的介入程度相当惊人,人们的日常生活十分依赖网络。在此种情形之下,媒体呈现出"媒体功能弱化""媒介功能凸显"②两大特征,媒体内容呈现出意义消解的倾向,表现为"政治性内容逐步走向商业和娱乐,内容成为社会权力争夺的战场,为构建自我存在的内容大量呈现"③。

四、文化背景:新闻评论成为影响思想舆论走向的重要工具

在网络基础设施得到极大提高之时,网络使用尤其是自媒体平台的出现改变了传统的信息传播渠道和信息生产结构,普通民众也成为信息输出的重要组成部分。按传统新闻与新闻评论二分法的思维进行思考,由于每个人都具备提供信息、生产"新闻"的可能性,一般性社会信息价值大为降低。此时两类行为影响信息在民众中的接受度:一是信息分布碎片化导致信息发布碎片化,民众成为信息发布的主体;二是信息所具有的不可更改的权力属性使得其可操作的余地较小,对信息进行加工处理(尤其是进行评论)能极大地提高信息传播的速度和广度。网络介入日常生活使得观点表达的重要性和资本回收的可能性提高,观点表达性内容和娱乐性内容成为人们的关注重点。观点表达使得普通民众不但能参与社会表达,而且能介入社会权力的运行之中。

与此同时,由于网络成为人们生活和交往的平台,网络媒介本身亦成为人们关注和评论的焦点。随着社交媒体高度介入人们的日常生活,新闻评论中媒介批评的分量越来越重。

媒体在发展与使用的过程中,对私人领域的侵入日益明显。与此同时,伴随着移动互联网的产生,人们的社会生活越来越场景化,人们接触到的媒

---

① 中国互联网络信息中心:第53次《中国互联网络发展状况统计报告》[R/OL].(2024-04-03)[2024-06-08].https://www.cnnic.net.cn/n4/2024/0322/c88-10964.html.
② 胡沈明,戴婧怡.媒体变迁之路:功能的弱化和意义的消解[J].现代视听,2018(3):36-39.
③ 胡沈明,戴婧怡.媒体变迁之路:功能的弱化和意义的消解[J].现代视听,2018(3):36-39.

体内容越来越依赖场景,评判媒体产品状况的要素也由传统的内容和形式两要素转变为"内容、形式、关系和场景"①四要素。

第二节　研究综述

对于新闻评论的研究主要有两种视角:一种是将其作为新闻操作手段进行业务层面的研究,主要探讨说服的方式;另一种是将其视为一种研究材料和文本,将其与政治、经济、文化和社会发展相联系,从功能的视角加以分析,或者将其作为材料研究群体、群体意识以及群体间的关系。总体而言,国内的新闻评论研究偏向于业务和政治功能研究,间或少量涉及群体意识方面的内容。

一、国外研究现状

目前英美等国的研究者对新闻评论本身的研究并不重视,新闻评论与其他新闻作品一样,仅是其他研究领域所使用的基本材料。近代以来,不少学者从权力的角度来论述社会中的各种现象,哈贝马斯认为公共舆论作为批判力量或作为展示和操纵力量,含义是不同的;福柯以性和监狱为例,从压抑的角度考察了社会中权力控制的种种方式;托夫勒在《权力的转移》一书中将权力划分为"知识、金钱、暴力";布尔迪厄认为,作为符号权力的话语是一种合法的权力,它既引出统治者的赞同也引出被统治者的赞同,一种思想从来不是独自生存的,它总是在与其他社会思想相互斗争的场域中不断发展壮大的;费尔克拉夫将话语分析和社会理论结合起来,从身份功能、关系功能和观念功能三方面具体研究社会权力的分布。上述研究者提供的研究思路和研究方法成为新闻评论研究的主要手段,有关理论以及研究成果大量存在于传播学以及社会学之中。

就目前来看,英语文献中有关评论的词语主要有 commentary、opinion writing、online comments、letters to editor、public sphere、editorial 等。在这几种评论中,在线评论、来论以及媒体从业人员的非新闻表达往往成为主要研究

---

① 彭兰. 场景:移动时代媒体的新要素[J]. 新闻记者,2015(3):20-27.

内容,其研究视角从公共领域、权力、政治参与、女权主义、民族主义等领域入手。研究发现,来论主要为方便市民就重要问题发表观点[1],由于存在把关的环节,来论不等于舆论,但来论作者群体通常年长、有知识、更保守[2]。相对于来论而言,在线评论在内容上更易于挑战社区规则。[3] 通过补充信息,在线评论与传统新闻形成竞争关系[4],同时在线评论具有界定记者边界的功能[5]。就在线评论的发表群体而言,那些更加愉快和自恋的人[6]喜欢发布在线新闻评论。在记者的非新闻评论表达中,芭比·泽利泽(Barbie Zelizer)认为记者本身就是一个阐述共同体,通过阐述,职业理念得以形成。[7]

总体而言,国外的研究视角多从公共领域入手,着重分析新闻评论对社会权力的分配和改变,其研究视角以解构和探讨原理为主。这与国内的研究旨趣有较大不同,国内的研究多以建构的眼光,关注新闻评论对舆论引导、社会发展、社会认同以及共同体的建构。

二、国内研究现状

目前国内对新闻评论的研究主要有三个方向:一是研究新闻评论写作模式;二是研究新闻评论发展变迁;三是研究新闻评论与社会的关系。

在操作层面上的研究成果主要集中于教材、新闻业务类期刊、社交媒体以及一些讲座和发言。在教材上,目前国内已出版新闻评论类教材100余部,形成了老中青三代并存的格局。较为早期的教材有郭步陶、程仲文、王民等人的;改革开放后,丁法章、王振业、邵华泽、范荣康、胡文龙、涂光晋、李

---

[1] DEARDEN P. Letters to the editor, editorials and agenda setting: a case study of newspaper response to an environmental problem[J]. Journal of Environmental Management, 1985(22):39-54.

[2] GREY D L, BROWN T R. Letters to the editor: Hazy reflections of public opinion[J]. Journalism quarterly, 1970(3).

[3] MCCLUSKEY M, HMIELOWSKI J. Opinion expression during social conflict: comparing online reader comments and letters to the editor[J]. Journalism, 2012(3):303-319.

[4] DOMINGO D, QUANDT T, HEINONEN A, et al. Participatory journalism practices in the media and beyond[J]. Journalism practice, 2008(3):326-342.

[5] WOLFGANG J D. How commenters use online forums as spaces for journalism's boundary work[J]. Newspaper research journal, 2018(1):55-68.

[6] WU T Y, ATKIN D. Online News comments: exploring the role of user personality, self-efficacy, and motivations[J]. Journalism & mass communication quarterly, 2017(1).

[7] ZELIZER B. Journalists as interpretive communities[J]. Critical studies in mass communication, 1993(3):219-237.

德民、于宁、杨新敏、赵振宇、马少华、李法宝、殷俊、吴庚振、薛中军、曹林等先后出版了相关教材。这些教材的编著者大多具有丰富的新闻评论从业经验。在新闻业务类期刊上，一些学者发表了关于新闻评论案例和现象分析的理论文章，一些新闻评论从业人员如卢新宁、杨健、米博华、范正伟等也零星地发表了一些新闻评论写作感想。马少华和赵振宇则在《新闻与写作》上开设专栏关注新闻评论写作问题。除此之外，马少华（微信公众号"少华读书"）、曹林（微信公众号"吐槽青年博士"）以及华中科技大学新闻评论研究中心（微信公众号"喻论"）还利用微信公众号以及开设讲座等方式公开发布新闻评论写作的经验、心得，并对当前一些新闻评论操作模式进行分析，在业界以及大学生中产生的影响较大。

在新闻评论特征层面上，王首程关注了微博中言论跟帖的情绪化、娱乐化和随意化倾向[①]，董天策认为"认知偏差"导致了非理性表达[②]，党明辉关注了在线新闻评论表达的负面情绪化[③]，李永健和张弛关注了新闻评论过程中的多元化场景建构问题[④]。在新闻评论的发展道路选择上，何桦认为"调查+评论"是报业转型的关键所在[⑤]；孙志军和张若云认为要做好新闻评论转型，重在关注其"启蒙效果"[⑥]。

在新闻评论研究上，杜涛关注了新闻评论概念的不同[⑦]，彭鹏、陈敏、杨娟和赵振宇、李文甫和龚小浅、王振宇以及胡沈明等不少研究者从纵向历史发展的角度描述了新闻评论的话语变迁、表达方式变迁以及其他发展变化。在评论社群的相关研究中，陈敏、刘雨祺分析了新闻评论员群体"逐自由而居"[⑧]的特性。

---

① 王首程.情绪记忆与娱乐本性对微博表达的影响：一项关于微博评论的个案分析[J].广州大学学报（社会科学版），2013(10)：32-36.
② 董天策.媒体言论的社会认知偏差与非理性表达：以周鼎"自白书"事件中的评论为例[J].新闻界，2015(4)：28-31.
③ 党明辉.公共舆论中负面情绪化表达的框架效应：基于在线新闻跟帖评论的计算机辅助内容分析[J].新闻与传播研究，2017(4)：41-63，127.
④ 李永健，张弛.融媒体时代多元化场景建构《中国舆论场》：电视新闻评论节目的创新探索[J].电视研究，2017(10)：44-46.
⑤ 何桦.报业转型：红星新闻"调查+评论"模式探究[J].新闻战线，2018(2)：64-66.
⑥ 孙志军，张若云.近代报刊启蒙对新闻评论转型的启示[J].青年记者，2018(2)：126-127.
⑦ 杜涛.新闻评论的定义之争与研究路径整合[J].新闻界，2013(22)：41-45.
⑧ 陈敏，刘雨祺."逐自由而居"：新媒体语境下评论社群的话语建构[J].国际新闻界，2016(12)：95-109.

第三种研究取向形成不久,有"建构"与"解构"两种研究取向,具体探讨了新闻评论与下述四个方面的关系:

与舆论间的关系。涂光晋分析了当代新闻评论结构性特征是"多媒体生存、多功能延伸和多主体参与"①,陈家兴认为提高新闻评论舆论引导能力的核心在于"隐蔽自然",赵振宇认为新闻评论的重点在于科学、民主、独立与宽容等意识的培养,以期形成良好的舆论环境,但张显峰提出新闻评论不能做社会舆论的应声虫②。

与社会转型间的关系。周萃和董天策认为转型推动新闻评论,新闻评论在思想启蒙、表达自由、社会共识的形成等方面促进社会转型。周建明探讨了社会转型期新闻评论的规范,主张仍应从习惯、道德、法律等方面加以规范。社会转型期的这些问题实际上已经成为新闻评论的主要议题,同时它们也影响观点表达者之间的思想对话。赵振宇关注了评论正义③,丁法章则关注了新闻评论在社会转型和公共话语中的功能④,曹林和马少华认为新闻评论与假新闻传播有一定的关系,聂静虹、李磊磊和王博发现新闻评论的架构效果比新闻要强得多⑤。

与社会心态间的关系。目前直接探讨新闻评论或言论表达与社会心态关系的研究成果尚不多见,但对身处社会中的新闻评论者而言,其受社会心态的影响不言而喻。除此之外,不少新闻评论写作书籍都强调评论写作者要熟悉社会心态。作为呈现社会心态的一种方式,新闻评论已经将社会心态或与社会心态相关的内容作为自己的评论对象,如《人民日报》2011年发表"关注社会心态"的系列评论。新闻评论利用的知识原理主要源于社会心态研究的两个方面:一是社会心态调查,如王俊秀从"幸福""尊严""公正""和谐"四个方面发掘了生活压力感、安全与风险感受、社会信任特点、利他行为、公众参与、矛盾冲突的应对策略等几大社会心态指标,李培林则从经济的角度关注不同群体的社会心态。二是从社会转型的角度探讨社会心

---

① 涂光晋.多媒体生存·多功能延伸·多主体参与:改革开放30年新闻评论的发展与变化[J].现代传播(中国传媒大学学报),2008(6):12-15.
② 张显峰.新闻评论不能做舆论的"应声虫"[J].新闻与写作,2016(9):77.
③ 赵振宇,张强.新闻评论的正义观初探[J].国际新闻界,2013(11):34-46.
④ 丁法章.新闻评论在社会转型和公共话语中的独特功能[J].新闻战线,2013(3):98-100.
⑤ 聂静虹,李磊磊,王博.承前启后:新闻评论之架构效果探究[J].新闻与传播研究,2013(3):64-75,127.

态的变化,如揭扬、宋智勇、刘扬、刘燕等研究的转型期中国社会心态的特点及调适方式,周晓虹研究的中国人60年社会心态的变迁。除政治、经济等影响因素之外,以博客、微博(张月萍,2010;涂光晋,吴惠凡,2011;钱晓文,2012;马少华,2012;杨新敏,2012)等为代表的新媒介技术手段的运用也逐步影响了新闻评论表达者的心态。华中科技大学新闻与信息传播学院课题组认为社会心态影响新闻评论表达[①],刘涛则认为新闻评论是一种知识建构的过程[②]。

与社会权力运行间的关系。这种研究取向实为"解构",它主要从批判的视角研究新闻评论,将权力作为一种变量引入新闻评论研究之中,福柯、葛兰西、布尔迪厄、费尔克拉夫以及哈贝马斯等人的研究视角与方法被大量运用于此类研究之中。陈邵桂分析了元旦社论背后的政治心理文化变迁,刘学义研究了转型期言论话语权的转移,尹韵公分析了电视新闻评论的话语转型。

在社会思潮方面,许纪霖认为存在马克思主义、自由主义和文化新保守主义三种社会思潮,赵曜认为存在伪科学思潮、私有化思潮、新自由主义思潮、保守主义思潮、历史虚无主义思潮、民主社会主义思潮、殖民文化思潮、民族分裂主义思潮、拜金主义思潮以及利己主义思潮,语冰认为存在自由主义、新权威主义、民族主义以及"新左派",房宁认为存在自由主义、民族主义以及新左派,刘少杰认为存在新自由主义、新左派、民族主义、后现代主义、文化保守主义、怀疑主义思潮,萧功秦认为存在自由主义、新权威主义、新左派、新民族主义、文化保守主义以及民主社会主义。各种思潮目前正在利用各种表达手段和表达机会将自我呈现出来。在当前的新媒体时代,社会思潮传播呈现"话语明快化、科学化、内容现实化、碎片化、方式的立体化、个性化,路径的网状化、裂变化,时效的高效化、国际化"[③]等特征。新媒体在发展过程中,逐步由传统"重质"转到"重量"传播,网络民族主义和网络民粹主义

---

① 华中科技大学新闻与信息传播学院课题组.社会心态影响我国网民的网络表达研究:以微博网民对"药家鑫事件"的评论为例[J].新闻前哨,2013(12):52-55.
② 刘涛.作为知识生产的新闻评论:知识话语呈现的公共修辞与框架再造[J].新闻大学,2016(6):100-108.
③ 安娜,林建成.新媒体条件下社会思潮传播的特征及其引领[J].社会主义研究,2016(6):118-124.

发展汹涌。网络民族主义已获得多元化的特征,同竞争①、社会动员②、游戏心态③、极端行为④以及消费文化⑤等联系起来。网络民粹主义不但具有建构性特征,而且具有解构性⑥特征,它们由"不满、怨恨和愤怒情绪所驱动,体现着情感动员的鲜明特征"⑦,它们"对内与'新左派'结合,对外与民族主义结合"⑧,从而产生巨大的影响力与可能的破坏力。与此前社会思潮仅停留于学术圈内不同的是,当前由于新媒体的发展,各种社会思潮已与新闻评论表达密切联系。

目前,我国新闻评论的发展与研究呈现出这样三个特征:第一,在国家政策层面,由突出"引导"到注重"表达";第二,在评论思维层面,从争取独立到谋求宽容;第三,在表达主体方面,由精英表达变为全民表达。由此,导致新闻评论的研究取向出现从"引导"向"表达"的功能性转换;研究内容出现从操作模仿层面深入人的认识层面;研究视野则从理论批判进入理论前提批判。相对而言,在评论思想层面及其与社会心态间的相互关系方面,学者们则费力较少。因此,研究基于壮大社会主义思想舆论的新闻评论表达具有重要意义。

第三节　关键概念界定

本研究主要涉及两大核心概念:一是社会主义思想舆论,二是新闻评

---

① 周逵,苗伟山.竞争性的图像行动主义:中国网络民族主义的一种视觉传播视角[J].国际新闻界,2016(11):129-143.
② 郭小安,杨绍婷.网络民族主义运动中的米姆式传播与共意动员[J].国际新闻界,2016(11):54-74.
③ 王喆."今晚我们都是帝吧人":作为情感化游戏的网络民族主义[J].国际新闻界,2016(11):75-90.
④ 卜建华,潘云梦,张宗伟.青年群体网络民族主义极端行为研究[J].学校党建与思想教育,2017(21):44-47.
⑤ 杜骏飞.网络民族主义表达及文化消费景观:美联航事件、《人民的名义》谈话录[J].编辑之友,2017(7):109-112.
⑥ 刘小龙.解构与建构:当前中国网络民粹主义话语的生成逻辑[J].中共浙江省委党校学报,2017(4):82-91.
⑦ 刘小龙.论当前中国的网络民粹主义动员及其治理[J].社会主义研究,2017(4):46-56.
⑧ 刘小龙.当前中国网络民粹主义思潮的演进态势及其治理[J].探索,2017(4):48-56.

论。前者是研究的目的,后者是关注的对象。弄清二者的概念,对于了解目前新闻评论中存在的问题、解决问题和壮大社会主义思想舆论具有重要意义。

一、社会主义思想舆论

2013年,习近平总书记在全国宣传思想工作会议上提出要"壮大主流思想舆论",主流思想舆论是量的层面的规定,社会主义思想舆论是质的层面的规定,目前在我国,二者实际上是一致的。社会主义思想舆论并非一个简单的静态的内容,而是一个复杂动态的调整过程,在不同时期、不同场景,其内容略有差异,但总的来说大致包括价值观、文化观、行为观、话语观、生活观和目标观等方面。

在价值观上,主要是倡导"富强、民主、文明、和谐、自由、平等、公正、法治、爱国、敬业、诚信、友善"①24字社会主义核心价值观。

在文化观上,强化道路自信、理论自信、制度自信和文化自信四个自信,既对中华民族的传统文化高度认同,又不至于形成强烈的民族主义情绪,培养世界眼光、中国情结,共建"人类命运共同体"②。

在行为观上,增强"政治意识、大局意识、核心意识、看齐意识"③,以更大的担当,带给中国民众更多获得感。

在话语观上,主要体现在使用积极向上、充满能量的语言进行相应表达,避免语言中充满怨气。

在生活观上,"培育和践行社会主义核心价值观,大力倡导共产党人的世界观、人生观、价值观,坚守共产党人的精神家园;大力加强社会公德、职业道德、家庭美德、个人品德建设,营造全社会崇德向善的浓厚氛围;大力弘扬中华优秀传统文化,大力加强党风政风、社风家风建设,特别是要让中华民族文化基因在广大青少年心中生根发芽"④。

---

① 胡锦涛在中国共产党第十八次全国代表大会上的报告[EB/OL].(2012-11-18)[2017-03-20]. http://cpc.people.com.cn/n/2012/1118/c64094-19612151-6.html.
② 习近平.共同构建人类命运共同体[N].人民日报,2017-01-20(002).
③ 2016年1月29日,中共中央政治局召开会议,首次公开提出。
④ 习近平:人民有信仰民族有希望国家有力量[EB/OL].(2015-02-28)[2017-03-20].http:// news.xinhuanet.com/politics/2015-02/28/c_1114474084.htm.

在目标观上,同时满足国家宏观战略、社会发展需要、民众和谐、生活美满幸福等目标需求。坚持全面建成小康社会、全面深化改革、全面依法治国、全面从严治党的战略布局,实现经济建设、政治建设、文化建设、社会建设、生态文明建设五位一体。

总体而言,社会主义思想舆论是指在价值观上以社会主义核心价值观为指导,在目标取向上是"党要带领人民有效推进'五位一体'总体布局和'四个全面'战略,本世纪带领人民实现'两个一百年'奋斗目标、实现中华民族伟大复兴的中国梦"①。壮大社会主义思想舆论的方法路径是增强"四个意识",做到"四个有利于"②,最终实现"四个自信"。

二、新闻评论

我国新闻评论源起于古代政论,后新闻性日渐明显,逐渐形成新闻时评等。随着新闻媒体的日渐繁荣,新闻评论的种类越来越多。总体而言,在媒体平台产生之前的传统媒体时代,新闻评论的内涵与外延相对清楚,判断标准也相应明确。选题点、表达效率以及理性的论证方式是其基本特征。在选题点上,一般针对新闻事件、社会现象和社会问题;在表达效率上,有评论编辑直接认为"评论写作的本质是将复杂问题简单化"③;在论证方面,强调逻辑论证,在电视评论中,为将评论与一般的专题新闻相区别,有学者主张带有"新闻辩论"④性质的节目才是真正的电视新闻评论。但进入自媒体时代后,由于表达主体增多,表达渠道多元,表达方式规范性减弱,呈现方式受到媒体平台制约等,对于什么是新闻评论,人们观点并不一致。

依据研究目的和情境的不同,过往新闻评论的概念主要有"文体说""表达说"和"信息说"三种。而在自媒体时代,观点表达已成为社会交往的重要手段,其影响舆论的可能性大为提高。为研究方便起见,本研究将新闻评论

---

① 习近平.在党的新闻舆论工作座谈会上的讲话[M]//习近平.习近平总书记重要讲话文章选编.北京:中央文献出版社,党建读物出版社,2016:418.
② 所有工作有利于坚持中国共产党领导和我国社会主义制度,有利于推动改革发展,有利于增进全国各族人民团结,有利于维护社会和谐稳定。
③ 黄帅.评论写作,本质是将复杂问题简单化[EB/OL].(2018-04-13)[2020-07-18].https://mp.weixin.qq.com/s/_TDau1UE9Se80T3BKNHWnA.
④ 欧阳明.我国电视新闻评论的困局及解困策略探析[J].现代传播(中国传媒大学学报),2009(2):70-71,75.

界定为"借助新闻和社交场景进行观点和情感的公共表达,目的在于完成说服意图,影响社会舆论并介入公共生活之中"。做出上述判断主要有三个方面的原因:

第一,关于新闻性和逻辑论证的特性。由于信息传播广泛,新闻成为社会生活的基调,观点不必再依附于新闻;同时由于社交场景的存在,会出现大量能"言传意会"的情景,论证在某种意义上已成为非必要手段。第二,关于判断主体。在自媒体时代,传播的主客体出现转换,判断标准不再由表达者掌控,普通民众仅关注表达中的观点和情感,甚至有时仅接受表达行为本身,此时主体消失,依附于主体而存在的各种观念自然消失。第三,关于社会功能。新闻评论与普通表达最为显著的特征在于公共性,新闻评论表达并非自言自语,而是介入公共生活,影响社会舆论。

据此,传统的新闻评论表达、网络跟帖、评论区围绕新闻事件、社会现象和社会问题进行的观点交流、具有广泛社会心理基础的情感宣泄式表达均可纳入新闻评论研究范畴之中。这种观点对新闻评论虽有泛化的可能,但是强化了新闻评论新闻性的特征,扩展了新闻评论论证的空间,突出了新闻评论的功能。总体而言,新闻性、论证性和公共性依然是新闻评论的三大特征,只不过在自媒体时代新闻性、论证性和公共性均有所拓展。新闻性包括新闻事件、社会现象和社会问题;论证性既包括逻辑论证亦包括场景论证和情感论证;公共性将完全从个体角度出发,目标取向上无社会整体的观点性内容被排除在外。

这一概念的好处在于将观点表达与个体生活场景联系起来,从说服的角度关注评论。传播理论认为,人们的说服可诉诸理性,亦可诉诸感性和情感。但其缺陷也很明显,它突破了传统文体观和表达观,在思维理念上并不易为人所接受,本书使用此概念,主要是强化新闻评论的舆论功能。

除此之外,新闻评论的领域多样,既包括政论、财经评论、时评,又包括体育评论、书评、影评甚至是娱乐评论。由于本书的研究目标是为壮大社会主义思想舆论,因此本书所指新闻评论除具有上述特征之外,在内容上强调新闻评论影响舆论的特性,主要包括政论、时评以及重要的财经评论等。

三、新媒体与传统媒体

由于媒介技术发展迅速,目前新媒体、传统媒体、社交媒体、移动媒体、网络等概念在使用上往往存在一定的交叉。为避免理解上的偏差,本书将当前基于移动媒介技术而产生的媒介应用形式统称为新媒体,将移动媒体之前的应用形式和应用场景,如报纸、广播、电视、杂志、传统互联网等统称为传统媒体。传统媒体的核心是内容驱动,而新媒体则主要是平台和技术驱动。

因此,传统媒体是指报纸、广播、电视、杂志、传统互联网等媒体组织,将其员工亦称为传统媒体员工;新媒体是基于移动媒体技术而产生的媒体应用形式。如传统媒体组织在新媒体上进行一定的应用,我们依旧将其归入传统媒体类别之中,但将其应用形式称为新媒体应用。

第四节 研究方法及研究价值

一、研究方法

为了解当前新闻评论表达的主要特征、表达者的心态以及表达存在的问题,本研究主要采用文献分析、内容分析、田野观察、深度访谈以及举办学术会议等方式收集相关研究数据。

文献分析主要用于收集和分析大量新闻评论研究资料、新闻评论文本资料以及新闻评论表达理念等相关资料。在文献分析中,主要分析了当前新闻评论的表现形式及特征。

内容分析主要是对新闻评论员的新闻评论价值理念文本、记者节的相关文本、记者离职的相关文本等进行分析。通过内容分析与话语分析的结合使用,我们力图了解新闻评论相关表达主体对新闻评论发展现状、价值观念以及未来发展趋势的看法,从而分析影响新闻评论员价值观的相关要素。

田野观察主要考察了深圳特区报评论部、凤凰网评论部,以了解机构中新闻评论工作者的日常生活、心态和发展困境。

深度访谈主要访谈了20位知名新闻评论工作者,以了解他们对新闻评论现状的认知,了解他们的理想和理念。

我们还举办了第七届新闻评论高层论坛,吸引了70余位学者和评论员参与,并在会议举办期间通过交流、讨论、访谈等完成了相关资料的搜集工作。

总体而言,本研究既关注了人,又关注了产品,还关注了相关活动。

在人方面,通过对部分新闻评论从业者的基本资料、新媒体使用情况进行分析,我们了解了当前新闻评论表达者的职业状态及其对新闻评论的认知。为弥补文本分析的缺陷,研究者选取近20名较为活跃的新闻评论表达者进行深度访谈,获知他们新闻评论表达的心态。

在产品方面,我们通过关注新闻离职者的公共表达、记者节的表达以及新闻评论群体的公共表达,对其进行内容分析,力图拼合出新闻评论表达群体在公开场合下较为完整的表达心态。

在活动方面,我们通过对中国新闻奖、大学生评论比赛以及凤凰网"有声之年"等活动进行文献分析,重点关注了传统媒体新闻评论表达者、大学生新闻评论表达主体以及市场类媒体表达主体的表达心态和价值凝聚模式。

二、研究价值

具体而言,本研究的理论价值如下:第一,改变认识。我们认为新闻评论已成为多种社会思潮斗争的场域,据此研究主流思想舆论的壮大问题。第二,改变方法。引入现象学,发展对话理论,创新理论前提批判,从而为各种社会思潮在新闻评论中的交流奠定基础,进而壮大主流思想舆论。第三,探讨新变量。探讨新闻评论表达者心理对社会思想舆论的影响。

本研究的现实价值主要有:第一,调查新闻评论表达者的心态,发现新闻评论表达中出现的各种问题。第二,进行理论前提批判,引导新闻评论表达者具有宽容意识。第三,以社会共存为目标,以交流宽容为基础,研究逐步壮大主流思想舆论在新闻评论中的方式方法。

本研究的突出特色和主要建树体现在以下几个方面:

一是发现当前新闻评论的主要特征,具体表现为总体上呈现出功利化的趋势,在表达主体上强调自身的价值存在,在表达内容上强调娱乐化,在接受上则强调分享价值。

二是发现新闻评论表达主体心态与其从事的评论领域、开展新闻评论的方式有密切关系。

三是在表达理念上,消解型新闻评论表达者进行公开表达的愿望要大于建设型新闻评论表达者,同时表达者往往过分强调对他人的批判,忽视对自身、日常生活以及文化习俗等的反思与提升。

据此,本研究认为壮大社会主义思想舆论重在把控标准,壮大表达主体;改变心态,形成建设型新闻评论表达者;塑造情境,构建务实的对话空间,同时充分培养评论者的理性、人性和交往性。

第二章　新闻评论的当代特征

当前,新闻评论表达已表现出与传统新闻评论完全不同的特征,具体表现为观点表达范畴上已经严重泛化,传播特征上高度依赖分享行为,价值特征上高度依赖内容,话语特征上解构话语较多,在功能特征上则受制于自媒体,表达者为展示社会存在感而进行表达。

第一节　观点表达:严重泛化

与传统新闻评论不同的是,当前的观点表达已经严重泛化,从而使得传统新闻评论概念难以解释如今的现象。虽然有媒体人认为"微信、微博、社交媒体,依然不属于公共生活。尽管有些微信的段子很有趣,有些微博很有见解,但我把它们看成是个人意见、个人情绪、个人才华的一种展现,娱乐、消遣而已,不会看成是新闻发布和政策宣示。当然,评论的基本属性不会变,那就是必须有独到而高明的见解,思想之美永远瑰丽迷人"①,但从社会舆论的角度来看,只要具备新闻性、思想性、公共性和完整性,我们依然可以视其为评论,具体表现为:

在评论对象上,已经从单纯的新闻转变为新闻事件、社会现象、社会问题、周期性节假日以及针对相关观点进行表达。

在论证方式上,既有基于逻辑的说服性表达,也有基于事实和情感的说服过程,这种说服更多的是基于共同的意义空间,从而出现逻辑论证、事实论证和情感论证共存的现象。

---

① 高海珍,米博华. 一名评论员的成长逻辑:专访人民日报社原副总编辑米博华[J]. 新闻与写作,2016(5):58-61.

写作模式自由化。现在的写作模式已经变为"目标(说服或批驳)+出发点+论点+论证",论证方式既有知识说服、观点说服,又有情感说服。大多数表达忽略形式层面的内容,更专注于出发点、核心观点表达以及论证层面。只要对观点表达有相应材料支撑者均可纳入表达之中,这种相应材料支撑不仅指逻辑上的支撑,也包括情感、事实上的支撑,一个重要的原因在于论证碎片化。同时产生一种提示性论证或暗示性论证,这种论证基于场景而生,重点关注接受者的体验。

新闻评论表达泛化的表现如表2-1所示。

表2-1 新闻评论表达泛化的表现

条目	具体内容	困境表现
评论选题	新闻事件、社会现象、社会问题	社会现象和社会问题无法界定,选题泛化
写作主体	传统媒体专业人员、自媒体从业人员、机构媒体从业人员、社会公众	写作主体泛化
表达方式	直接表达和隐喻式表达	隐喻式表达增多,观点聚合表达和观点碎片化表达主要体现在舆情分析报告和观点摘引上
论证方式	逻辑论证、情绪论证、事实论证	强关系链的接触模式使得逻辑论证有效性降低
社会影响	媒体影响力、作品影响力、社会分享价值	基于社交媒体的分享过程弱化媒体影响力,强化作品影响力
评论公共性	针对公共问题进行公共讨论	私人领域公共化,公共领域私人化表达

一、场景化时代判断被隐藏

自媒体时代,信息扩散的速度和广度超越传统时代,人们在进行观点表达时往往借助已有社会情绪、社会心态和既有社会事件进行"言传意会"式表达,将事实判断和价值判断置于具体的社会场景之中;同时利用社会场景来完成说服过程,起到比以往更加完美的说服效果。

在自媒体环境中,容易出现私人领域内容向公共空间入侵的现象,此时个人空间与公共空间出现较大的重合,较难分清两者的边界。对于公共空间的主题,人们偏向于用私人空间的视角去观察、思考和传播,从而导致公共空间主题及意义的消解。

同时,在自媒体平台中,传统评论员写作的文章一般难以爆火,一个重要的原因在于评论员的表达,是自内而外的抒发,而一般自媒体先是确定语境,亦即"场景",让人进入场景,再来谈问题。因此,对于评论而言,人们往往看到了表达,而没有看到表达的场景和表达的意义。这个时代已经不是登高一呼、应者云集的时代。在你登高之时,实际上大多数人并不知道你为何要登高,你在呼什么。你已经假设你的登高而呼,每个人都是了然于心的,但实际并非如此。在与读者进行交流之时,传统评论员往往脱离了情境,而自媒体无论是选取新闻还是选取社会现象,场景感均非常强。

二、对表达结果过分关注

当前,网络上的表达可分为传播知识和信息、发表观点、表达感情三大类。除了主动传播知识和信息外,不少知识、信息和情感是借助新闻事件、社会问题或历史表达出来的。其中,"评"是为发表意见,注重自我呈现,而"论"是陈述观点,注重说服他人,表达情绪则是为进行互动。如果按表达过程和表达结果对相关表达进行二分的话,传统意义上的新闻评论更加注重表达过程的规范性,如今的表达更加注重表达结果,表达者如此,接受者也是如此。对结果的注重使得人们更加关注表达的内容,而不是表达形式层面的规范。此时,如果我们还从形式层面去判断新闻评论,则较难达到预期目标。

三、表达主体与接受者共同参与评论

在当前的媒体内容中,有的时候表达占主导地位,有的时候表达依附于主要表达之上。我们将依附于新闻、评论之上的其他观点表达不纳入新闻评论之中。但是这种表达与主体表达合作完成一种交流过程,因此,尽管我们将非独立性表达排除在新闻评论表达之外,如若人们将事实、观点和交往融合在一起,形成整体,进行独立传播,我们也将之称为新闻评论。

很多评论主体往往充分利用当前社交媒体的 UGC 特性,鼓励用户参与表达和交流,从而在这个过程中拓宽表达面,提升表达效果。用户参与新闻评论可以多种形式出现,既可以是单纯的表达、发表感想,也可以是提问,还可以是共同对某些问题进行探讨。其他用户则通过阅读主题、评论区和留言区获得更多观点信息,从而完成了解社会、进行交往的过程。在这个交流过程中,各类信息杂糅,新闻性、观点、知识、情感、社交等纠缠在一起,新闻评论表现出泛化现象。评论表达也从政治表达的"斗争主题"、时评表达的"常识主题"发展至社交媒体表达的"知识主题"和"场景主题"。传统时代新闻评论的主题多是为我所用,启蒙大众,而社交媒体时代的核心则为弥补知识差距,因为大众社会交往产生了较多隔阂,此时阐述附加值的评论占主导地位。

第二节 传播特征:分享决定价值[①]

麦克卢汉曾言"媒介即信息",有什么样的媒介就有什么样的新闻言论生态。前互联网时代的媒体是神圣的,言论便是"报纸上的宝塔尖";互联网时代,网络是工具、载体,新闻言论无处不在,人们相信围观可以改变世界;"互联网+"时代,媒介即生活,新闻言论的分享价值决定着一切,人们在分享的过程中实现自我认同和社会认同,由此建构着这个时代独有的言论生态。

一、前互联网时代的新闻言论生态:评论层级感明显

中国新闻评论发端于古代论说文,形成于近代政论。至20世纪80年代,不少学者在谈论新闻评论之时,还将新闻评论视为政论的一种。20世纪90年代中期至21世纪初,时评成为引领新闻评论发展的生力军,随后人们逐步认识到时评的局限性,不少人认为"时评,正在成为一种脑残文体"。

古代论说文或为辩论,或为策论,或为宣传,或为寄语感悟,多为表达自己对相关事物的态度、意见。近代政论多为推销自己的政治观点,进行思想启蒙。现代政论则为政治斗争服务,主要展现和宣传政党的观点,批判政治对手的观点。时评的产生使得新闻言论内容由政治走向民间日常生活,观点多元化成为现实,在多元化的观点表达过程中,人们往往忽视理性论证,仅为表达观点。

这一时代的典型特征便是新闻言论表达具有层级感:社论代表媒体的观点,往往是政治的风向标;特约评论员文章具有独特政治价值,隐晦地表达某些政治意义;本报评论员文章、署名评论、来论、编者按语等各司其职,

---

[①] 胡沈明. "互联网+"时代新闻言论生态的转型[J]. 青年记者,2016(7):75—76.

分别拥有相应的社会价值,受众往往根据评论的层级来确定如何接受评论。

与此同时,媒体类别成为人们区分新闻言论的主要标准,如报纸评论、广播评论、电视评论等。在新闻言论的作者群体上,政治精英和知识精英是表达主体,他们往往从各个方面界定着人们对新闻的态度,一篇层级较高的评论既可以令股市发生翻天覆地的变化,也可以让社会情绪和舆论陡变。

在新闻言论的传播上,除首发媒体外,多媒体互动、组织学习是基本的传播方式。如《人民日报》的社论,央视《新闻联播》可能提前播报,各级媒体可能会转载,各类机构可能会掀起学习评论文章的热潮,纷纷表达自己的见解和学习心得。从这个意义上来说,前互联网时代的新闻言论是一种社会动员工具,对社会意见起着整合作用,对社会情绪起着调动作用。而这一切,都与新闻媒体新闻言论的层级密切相关,都与新闻言论分享渠道的组织化密切相关。

二、互联网时代的新闻言论生态:围观改变中国

从内容上来看,进入互联网时代,借助网络这一工具,人们的表达愈加便利,网络评论成为一种新的表达方式,只不过此时的表达与此前的表达差异较大。此前,新闻言论表达不仅具有理性,而且言论内容具有神圣性,人们除通过大众媒体接触新闻言论外,组织学习是一条不可多见的渠道。但在网络评论中,理性、论证等都成为奢侈之物,忽视他人以及社会整体认知的个性化表达成为常态,于是代表着不同文化、利益的各种观点纠缠在一起,这种状况使得网络成为社会碎片化的一个表征。

从表达方式和接受方式来看,围观是最为重要的方式。2010年1月14日,笑蜀在《南方周末》上撰文称《关注就是力量　围观改变中国》,此后,"围观"成为这一年度的网络热词。虽然此词出现较晚,但实际上极好地反映了互联网时代新闻言论的特点。围观既是一种接受,也是一种表达,这种表达与现实社会中的身体表达或在场表达类似。互联网时代的言论表达主要有两种:一是显性表达,直接表达自己的观点;二是隐性表达,人们采用"非暴力不合作的方式"加以表达,往往一句半句的"路过""呵呵"即已表达,网络搭楼成为时尚。在貌似碎片化的表达和接受过程中,人们不自觉地制造着碎片化的社会。聚集在各种不同的表达之下,大众迅速分群站队。于是,有能力者进行表达,制造不同的议题;无力表达者则不停地盖楼。在这种生态之下,围观成为改变社会的重要力量,这种网络围观现象的产生既与精英表达向大众表达转型有关,又与一定时代的媒介表达手段和方式相关。

从社会影响上来看,由前互联网时代到互联网时代,表达载体出现了极大的变化,人们关注的方式也出现了变化。受限于传播技术的发展,人们在信息内容的接受上解放了,但是在信息内容的传播与分享上尚未解放。人们仅以围观的方式对这个时代施以影响,大部分人并不具备议题构建能力,他们可以展现自己的观点和所属圈子,但是影响相对有限。作为一种高度受控的载体,一旦网络内容被删除,人们围观的中心也便丧失,围观自然解散。

三、"互联网+"时代的言论生态:分享价值决定言论命运

2010年以前的互联网还是PC网(电脑端网站)的天下,2011年后我国3G技术开始大发展,2013年后4G技术开始推广,移动技术的发展带动着移动互联网应用的发展,随着微博、微信的相继出现,网络逐渐成为一种生活方式,而不再仅仅是一种信息传播的载体和言论表达的工具,"它是一种新社会的组织与结构方式,是整个社会的'操作系统',它将传统的以机构为基本单位的社会性传播改变为今天的以个人为基本单位的社会性传播"[1]。在此情形之下,媒介技术成为社会赋权的工具,个体与组织并没有实质的区别。媒介不仅是表达的工具,还介入人们的日常生活:在传播过程中,媒介不仅通过关系进行"嵌套"[2]式传播,还构建着人们之间的关系,传统的信息传递与关系建构功能在这个"互联网+"时代已经完全融为一体。此时,人们不仅可以围观,还可以实时分享自己的围观内容与围观心得,更在这个围观过程中构建和维护自己的社会角色。

总体而言,"互联网+"时代新闻言论生态的核心规则表现为两点:一是

---

[1] 喻国明.互联网是高维媒介:一种社会传播构造的全新范式:关于现阶段传媒发展若干理论与实践问题的辨正[J].编辑学刊,2015(4):6-12.
[2] 张佰明.嵌套性:网络微博发展的根本逻辑[J].国际新闻界,2010(6):81-85.

传统新闻言论的社会价值被分享价值所代替,二是传统的定性衡量被定量衡量所代替。

分享价值并非单指新闻言论对社会有多大贡献,新闻言论对社会整合、社会建构等方面有多大作用,而是指新闻言论能在多大程度上获得社会的共鸣,能对个体社会角色建构、社会声誉制造、社会关系维护起多大作用。这种分享带有典型的个体私利性,它使新闻言论的公共性降低,新闻言论的接受群体极化心理增强。

同时,传统的阅读率在这个时代被放大到极致,任何一篇文章、任何一个公众号都可以用阅读量排名来展现其影响力。以新榜(newsrank)2024年11月4日文化类微信公众号排名为例(2024年1月6日查询),以国际时事和财经分析评论擅长的个人公众号"占豪"总阅读量56万+,排名第一;"决策杂志"38万+,排名第二;"洞见"27万+,排名第三。因排名方式出现变化、平台增多以及视觉化盛行等原因,相较于2015年(《人民日报》总阅读量1 135万+,排名第一;央视新闻总阅读数9 513万+,排名第二;以国际时事和财经分析评论擅长的个人公众号"占豪"总阅读数347万+,排名第三。2015年12月28日查询),该数据明显下降。不过依然可以看出,高阅读量文章中,言论类文章占据极大份额。

从表达主体来看,舆论斗争倾向更加明显。"互联网+"时代的言论表达主体多元化,既有普通公众的表达,亦有官方背景的表达。总体而言,他们既有对社会运行表达满意的,也有对社会运行表达不满的,还有站一边围观的。不过因为"不平则鸣"是一种本能,这个时代的负面观点表达相对较多。他们在新闻言论材料的使用上呈现出碎片化的特征,只抓住新闻事实的某个碎片加以评论、肆意抽象,最终得出结论;在评论的论证上他们则充满情绪化的表达;在评论论点上则呈现民粹化倾向,以争取更多的支持。总之,这一群体,只管论证的目标,而不管论证的过程。从新闻言论的批判性特征来看,这点似乎很正常,但从社会整体发展来看,这种言论的增多,使得社会戾气变重,理性减弱,人们对社会发展的信心降低。正因为此种言论表达具有如此大的负面作用,于是对新闻言论表达的批判成为一些群体的主要工作,对这种不良的新闻言论表达风气加以制约。在这一方面,新闻言论表达便呈现出一种舆论斗争的假象。除此之外,网络是一个没有边界的疆土,不少境内外势力,力图通过新闻言论进行颠覆活动,他们使用虚假伪造信息进行论证,引导社会舆论对现有政治、社会治理持负面看法,国家相关部门则组织言论力量对此种行为进行言论对冲。这一切都表明,"互联网+"时代基于新闻言论而进行的斗争是一种常态,产生原因在于网络的无界性和深度介入日常生活。价值观深深地植根于日常生活之中,有什么样的日常生活方式,就有什么样的价值观。

从使用者的心理来看,当我们的生活偏向日常生活之时,我们就成为一个普通的人。由于社交媒体的使用是一种基于本能的使用,在不经意间,一些新闻专业者很容易变成普通的人,在批判力和认知上被打回原形,此时人们容易把相对理性的东西抛弃得一干二净。

从新闻言论的内容来看,掐架型增多,述评型言论表达增多。民间言论表达在表达风格上表现为气势第一,情感次之,理性最次甚至被直接忽略。在具体内容上表现为评论材料的碎片化、评论论证的情绪化和评论论点的民粹化。在舆论斗争的另一方,人们认为决定言论胜负的不是言论本身,而在于是否给民众提供了一种理性选择的空间,能否让人们在要做出本能反应之时,稍做思考,于是,其在表达素材上注意多元化,为普及知识服务;在观点上注重多样化,为倡导交往服务;在论证上注意理性化,为提供思考服务,让民众对社会、自身以及日常生活加以反思是他们最大的表达诉求。在这类新闻言论中,人们大量使用事实的现象描述类表达、事实提供类表达以及个人经验体验类表达,力图使新闻言论中的事实成分增加,一言以蔽之,就是述评增多。观点被巧妙地隐藏于语言之中,具体的行文方式成为思想最好的载体。

总之,作为人们生活的"操作系统",这个时代的互联网不仅为人们提供了表达的空间,加剧了不同群体间的言论斗争,而且在观点的分享过程中建构着个体、社会以及国家的认同。这个时代最显著的特点就是生活即表达,表达嵌入人们的日常生活之中,通过圈子内的内容分享,互联网潜移默化地影响着这个时代各个群体价值观的构建。

第三节 价值特征：满足社会交往①

2015年，中国政府提出"互联网+"，以区别于简单的"+互联网"，强调人们的思想观念应适应互联思维。手机应用蓬勃兴起的另一面是传统媒体的衰落，随之而至的就是新闻人存在感的降低：以机器人写作、虚拟现实技术以及无人机的应用为表征的新闻实践，以数据新闻为特点的新闻写作要求，以机器算法为核心的推送方式等，虽在一定程度上解放了记者的体力劳动，但同时也大大降低了记者的重要性。在自我价值不受重视以及行业出现困境的情形下，新闻从业者更倾向用金钱去衡量自身的价值，不少新闻人离职，告别"黄金时代"②，加入新媒体淘金潮。

与此同时，在社交媒体圈中，人们也用价值来衡量接触到的任何信息。在这个过程中，不仅新闻记者迷茫，感叹新闻的失势；见解深刻、语言犀利的新闻评论员也迷茫，痛失人们的褒扬。虽有一些媒体的评论部门，部分新闻评论员加入社交媒体号的创建大潮之中，只可惜，大多数媒体公众号阅读量不过千，好者也只停留在万次以下，就打赏而言，多数不过十余次，与微信群中的红包发放数量相差无几，这与传统新闻评论的价值相差较大。与这种景象相对的是，自媒体风生水起，心灵鸡汤文占据人们阅读的半壁江山，借流量致富，"罗辑思维"兴盛发达，"占豪"等个人公众号稳居微信公众号榜单前列，"papi酱"在直播平台上占据自己的一席之地，和菜头在收获大量粉丝和打赏之时，霸气地看谁不顺眼就拉黑。

一、新闻评论价值依赖模式

作为一种媒介内容，新闻评论自身无法拥有存在价值，其价值或者意义源自他者的评价，有什么样的社会环境和社会需要就有什么样的新闻评论。就新闻评论的发展历史而言，最早的评论依托于政治而生，政治意义是新闻

---

① 胡沈明，李雨婷.新闻评论关系依赖模式探究[J].青年记者，2017(17)：6-7.
② 陈敏，张晓纯.告别"黄金时代"：对52位传统媒体人离职告白的内容分析[J].新闻记者，2016(2)：16-28.

评论最大的意义。随后,传统都市类媒体兴盛,评论成为谈资,满足了人们的围观需求;媒体逐步发展,时评成为主体,通过对日常生活进行评论,满足普通公众的日常认知需求,通过让普通的人成为作者,时评获得了自己的存在意义,只不过这种意义的获得更多依赖于媒体垄断。自媒体时代,评论依托社交而生,一切内容皆社交,社交价值便是评论的核心价值。在这个变迁过程中,新闻评论的存在价值逐渐由高大上的政治,发展至中介的媒体,再到满足普通民众的社交,决定其价值变迁的主要是新闻评论的功能。

(一)政治依赖

我国的新闻评论最早可追溯至古代论说文,目的不外是向上进谏,向下教育,间有对敌斗争之用。向上进谏表达得理据有序,情真意切;向下教育则多长者之风,关怀甚多;对敌斗争则不留余地,刀光剑影,"它不是战场,胜似战场,在这大战场上,真与假,善与恶,美与丑,生与死,进行着殊死的搏斗"[1]。无论我们是否承认,古代论说文中已稍微体现出观点的权力感来。近代政论因政治而生,为政治而存,目标明晰,此后中间虽有时评的兴盛,但是因革命和建设的需要,政论观念一直是主流的新闻评论观念。究其核心,政论的价值来源于革命和建设的需要,其价值主要依赖行政和政治的力量。

(二)媒体依赖

时评的产生较为复杂,既有媒体也有受众的原因。但从评论对象和写作主体来看,时评是一次阳春白雪向下里巴人转变的过程。评论开始放下架子,变成与民众生活相关,站在百姓的立场和视野看待问题,间或一些民众也能参与到评论的表达过程中。此时评论选题"'从政治话题向公共话题、从精英话题向草根话题、从工作话题向民生话题',诉求'从命令训斥式向讨论商榷式、从专家主导式向公众参与式、从道德评判式向专业分析式'转变"[2],而评论标题则一改此前隐讳表达,直接亮明观点。评论的价值体现在"表达"这一行为过程中,无论评论的内容是否新鲜,总有一种感情在推动着人们接受评论,"总有一种力量让我们泪流满面"[3]。从本质上来看,此时评论的价值并非观点有多独到,而是借助媒体自身的力量,通过凝聚普通民

---

[1] 范荣康.新闻评论学[M].北京:人民日报出版社,1988:125.
[2] 周智强. 媒体评论新取向及其特征[J]. 新闻记者,2008(4):29-32.
[3] 总有一种力量让我们泪流满面[N].南方周末,1999-01-01(01).

众而形成自己的力量。在媒体一元的情况下,时评作为一个突破口率先让人们发出自己的声音,此时表达价值被拔高到无以复加的地步,正因为如此,时评中兴。但是当社交媒体产生,当众口能言之时,甚至当舆情也成为一种表达之时,评论尤其是时评作为表达的工具开始丧失作用。

(三) 社交依赖

都市类媒体的核心在于以无用信息塞满人们无聊的闲暇时光,但是当社交媒体风行之时,以信息填塞无聊时光的可能性暂且消退,了解他人生活、观点,与他人进行交往甚至自我娱乐完全塞满了人们的闲暇时光。充实的无聊成为一种生活状态。新闻评论失去了作为依附于媒体的力量而获得的价值。

在媒体人转型和创业过程中,除部分新闻从业者进入公关公司、企事业单位外,不少从业者选择利用新媒体创业。作为个体,其创业的核心难以集中于传统耗钱耗力的新闻信息,而将着力点置于观点类信息。就此意义而言,新闻评论迎来了自己发展的黄金期,不过,这种评论与已有的评论几乎没有多少相同点。

社交媒体有两大特征:一是社交媒体发展过程中,尤其是初期,信息、观点与利益三者不加区分地纠缠在一起。当信息、观点和商业利益纠缠在一起时,人们希望能有更明确的判断标准指引其前行,或者给一个借口指引其前行。二是组织传播已经不适合社交媒体。社交媒体就是一个渠道,传统大众传播渠道已经衰落,这是一个没有大众的传播,人际传播成为核心所在。如果问社交媒体带来的最大冲击是什么,答案应该是大众传播衰弱。人们崇尚人际传播,崇尚实质上的个体。此时,评论的价值体现在社交价值上。在这个过程中,即便是以组织存在的自媒体,其核心也要变成类似于个体的存在,以形成人际交往。社交媒体的冲击就在于信息在社会交往中退居其次,而关系上升至核心层面。反思传统新闻评论,信息和观点还是处于主要的地位,而交往尚处在次要位置,这与社交媒体的发展氛围极不匹配。

交往意味着平等,平等意味着分享,此时凡是那些能强化民众与民众、群体与群体、组织与组织间关系的内容均能成为分享的对象。正因为如此,评论又到了一个中兴期,只不过此时的中兴已经不是时评的中兴,而是述评、自省类文章以及发现并批判日常生活中那种隐藏价值观类文章的中兴。

此时的评论价值体现在帮助人们完成交往,评论成为交往的工具。

二、新闻评论价值变迁原因:技术影响观点生态

虽然一般思想观点表达也可能借助大众媒体传播,但人际传播和圈内传播是其主要的传播形式,它是一种典型的二次传播,它对媒体的依赖程度要远小于新闻评论。而新闻评论则是一种大众表达,它传递的是一种即时性、应用性信息,它依赖于新闻和媒体而存,有什么样的新闻和媒体环境便会产生何种形式的新闻评论。

(一)技术影响信息效用

移动媒体技术推动社会出现重大变革,大众传播作为一种传播形式已经整体衰落,社交媒体中人际传播与大众传播相互交融,人际互动、圈子交往成为这个时代的主要交往特征。借助成熟的数据挖掘和抓取技术,小范围内的互动能迅速地被复制至大范围,内容完成从服务于个体到服务于整体。在此情形之下,人们获取信息的目标变得很简单:一是满足自己的学习和工作需要,尤其是短期需要;二是形成互动群体和互动工具,满足自我的社交需要和角色塑造需要。而传统观点性信息是一种基于社会管理的表达,不具备很好的社交圈内传播力,反而容易成为被批判、被反驳的对象。

(二)技术影响媒体管理

传统媒体数量有限,管理手段、管理方式相对单一,其作为一种渠道存在,已经衰落。而借助移动媒体技术,新的媒体平台不断产生,如微信公众号、头条号、微博、各类网络直播平台、各类短视频平台等。可以说,每一个手机 App 都是一种潜在的媒体平台,为各类社会交往和信息传播提供渠道。媒体的概念已经从传统的开商店演变为如今的开商场。此时如何发挥内容的影响和变现能力一方面考验着媒体平台,另一方面则不仅考验着新闻评论写作者,更考验着管理者。对于新闻评论,传统的管理模式明显失效,以平台塑造观点、以观点管理观点成为一种可能。

(三)技术影响资本补偿

从政论到时评再到社交媒体中的评论,其核心特质有两大变化。一是媒体变化导致的补偿手段出现变化。政论和时评都是传统媒体的产物,而

社交媒体评论则是社交媒体的产物。传统媒体的价值补偿手段主要是在媒体垄断的情形下行政力量和广告的间接补偿,而社交媒体则是媒体传播手段无限制情况下的内容垄断,其补偿手段多种多样,既有间接补偿,亦有直接补偿,相对而言,直接补偿得到的收益更大。二是媒体富余致使人们的闲暇时光变少,推动人们增加信息阅读的频率。人们越来越愿意直接用金钱购买信息服务。媒体变化所导致的结果便是间接补偿作为一种手段被替代的可能性越来越大,在普通娱乐和填塞无聊场景的信息已经基本不是问题的情况下,人们宁愿用金钱来提高有限时间的效率。以"得到"平台上的《李翔商业内参》为例,其订阅人数已经接近48 000份,毛收入达955万元;和菜头的《槽边往事》订阅超过10 000份,毛收入达199万元[①],远超其在微信公众号上的打赏收入,更是超过传统时评作者的正常收入。无论平台商如何运营,社交媒体时代人们已经开始直接为观点和信息定价了。

三、社交时代新闻评论的价值要求:中立有价值

社交时代是一种信息过载的时代,不仅信息过载,媒体也过载。人们接受普通信息不再是按照休闲的目的来获取,而是按照社交的思维来考虑:此时评论者应是其想交往的对象;评论内容应具有独立性,能脱离利益之外;评论作品本身应能满足人们的社交目标。

(一)评论主体:人格魅力

社交媒体与传统媒体不同之处在于社交媒体不是一种大众传播,而是人际传播,是人与人之间的交流,而人际交往最核心的东西在于品格交往,而非功利交往。品格价值的产生,一是在于人们品格的前后一致性,而非朝秦暮楚;二是在于品格的大众性,即品格为大众所容,而非简单的某种价值观;三是为阅读者服务的观念,而非为金钱服务的观念;四是拥有情怀,能登高一呼,应者云集,但又不是简单地处于形式层面或为商业利益着想;五是"大智若愚""直言不讳",不过于工于心计,不过于隐晦。

(二)评论内容:独立品格

独立品格是指"作为认识与实践主体的人,应该具备的自主思考和决断

---

① 新榜.近10年来对和菜头最详尽的采访[EB/OL].(2016-06-16)[2020-07-18].https://mt.sohu.com/20160616/n454761887.shtml.

的品性和品行。包括自主意识、自控意识、批判意识、责任意识、个性意识和勇于发出第一声、善于表达意见和经得起历史的检验等内容"①。独立品格虽然也是时评的一个基本要求,但是在媒体渠道垄断和行政力量依然制约媒体内容的情况下,人们很难做到独立。而所谓独立品格实际上包含三层意思:一是评论者能独立于自身商业利益之外,进行中立评论。在商业植入盛行之时,这点显得尤为重要。人们在信息过载之时,在交往过程中,最重要的目的便是获得工作、生活等方面的指引,而夹杂商业利益的观点恰恰与此相反。二是评论者要能独立于个人好恶之上。这点即是我们通常所说的评论理性,每个人都会形成这样或那样的价值观,然后利用自己的价值观去分析判断社会中存在的问题,引导人们做出决策,但是如果写作者自身无法分清自身的价值观,无法形成自我批判,为了写作评论而进行评论,不是为了反思社会、反思人生、反思自我而作,则很容易导致评论内容出现误判和非理性之处。三是评论的独立性体现在能超脱于政治,拥有更高的追求。超脱于政治并非简单地批判和赞扬政治,而是说应该有一种对文化、对生活、对人生、对环境更为切合实际的判断,并非为赞扬而赞扬或为批判而批判。拥有这种独立性,在社交媒体时代,评论才有可能产生价值,引人关注。同时,独立品格的体现还在于敢于或善于将自己判断的逻辑起点公之于世。

(三)评论功能:交往价值

社交媒体时代,普通信息多元复杂,观点信息杂乱无章。就内容而言,评论应能在纷繁复杂中为人们祛除迷雾。对于个体与其他人之间的关系而言,新闻评论应该具备交往价值或分享价值。"分享价值是指新闻言论能在多大程度上获得社会的共鸣,能对个体社会角色建构、社会声誉制造、社会关系维护起多大作用。"②从这个角度来看,分享价值是一种维护自我形象的价值。人们常说"奇文共欣赏",好的评论应该能够使人们乐于分享,敢于分享,即能为个体社交形象添分,这就意味着评论能够解决实际问题,或者能间接表明人们的观点,或者能引起人们的情感共鸣。

---

① 赵振宇,邓辉林.新闻评论者的独立品格及培养初探[J].国际新闻界,2008(12):56-60.
② 胡沈明."互联网+"时代新闻言论生态的转型[J].青年记者,2016(7):75-76.

四、新闻评论写作要求:从人际交往出发

传统新闻评论我们看到的仅是新闻评论者的作品,如今的新闻评论其价值链明显向上延伸,人们已经从关注评论的内容到关注评论者的品格、评论者的立场和评论者的思维模式。因此,评论者的写作就需要注意社交媒体的人际传播特点。

(一) 从自我表达到与人对话

与传统单质化、原子化的个体不同,如今的个体更多的是生活在一种虚拟的社区之中,他们有共同的爱好,有大体相同的价值观和接受标准,更重要的是社交媒体培养了人们独立思考问题的能力。也就是说,人们虽对异质信息的接受可能性大大降低,但讨论和对话的可能性增加。传统新闻评论表达多以自我表达为主,话语中颇多祈使命令的语气,难以被人接受,而社交媒体环境下,新闻评论应多用对话式语言和反省式表达,以引起共鸣,获得接受。

(二) 从政治到社会日常生活

社会生活就是一个权力场,然而并不是每个权力场都如政治管理那般显性,不少权力场处于隐性之中,人们仅可意会,不可言传。如果说传统政论是建构或批判政治权力,时评是批判政治表象的话,那么社交媒体中的评论选题就具有很明显的批判隐性社会权力的特征。对于这类社会权力,其会在新闻中有部分体现,人们可能认识到,也可能没有认识到,但是可以感受到。通过批判日常生活中的隐性权力,普通人获得解放与反思的可能性。

(三) 从表达者价值到接受者价值

表达者价值是为自己服务,强调表达者自身的利益,包括名、利以及情感,而接受者价值则重使用价值,强调给别人带来什么。无论是政论表达还是时评表达,都是一种权力表达形式,前者依赖政治力量,后者依赖媒体力量或者说形式层面的影响力。过去评论是权力表达,往往通过批判社会以及他人获取力量,现在重心灵感悟,重自我批判,通过"自我暴露"获得交往的可能性。政论与时评重行政宣传、传播知识和教育大众,而自媒体评论则重视社交价值,多思维与观念层面的分享以及自我感悟或其他形式的心灵

鸡汤。通过将他人的新闻评论置于社交媒体中进行交流,人们容易结成社群,一方面强化交往,另一方面在此过程中形成社交关系圈,区别不同的关系层级。

第四节 话语特征:解构话语居多[①]

一直以来,观点是新闻评论表达的核心所在,但随着传播生态发生改变,话语[②]已成为新闻评论表达新的关注点,有时甚至成为核心点。此时分析新闻评论的话语变迁及其表现具有较大意义。[③] 梵·迪克认为话语分析中存在两个视角,一为微观文本分析,一为宏观语境分析。费尔克拉夫进一步将话语分析扩展为文本、话语实践和社会实践三个分析向度。[④] 根据费氏的分析向度,我们力图从话语实践和社会实践两个维度分析我国新闻评论的话语变迁,同时从文本的角度分析当前新闻评论话语的基本特征,以期对当前中国新闻评论表达话语形成一个总的认知。

一、新闻评论论证话语方式的历史变迁

对新闻评论话语实践的分析并无一个统一的向度,借用郭步陶对"评"和"论"的界定有利于我们清晰明了地了解新闻评论话语实践的变迁。郭步陶认为,"把不平的事用言文的功能,使它得着公平的判断,便是评;遇着头绪纷繁的事情或问题,拿着言文的工具,把它整理得条理分明,使人不至是非倒置,便是论"[⑤]。作为不同的话语实践方式,"评"着重于"言论表达",自我意识较浓,而"论"则更多落在"释疑解惑"上,社会意识较多。在不同时期,社会环境不同、载体不同、媒体间关系不同,"评"和"论"之间会有所侧重并出现转换。政论时代,评论重"论"少"评",多强调论据。时评时代,新闻评论重"评"少"论",强调观点的认同而非简单的论证说服。自媒体时代,信

---

① 胡沈明,冯淑闲.新闻评论话语表达的变迁探究[J].新闻界,2017(8):23-28.
② 观点是一个相对较小的概念,话语则较为宽泛,涉及面更广,它包含观点,但不限于观点。
③ 迪克.作为话语的新闻[M].曾庆香,译.北京:华夏出版社,2003:7.
④ 费尔克拉夫.话语与社会变迁[M].殷晓蓉,译.北京:华夏出版社,2003:4.
⑤ 郭步陶.编辑与评论[M].上海:商务印书馆,1938:1.

息过载,难以识别,条理不清,难于分辨,此时虽有"评",但仅有追求"价值共同体"的"评"难于吸引网民围观与转发,以"论"为主的评论形式大受欢迎。不过,此时的评论多以"述评"的形式展现个体对事物的认识与判断。但此"评"非彼"评",述评带有非常明显的"论"的性质。在媒体市场化、技术革新以及社会转型之时,述评通过"整合"信息能及时地帮助人们廓清迷雾、完善认知。

(一)由"论"及"评"

中国新闻评论发端于古代论说文,具有政论色彩的论说文或为政策谏议或为讨伐批判,其传播或在上下级之间,或在敌我之间,总之均在文化程度较高的人群之间,说服是其最终目的,因此重"论"少"评"自是当然。这种表达方式一直影响到后代政论,从而使得后代政论重视观点道理的论证,而缺乏对话语的把握。

进入近代后,以王韬和梁启超为代表的资产阶级改良派开始以报刊为载体表达观点,启迪民智,宣扬自己的政治主张。无论是王韬的报章文体还是梁启超的时务文体,都是政论与报刊结合的早期形式。马少华认为时评的出现才标志着真正的新闻评论开始出现,因为"新闻事实和对新闻事实的判断形式,是新闻评论作为一种新文体产生的重要标准"[1]。李法宝认为中国时评发展经历了三次高潮,分别是20世纪初以《时报》为代表的产生期,20世纪30年代以《申报》和《大公报》为代表的评论实践,以及20世纪90年代中后期以《中国青年报》为代表的时评热潮。[2] 从新闻评论这种文体产生到20世纪90年代"时评中兴",新闻评论虽有多种形式,但是其核心特征在于政论性。尽管在此之前,有媒体将自己的评论栏目称为"时评",但早期的时评依然带有明显的政论色彩,以至于到20世纪90年代依然有学者认为"新闻评论是当代各种新闻媒体普遍运用的、面向广大受众的政论性新闻体裁"[3]。这在新闻评论的写作主体、写作内容以及写作目的上都有所体现。

在写作主体上,从古代的文人墨客,到近代在救亡图存中阐发种种关系国家命运以及政治思想的知识分子,主体并没有从精英分子这个特定群体

---

[1] 马少华.早期的"时评":论我国近代新闻评论发生发展的形式规律[J].国际新闻界,2003(5):71-76.
[2] 李法宝.时评的"冷""热"与社会变革[J].写作,2016(21):31-35.
[3] 王振业.广播电视新闻评论[M].北京:北京广播学院出版社,1997:2.

中跳出,直到解放战争时期以及新中国成立初期,评论的写作主体也一直是领导人以及专业媒体人这样的社会精英。在写作内容和写作目的上,古代的政论曾用于阐发个人对国家治理的意见和理念,作为个人推销的手段和政治批判武器出现在历史舞台上;近代分别发生在20世纪初和30年代的两次时评热潮,其内容重点也主要是针对政局以及国家未来走向的思考,其名虽为"时评",但重点是对"时事""时局"的评论,带有强烈的"政论"色彩;新中国成立初期至改革开放初期的新闻评论则主要用于宣传政策和阐释政策,是报纸的宝塔尖①。

与前两次的时评热潮不同,始于1996年《南方周末》"阅报札记"和《中国青年报》"冰点时评"的这次热潮②很快由"时评专栏"扩展至"时评专版",作者群体和选题范围迅速扩大。这次时评热潮由媒体市场化创新而起,导致了媒体竞争加剧。受众地位上升,不少媒体主动吸引受众参与到新闻评论当中,刊发"来论",新闻评论从写作内容、写作主体以及写作目的上均发生改变。其中在写作内容和写作目的上的转变意义尤为深远,由原来围绕政治生活到关注普通人的生存以及社会生活。而在写作目的上,除了原来的舆论引导以及政策介绍外,有了更多基于市场竞争而生发的受众服务的意识。新闻评论在这个阶段有了更多"言论表达"的属性,而非"释疑解惑";有了更多"个人生存"以及"社会事务"的社会属性,而非"制度以及政治"的政治属性,整个中国新闻评论格局顺利从"论"的时代一下子通过市场竞争过渡到"评"的时代。

(二)由"评"至"论"

时评兴盛后不到十年,即引起较大争议。自2003年起,陆续有文章抨击时评"傻瓜化",有人甚至设计"时评软件";2004年《青年记者》在第8期开辟专题讨论"时评之惑";2008年的《时评,正在成为一种脑残文体》一文引发热议,文章认为时评发展虽然火热,但"思想依旧在原地踏步……读者面前堆满了文字,却依然找不到任何思想的出路"③。《时评,正在成为一种脑残文体》虽然有些偏激,但在某种意义上确实指出了"时评之病"。不过,"时

---

① 梁衡.评论是报纸的宝塔尖[J].采写编,2004(6):24.
② 陈栋.我国新时评发展趋势分析[J].今传媒,2008(12):22-24.
③ 叶匡政.时评,正在成为一种脑残文体[N].南方周末,2008-11-20.

评之病",并非简单地由时评这一文体引起,媒体技术的发展在其中起了重要作用。新媒体技术尤其是自媒体技术的发展使得"评"的主体得到了极大的膨胀。与此同时,新闻信息也在极大丰富化和无序化,商业营销和新闻传播的界限被逐步打破。此时具有表达属性的"评"已难适应用户需求,"论"被提上了日程。

实际上,"评"作为一种以"言论表达"为核心的评说方式在媒体市场化以后的很长一段时间依然为专业媒体所有,并一度成为媒体竞争、契合受众需求的一种重要手段。但在自媒体环境下,当新闻不再是新闻本身,而是包括新闻、观点甚至是情绪时,部分新闻评论顺应了历史的需要,采取以述评为核心的评论方式,整合新闻中的重要信息和观点,甚至是情绪。作为"论"的一种形式的"述评",能够融合新闻信息、观点甚至是情绪,它契合了时代要求,正引导着新闻评论的格局与话语方式的再次转换。以"论"为主要方式的"述评"给受众提供较为全面的新闻图景和观点意见,在观点多元、信息无序化的社会背景下,能够为受众提供了解新闻、解读新闻的一种新思路,从而帮助用户理清思路,避免价值盲点。

二、新闻评论话语表达的视角变迁

立场决定观点,从这个意义上来看,新闻评论话语表达的视角直接由话语表达主体的社会身份与地位决定,而个体的社会地位由其"组织资源、经济资源和文化资源"①占有的多少决定。论说文时代,文章多向帝王进谏,其视角多宏观谦和;报刊政论时代,评论者多以思想启蒙者自居,其视角多宣传教育;革命战争及建设年代,对敌斗争和统一行动是主要目标,表达视角有自上而下的号令之气;20世纪90年代中后期的时评适应了媒体内容民生化的趋势,评论视角多以批判者出现;如今自媒体盛行,信息纷繁复杂,表达竞争激烈,各表达主体均力图进入个体社交圈,以获得分享价值,此时表达者视角多以揭秘者出现,以期获得信息优势和决策咨询优势。

(一)宣传教育者视角

新闻评论的核心是观点和思想,早期评论者多在文化资源方面占优势,

---

① 陆学艺.当代中国社会阶层的分化与流动[J].江苏社会科学,2003(4):1-9.

由此多以教育者的面目出现。在革命年代,评论者拥有一定的组织资源,则多以宣传者面目出现,以期将组织力量延伸得更远。在革命年代,教育者视角在政治启蒙和知识传播方面拥有不可替代的作用,而宣传者视角则在政策阐释、政治动员和思想传播方面拥有重要的作用。但宣传教育者视角往往以俯视的态度看待事件以及社会事务,隐含权力关系。在厘清是非的过程中,往往以"教育者"的姿态告诉读者"对错""是非",言语中已经默认自身看法和立场的权威性、正确性,有着自身明确的判断及逻辑。在话语表现上,评论者不自觉地会选择一些具有权力属性的词语、观点和论证材料,以期增加论证的权威性和鼓动性。这就使得基于这种视角的新闻评论在新媒体环境下往往止步于大众传播,很难较大规模地进入人际传播圈中,更难以促成有效的分享行为。在严肃话题以及政策阐释过程中运用宣传教育者视角虽然具有合理性以及权威性,但普通的媒体在对非政治事务相关的新闻评论上采取宣传教育者视角,对接受者会产生一定的负面影响,其传播力和传播效果往往欠佳。不过,一旦视角改变,如"侠客岛"(《人民日报》海外编辑部微信公众号)、"海运仓内参"(《中国青年报》评论部微信公众号)等,其传播效果会有质的提升。

(二)批判者视角

批判的核心在于发现社会问题,而问题的关键在于发现理想与现实的差距,或者说是"感到珍视的价值确实被威胁"[①],从而形成困扰个人或公众的议题。从这种意义上来看,批判是新闻评论的核心,但是批判有向上批判,也有向下批判,针对社会问题进行批判,形成的便是宣传教育者的视角,针对政治运行或"他者"进行批判,形成的就是批判者视角。因此,批判者视角的形成是社会上那些拥有资源较少者进行新闻评论表达的基本方式,他们通过批判获取更多的注意力资源,从而间接地形成组织资源或经济资源。批判还是评论者表达自我存在的一种重要方式。自20世纪90年代媒体市场化以后,批判一直是评论者惯用的视角,这种视角是媒体或社会个体展现自我存在的一种重要方式,它以"差异"形成自我。批判者视角相对于宣传教育者视角更能引起普通受众的共鸣,它以相对平视的态度,更多地站在公众的立场对公权以及社会其他不平之事进行质问和批判,其思维、逻辑更容

---

① 米尔斯.社会学的想象力[M].陈强,张永强,译.北京:生活·读书·新知三联书店,2001:10.

易被普通受众所接受,也更有助于意见性信息在人际圈的传播。不仅如此,在自媒体之中,由于追逐经济资源,不少公众号通过关注热点事件,如"辱母杀人案""浙江艾滋感染事件"以及"女子丽江被打毁容"等重大舆情事件,通过社会情绪动员,将矛头指向基层公权力机关,使公众进行一定的情绪宣泄,最终完成自我的资源获取。批判视角会形成庞大的舆论压力,虽然有时倒逼了事件真相,但有时亦造成群体思想极化,为批判而批判。

(三)揭秘者视角

揭秘者视角是自媒体新闻评论采用的一种较为独特的视角,新闻评论者以探秘、揭秘和预测的方式对事件进行解读,与传统事实判断有些类似,但其中有些判断并不严谨。揭秘者视角提供给读者"未知"或"未明"的情况说明和判断,在勾起读者兴趣的同时,增强了内容的传播力,能够轻易打入人际圈之中,并强化人际关系。

基于揭秘者视角产生的自媒体新闻评论有两种:一种是"释疑解惑"类的揭秘性新闻评论。新闻评论者在新闻事实、客观事实以及心理事实上拥有超越一般人认知的情况下,阐发具有客观根据的预测性新闻评论,如"占豪"公众号通过广泛获取各类信息,对信息进行综合处理,对相关事件的走向进行预测,并在这个过程为受众提供知识。另外一种则是"混淆视听"类的揭秘性新闻评论。该类新闻评论者基于个人猜测以及有限的新闻信息,对事件进行探秘或走向预测,这种新闻评论由于缺乏根据以及必要的真实性,往往会导致谣言的产生。由于其稍微提及以及综述的特点,一般人难以察觉,所以这类新闻评论应作为微信和微博等自媒体平台辟谣的重点。

三、自媒体时代新闻评论话语的基本特征

在自媒体背景下,新闻评论的格局和话语方式都有了新的变化,其基本特征也会有所改变,新闻评论拥有更多来自场景、圈际的社交特点,"观点表达""关系加强"[①]以及"决策参考"等成为新闻评论的重要功能。自媒体时代,新闻评论话语总体上呈现为两种趋势:写作风格地摊文学化、表达方式述评化。

---

① 胡沈明.论当代中国新闻评论解读模式的变迁[J].江西师范大学学报(哲学社会科学版),2014(5):46-52.

（一）写作风格地摊文学化

从 20 世纪 80 年代的媒体市场化到当下的自媒体盛行，媒体已经进入完全竞争时代。伴随着自媒体的野蛮生长，传播者门槛一再降低，用户的阅读习惯也在不断演变。部分新闻评论写作者为了适应自媒体用户阅读习惯，创造出带有强烈地摊文学写作风格的评论文章，并得到广泛的传播，这种类型的评论文章一定程度上承袭了"肯定式"新闻的特点，它们通过迎合受众的理念以及某种价值判断，迅速进入人际传播圈当中，达到"关系加强"的效果，以此减少市场阻力。

地摊文学从广义上来讲是对一切庸俗文化的统称，而狭义的地摊文学及其高潮则专指 20 世纪 80 年代媒体市场化以后，流转在火车站、汽车站、小报摊印制粗劣的通俗读物。田谷曾对当时的地摊文学内容进行了梳理，认为地摊文学发展从以武打为主，言情为辅，到言情作品成为主流，再到后来"黄潮"迭起、凶杀侦探类内容兴起。[①] 地摊文学的主要特点可以归纳为：语言江湖化、通俗易懂，内容猎奇、刺激、神秘，同时思维带有强烈的二元对立色彩。当前，在自媒体新闻评论中，尤其是新闻评论类微信公众号，呈现出强烈的地摊文学色彩，在语言风格、内容特点以及思维模式上都有明显的体现。

在语言风格上，当前自媒体新闻评论有强烈的江湖话语的特点。以专门做自媒体评论的某公众号为例，其 2017 年 3 月发布的几则评论的标题，让人很明显能感知到这种"江湖化""刺激"的语言风格，《共享单车绝非国人素质的照妖镜，而是人类灵魂照妖镜！揭外国共享单车失败之路》《乐天高层集体受审！当年日俄开撕，东三省裂了；今日中美博弈，韩国碎了！》《中美拿起手术刀！半岛局势正走向最为复杂的危险平衡博弈！》[②]，这种类型的评论标题带有强烈自媒体"标题党"色彩，同时又呈现出强烈的江湖语言特色，如"照妖镜""开撕""震慑""大动作"等，这样的原创自媒体评论文章活跃于微信平台，阅读量能够轻易突破 10 万人次。

在内容的选择上，自媒体新闻评论往往指向社会热点事件以及政治事件，尤其关注中国与其他国家的关系和国际局势，在社会热点事件的讨论

---

① 田谷. 地摊文学面面观[J]. 齐齐哈尔社会科学,1993(1):17-19.
② 上述标题采集自微信平台，采集日期 2017 年 3 月 29 日。

上,热衷于做政治归因和制度归因。同时,为了增加阅读量,这部分的评论写作者往往使用"添加史料""秘密消息""知情人消息"等进行加工和处理,以增强文章的阅读性。如某公众号在"周杰伦事件"后发表的文章《国法如山不可凌,岂容戏子辱英雄》就有这样的特征,作者在写作时往往以全能视角进行观点表述,进而激发群体"焦虑"这一潜意识。

在思维模式上,它们具有强烈的"对立"以及"博弈"意识,除了"阶层对立"以外,也热衷于将个人与政府对立起来,将中国与某些国家的关系对立,以增强文章的冲突性。

(二)表达方式述评化

新闻评论表达方式述评化是自媒体时代新闻评论的第二个基本特征,这种趋势的出现既有制度因素也有现实因素。从制度层面来看,我国《互联网站从事登载新闻业务管理暂行规定》规定,"非新闻单位依法建立的其他互联网站,不得从事登载新闻业务",这限制了自媒体以及大部分商业媒体的新闻生产,促使这些单位以及个人通过述评的方式,对收集的信息进行加工及解读,以规避这一项政策的限制;而在现实层面上,原创新闻生产成本高,且单个新闻信息的价值也在信息海量化、多元化、碎片化的大背景下有所下降,述评作为一种"论"的方式,能够承载并整合新闻信息、观点甚至情绪,为受众整理新闻事件的前因后果,并在这个过程中不断地对事件进行事实和观点补充,一定程度上减轻了受众由于信息过载带来的负担,因而成为部分媒体赢得受众的一种重要手段。

述评作为新闻评论的一种体裁,带有更强烈"论"的色彩,具有"释疑解惑""厘清是非"的作用,它基于新闻本身进行事件分析和解读,论述更有依据。当前,很多传统媒体如报纸、电视也在采用这种方法评论、分析新闻。在自媒体领域,述评的运用相当广泛,有部分自媒体为了抢夺时效性,往往在新闻事件还没有得到准确报道,就凭借现有新闻信息进行述评。这种述评往往由于根基"新闻事实"本身还没确证,容易导致舆论一边倒,不利于消解社会矛盾。

随着媒体发展环境的变迁,"评"和"论"在不断的转换之中,自媒体时代新闻评论的话语表达方式和基本特征与市场化的价值取向和评价标准有关。学者约翰·麦克马纳斯(John McManus)曾提出独特的市场新闻业理论模式,认为媒体不得不在受众市场、新闻来源市场、广告市场以及投资市场间调整以进行新闻生产。① 林照真在《收视率新闻学:台湾电视新闻商品化》一书中也解读过新闻操作是如何受到收视率影响的。② 当前,自媒体平台新闻评论评价的标准十分单一,各种排行榜如新榜排名、清博数据、微信阅读量、点赞量以及打赏量等左右着自媒体的发展风向。这类排名或数据呈现出强烈的流量取胜、以量取胜的特点。一方面,排名会引导用户的选择和广告投放者的选择,另一方面相关数据亦会引导内容生产者"按需生产",从而导致评论写作内容上市场取向过强、风格上地摊文学化。

在这种竞争和表达情境中,传统媒体新闻评论话语集体沦陷,观点在话语面前逐步被掏空,"理性、人性和交往性"③无从谈起,新闻评论由原来的"观点"竞争过渡到"话语"竞争,词语选择、情绪选择以及价值选择成为表达者的主要关注点,这种超越观点的竞争模式正给新闻评论带来深刻的影响。此时,构建基于"内容质量"和"内容与社会发展契合"评价标准成为时代发展的必然。当然,这不是评论人自己能做到的,一方面它有赖于社会整体认知的改变,另一方面则有赖于相关评价标准的改变。毕竟在市场环境中,评价标准对相应产品的发展具有极大的风向标作用。

第五节 功能特征:强调功利性④

新闻评论功能多种多样,既可从表达者角度、接受者角度、社会角度、国家角度、媒体角度讨论,亦可从新闻本身的角度加以讨论。不同视角的讨论会得出不一样的结论。国家视角、媒体视角和社会视角一般讨论较多,在此仅讨论表达者和接受者两种视角。研究发现,这两种视角均具有极强的功利性。就表达者而言,人们日渐强化展示自我存在的功能;就接受者视角而言,人们则强化现实功用,从而使得新闻评论表达情报化、智库化。

---

① 麦克马纳斯.市场新闻业:公民自行小心?[M].张磊,译.北京:新华出版社,2004:4.
② 林照真.收视率新闻学:台湾电视新闻商品化[M].台北:联经出版事业股份有限公司,2009.
③ 胡沈明,杨悦.转型期新闻评论表达中的问题研究[J].新闻界,2016(2):14-19.
④ 胡沈明,杨悦.转型期新闻评论表达中的问题研究[J].新闻界,2016(2):14-19.

一、情绪鼓动，吸引用户获得力量

受到我国自古以来政论文章的影响，政论思维已经进入我国大众论述问题时的潜意识，大众在利用自媒体进行自我表达时也不自觉地模仿政论形式对问题进行探讨。在政治新闻下解读政策，讨论实施性；在社会新闻下讨论社会问题的起因，向政府提出善后建议（不管政府是否看到）；在体育新闻下讨论运动员待遇问题；在经济新闻下讨论政策变动对经济产生的影响，预测政策下一步的举动等。获得话语权的网民不满足于"就事论事"，而是开始模仿专家、学者惯用的从社会整体切入，寻找出现社会问题的深层原因并提出建议的表达模式。如青少年问题怪教育制度、医患问题怪医疗体系、拆迁问题怪执法粗暴、国际形势怪外交政策，网友评论往往是将时事新闻进行简单的制度归类，再进行制度谴责。这种表达虽然形似政论，但实际上已经脱离以往基于组织的政论方式，也缺少以往政论的逻辑条理和知识基础，自媒体评论的政论性只是政论思维进入自我表达潜意识后，政论传统遗留的形式。

自媒体评论往往将政治作为分析社会现象、评价社会问题的切入口，或寻找政治归因，或寻求政策解决，或单纯进行制度谴责，这并非完全是政治制度的问题，还有政论思维进入新闻评论表达潜意识的原因。自古的政论传统，尤其是新文化运动后，白话文评论文章多以政治为论说的出发点，以批判为手段，以鼓动民众参与政治活动为目标。这样的政论思维不仅影响着评论员的写作活动，也影响着受众评论问题时不自觉地采取政论的形式进行表达，其目的已经不再是政论目的，而是自我表达。以自我表达为目的的自媒体评论实际上已经脱离了原有的政论价值体系，从社会价值走向了个人价值。传统的政论主体是社会管理者，价值在于对国家和社会的运行进程造成影响，而现在的自媒体政论目的则在于作者自身，价值在于表达自我存在，寻找网络共鸣。

二、认同迷茫下的制度批判选择

我国政论在发展中逐渐形成四大功能：提出对策、批判攻击、鼓动情感和宣传理念。自媒体崛起于改革开放成功之际，此时社会结构快速发生变革,原有社会价值体系过时,新的社会价值体系尚未构建完成。自媒体的发展也得益于价值观迷茫的社会,各种意义相互争夺,竞相发声。大众在嘈杂中不知道应该听谁的,便将自己置于所有观点表面的共同点——站在国家的对立面,指责国家和体制,对问题进行政治归因。此时,网友的评论往往只继承其中批判、攻击的功能,而忽视提出对策、鼓动情感和宣传理念,这些功能往往由传统的大媒体评论执行,从而造成"两个舆论场"效应。

社会认同理论[①]强调认同的产生源于差异的存在,个体有时为了强化自己的存在感,往往站在某些行政行为的对立面,错误地进行事件归因,一言不合就怪政府。有人将之称为"巨婴"思维,这一说法虽有些偏激,但的确描述出了部分群体思考问题的取向。产生这种现象的主要原因在于宏观思维和微观思维、长远思维与眼前利益间的冲突。正因为如此,党和国家提出党员和民众应该具有"政治意识、大局意识、核心意识、看齐意识"[②]四个意识,以改变人们的认知,使迷茫的群众变得不迷茫。

三、脱离社会价值的自娱自乐

自媒体时代是新闻评论爆发的时代,也是新闻评论价值颠覆的时代,脱离传统新闻评论价值,是自媒体评论脱离传统政论思维逻辑的必然结果。而脱离了传统政论思维逻辑的自媒体评论在议政时呈现的也多是鹦鹉学舌式的无意义重复,缺少独立思考的能力和思维的深度。传统的政论或为国献策,或鼓动宣传,其写作与发表具有明确的政治目的,但自媒体评论在写作时并未考虑到这一层目的。这使得自媒体评论的社会价值仅仅在于被动地反映舆论走向,而不能主动地向社会管理者建言献策,更难以继承传统政论治国服务的功能。目前,继承传统政论为国献策功能的依然是传统的大媒体评论。

以发泄个人情绪为目的的自媒体评论,实际上已经脱离了原有的政论价值体系,从社会价值走向了个人价值。传统政论的目的在于社会管理,价值在于对国家和社会的运行进程造成影响,而现在的自媒体政论目的则在于作者自身,价值在于宣泄作者个人情绪,寻找网络共鸣。

然而,不管是传统的大媒体评论还是自媒体评论,作为新闻评论的文章

---

① 张莹瑞,佐斌. 社会认同理论及其发展[J]. 心理科学进展,2006(3):475-480.
② 2016年1月29日,中共中央政治局召开会议,首次公开提出。

都应该具有公共意识,而非简单粗暴地攻击批判,新闻评论应有社会价值。大众在批判政府的同时,需要考虑到评论的公共意义,包括评论的公共影响与政治意义。这需要评论者——在大众论政时代就是大众本身——走出个人立场,用全局的眼光看待社会现象、社会问题。

树立新的社会价值体系并引导大众接受认同,比媒体自说自话地强调维护旧体系更能有效地改变大众论政的现状,而新的社会价值体系要获得社会的大多数人支持,则需要引导大众重新认同作为个体的自身归属于作为集体的国家的立场,走出个人立场,站在国家、经济、文化等更大的格局思考社会问题,评价社会现象,提出政策建议。

四、信息提供上的情报化、智库化

新闻评论在表达功能上不再只是过去的舆论引导,它已经逐渐成为提供案例走向分析以及问题解决方法的一种重要工具。同时,越来越多的新闻评论栏目也会就不同的专业问题,有针对性地寻求各领域专家的意见。通过提供专业的"智库"观点,提高言论品质,以争取更多受众,这是当前新闻评论在表达功能上走向情报化和智库化的原因,也是媒体走向专业化的一个必然结果。

目前,阅读量和转发量已成为评价新闻评论写作成功与否的一个重要标准,而决定阅读和转发的关键在于评论的"个体社会角色建构、社会声誉制造、社会关系维护"①功能,除此之外,决定用户转发和分享的还有内容的"决策咨询"功能,亦即新闻评论的智库功能,从而帮助个体完成在社交圈中"发言"和"关心他人"的功能。情报化和智库化的一个重要表现是新闻评论向舆情产品靠近,此时"预测"和"分析"有了重合,越来越多的新闻评论不再停留在评论事情本身,而是收集更多的信息,对新闻甚至对社会发展进行预测和分析,新闻评论已经和战略资讯形成联姻。

---

① 胡沈明."互联网+"时代新闻言论生态的转型[J].青年记者,2016(7):75-76.

第三章　新闻评论表达主体与共同体凝聚模式

自媒体为广大民众提供了表达的空间,就此而言,表达主体似乎与民众可以画等号。但是一般民众的表达都是碎片化的、不连续的,与此相对的则是经常在媒体上发表观点的"精英群体",他们往往系统性地发表观点。中国目前到底有多少这样的人,并无定论,综观各个媒体数据库,多少不一。一般的新闻评论类网站,其提供的作者群体不超千人。在各大媒体中,"观点中国"①人数统计较为全面,总人数达9 574人。该数据库通过抓取网络上发表文章的作者进行统计而成,主要涵盖学者、媒体从业人员以及其他具有一定舆论影响力的人员。但该数据库并不包括时下一些知名的自媒体人,如占豪、六神磊磊(真名王晓磊)、和菜头(真名和鉴)、周小平、李光满(运营李光满冰点时评公众号)、王左中右(真名王国培)等。

表 3-1　学者分布表

类别	人数(人)	类别	人数(人)	类别	人数(人)	总计
政经库	2 433	国际库	1 042	人文库	2 956	9 574人
外交库	142	社会库	2082	其他	919	

根据"观点中国"相关数据制表(制表时间 2018-07-20)

分析新闻评论主体,目的是便于我们清晰地描述出他们的结构、层次与特征。总体而言,完全的自媒体人和自由撰稿人,其评论表达往往具有强烈的市场倾向和个人化色彩,他们往往为了获得流量和广告费用而写作,探讨其表达心态意义不大,对其进行管理往往通过发现其问题和特征进行法律规制即可。学者的表达往往受他们的学术影响较大,表达或艰涩难懂,或借古讽今,因缺乏明确的媒体运营经验,故传播范围较小。传统媒体新闻评论

---

① "观点中国"是国务院新闻办领导的国家级网站"中国网"旗下的新闻评论频道。

从业人员、大学生群体、市场化的媒体以及新闻评论研究者等表达较为多元,具有一定的研究价值。从这个意义上来看,尽管媒体生态发生了较大的变化,壮大社会主义思想舆论的核心主体还在于了解这些传统媒体评论主体。

据此,分析新闻评论主体,我们可以主要分析来自传统媒体的评论员(包括退休人员)、大学生以及来自高校的学者(尤其是新闻评论研究者)。在自媒体蓬勃发展之际,这三类人群均具有两重身份,一是体制内的从业身份,二是可以借用新媒体进行表达的身份。前者为他们的表达提供了能力基础,后者则提供了可能性。综观近年知名自媒体人的来源,我们不难发现,无论是罗振宇、吴晓波,还是马凌、王晓磊等,他们都有非常丰富的传统媒体从业经验和社会资源。从这个意义上来看,了解了传统媒体新闻评论主体就相当于了解了整个新闻评论圈。在新闻评论圈,又分为若干个层次,一是获得中国新闻奖的群体,二是市场类媒体的新闻评论主体,三是大学生,四是新闻评论研究者以及其他人。获奖群体的表达往往呈现出强烈的建构心态;市场类媒体则容易出现解构心态;大学生对金钱和未来较为关注,对新闻评论表达自身的理念并不是很在意;大学新闻评论研究者多将焦点集中在"教好书"①之上。

为了解新闻评论群体的主要成员、关系以及交往,我们关注了中国新闻奖、大学生评论比赛、评论学术会议以及评论员公共聚会;同时我们还关注了评论投稿群、评论交流群,深度访谈了部分评论员、大学生以及评论教师,以了解他们的表达心态。

第一节 建构型主体:中国新闻奖获得者

建构型主体是指新闻评论表达者以壮大社会主义思想舆论作为自己评论的准绳,积极探索如何壮大社会主义思想舆论,他们中的一部分人做了一些较好的探索,获得了中国新闻奖,另一部分人则努力向中国新闻奖的价值指向靠近。

---

① 相关内容来源于"高校评论联盟"微信群,本群为高校评论教学者交流讨论群。

中国新闻奖作为我国官方最高新闻类奖项,由全国新闻工作者协会主办,具有极高的权威性,它的奖项设置和获奖文本,体现的是国家话语的价值取向,是国家权力对新闻作品、新闻记者的认可,对大众传媒的规训是显在而明确的。[①] 其对评论领域所设置的奖项具体分为文字(报纸)评论、广播评论、电视评论、网络评论四类,在类别上与当前评论的主体类别相符,主要内容是倡导主流价值观,批判社会错误思潮。对此加以描述分析,了解现状,对于了解主流评论价值共同体系的建构有一定的帮助。

一、样本收集原则与处理方法

课题组选择中国新闻奖第18届(2008年评奖)到第27届(2017年评奖)十年间评论类获奖作品作为分析文本,涉及样本341个。在样本变迁方面,从第18届起,获奖评论类型分布完善,中国新闻奖增加了网络新闻作品的评选项目,同时设奖数额从290个减少到280个。此后参评机制不断改革,一等奖改为差额评选,二、三等奖改为大组评定,并在2014年增加高校推荐和全面开放自荐渠道,并明确违规作品惩处办法、评选结果公示上网,力图做到公正客观。通过内容分析,我们分析了媒体分布状况、主体分布、内容特征等方面,总结出中国新闻奖评论类获奖作品的特点,力求探讨我国评论领域价值共同体塑造面临的困境与解决之道。

二、主体分布情况

新闻评论获奖主体的分布展示出各类媒体、各个评论员获奖能力的高低,但若此种分布状况较少发生改变,则有可能使得获奖群体固化,从而使得奖励的覆盖面降低,并间接降低对舆论引导者的激励动力。总体而言,目前新闻评论获奖主体高度集中于中央级纸媒的部分评论员。这种状况一方面表明这些媒体是壮大社会主义思想舆论的生力军;另一方面也说明,一般媒体的评论员可能在表达能力和舆论引导能力上与之相去甚远。

(一)媒体分布:纸媒评论居绝对领导地位

从媒体分布来看,纸媒评论数量远大于其他媒体,广播评论其次,电视

---

① 周海燕,李婧姝. 策略与分野:在新闻专业主义话语与国家话语之间的新闻奖:基于《南方都市报》新闻报道奖与"中国新闻奖"的研究[J]. 新闻记者,2012(8):18-23.

评论次之,网络评论最少。2007年,中国新闻奖设立网络评论奖,正式承认网络评论的地位。不过,微信、微博以及论坛中相关言论表达并未获得相应地位,网络评论依然沿用传统新闻评论的评价机制与评价规则。在现实社会中,网络评论数量应该远远大于其他媒体评论,从获奖作品的媒体分布来看,网络评论的质量整体不如人意。

造成这种现象的原因可能与各种类型的媒体对评论的重视程度不一有关。新中国成立以后,党和政府极为强调新闻评论的作用,新闻评论被称为"报纸上的宝塔尖",各大省级党报基本都成立了新闻评论部或理论部等。"文革"时期,很多媒体成立写作班子,专门发表评论。其中,纸媒评论力量尤为强大,《人民日报》尤其如此,他们获得大多数新闻评论奖亦在情理之中。广播评论相对于电视评论而言,声音与文字具有一定的相像性,而电视并不如此。网络由于受到评论质量和价值观的影响,获奖作品偏少。见图3-1。

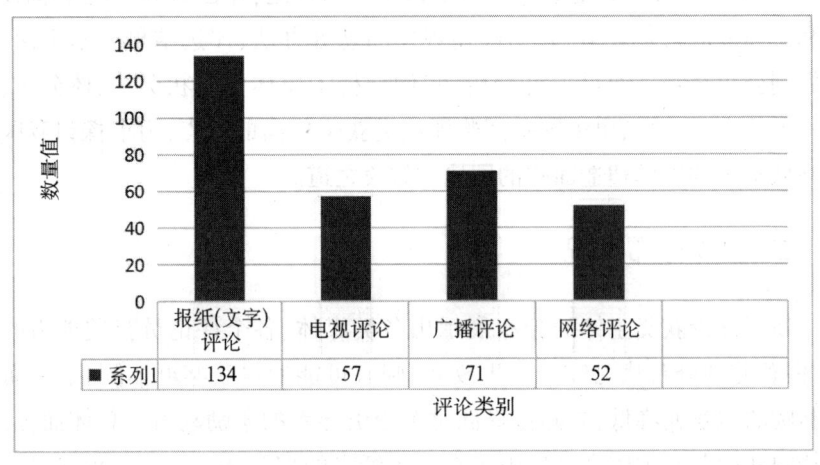

图3-1　获奖评论类别分布图

(二)媒体属性:政府机关类媒体占优

从媒体属性层面对获奖作品进行分类,主要有"政府机关类媒体、行业类媒体、市场化媒体",分别指代由中央或地方党政机关主办的媒体机构、行业组织主办的媒体机构以及以营利为目的、市场化的媒体机构。据图3-2可见,政府机关类媒体获奖次数远大于其他两类,尤其是在特别奖和一等奖中其他两类媒体寥寥。市场化媒体为追求经济利益，评论作品所选主题多涉及民众感兴趣的层面，但获奖次数最少，在奖项数额最大的三等奖中，也仅有8次，远小于其他两类。

中国新闻奖整体呈现获奖单位高度分散的特征，但媒体属性主要集中于政府机关类媒体。原因可能在于政府机关类媒体思想取向高度契合中国新闻奖要求，而其他媒体对中国新闻奖的主要思想把握不准，或与自身定位不清有关。或者说获奖标准与媒体市场操作存在一定的距离，其他类别媒体尤其是市场化媒体过于注重民生类社会新闻，缺乏宏观价值，因而其获奖作品数量远不及中央及地方媒体。

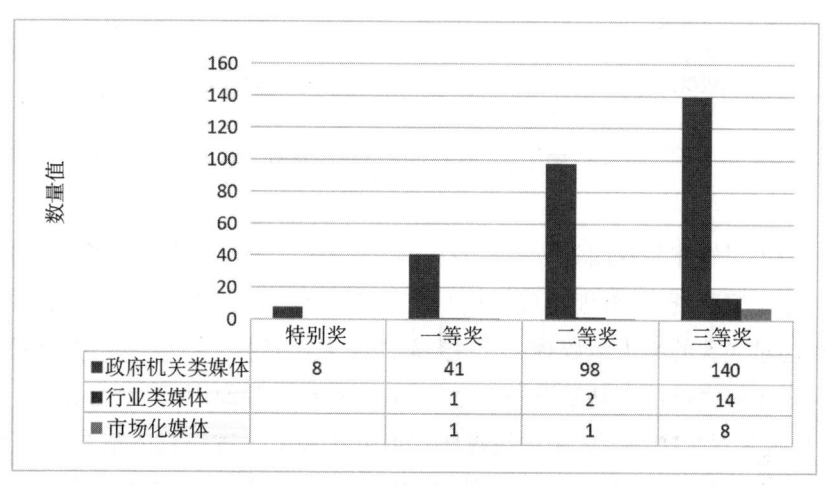

图3-2 获奖媒体属性分布图

(三) 单位层级分布：中央级媒体较多

从单位层级分布来看，可将它们分为"中央级媒体、省级媒体、地市级媒体"三类。通过分析可见，得奖次数和类别也呈现出典型的层级感。中央级媒体获奖总体次数最多，省级和中央级别差距虽不大，但各省数量不均且不稳定。在特别奖中，全部是中央级媒体获奖。在一等奖和二等奖中，省级媒体得奖次数高于中央级媒体，不过地市级最少。在三等奖中，中央级媒体所占份额又急剧增多。在中国新闻奖的获奖细则中虽然规定中央级媒体和地方级媒体获奖次数各占50%，但在具体的评选实践中，地方级媒体获奖总数超过中央级。如果按中央、省和地市级媒体细分,则中央级媒体所占数量最大。见图3-3。

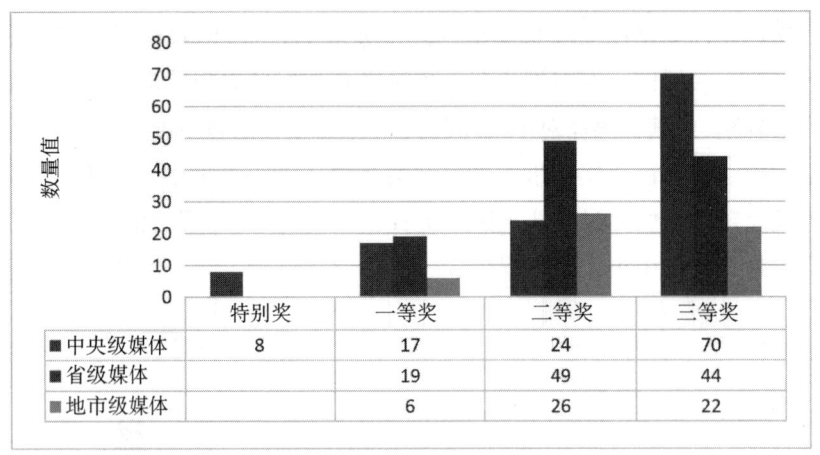

图3-3 获奖单位层级分布图

中央级媒体是我国党政机关的直接"发言人",从工作环境到配建设施,都为采集完整资料、整理出优秀稿件创造了条件,获奖概率自然增大,其中获奖超过4次的中央级媒体共有13家,以《人民日报》为主。相对来说,省级和地市级媒体由于基础设施不完备、人才不集中等原因,舆论引导能力不强,导致其得奖次数少于中央级媒体。但近年来由于省级媒体基数大,再加上各省对新闻单位的重视,使得其在中国新闻奖的争夺中渐渐占有了一定优势。

(四)获奖人群:集体为主,高度分散

对获奖作者进行梳理,将获奖次数在两次以上的进行筛选,我们发现集体创作的新闻评论在获奖时占据优势。集体类包括以"集体""本报评论员""任仲平"这三类署名的作品,大多属中央级或省级党报。典型代表是"任仲平",其作为《人民日报》的集体笔名,早已名副其实地成为"宝塔尖上的明珠"[①]。在这十年间,"任仲平"获奖次数高达6次。以个人署名获奖3次以上的仅有曹林和刘庆传两人,分别为《中国青年报》和《新华日报》的评论员,

---

① 梁衡.评论是报纸的宝塔尖[J].采写编,2004(6):24.

中其他两类媒体寥寥。市场化媒体为追求经济利益,评论作品所选主题多涉及民众感兴趣的层面,但获奖次数最少,在奖项数额最大的三等奖中,也仅有 8 次,远小于其他两类。

中国新闻奖整体呈现获奖单位高度分散的特征,但媒体属性主要集中于政府机关类媒体。原因可能在于政府机关类媒体思想取向高度契合中国新闻奖要求,而其他媒体对中国新闻奖的主要思想把握不准,或与自身定位不清有关。或者说获奖标准与媒体市场操作存在一定的距离,其他类别媒体尤其是市场化媒体过于注重民生类社会新闻,缺乏宏观价值,因而其获奖作品数量远不及中央及地方媒体。

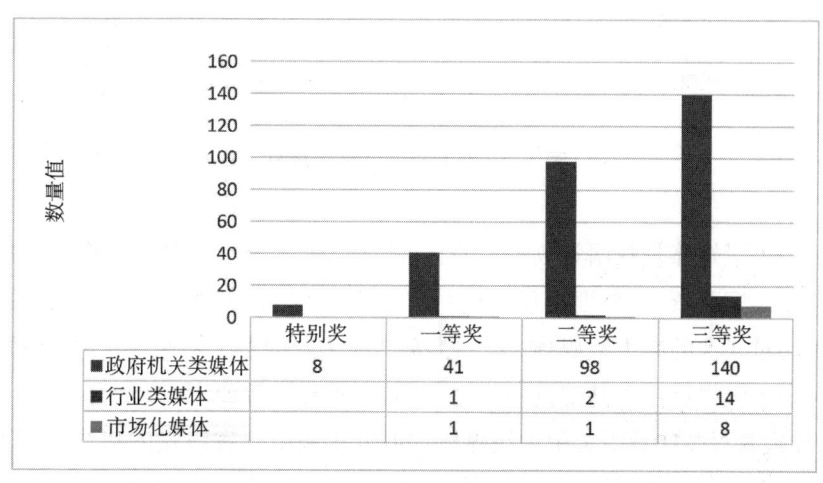

图 3-2　获奖媒体属性分布图

(三)单位层级分布:中央级媒体较多

从单位层级分布来看,可将它们分为"中央级媒体、省级媒体、地市级媒体"三类。通过分析可见,得奖次数和类别也呈现出典型的层级感。中央级媒体获奖总体次数最多,省级和中央级别差距虽不大,但各省数量不均且不稳定。在特别奖中,全部是中央级媒体获奖。在一等奖和二等奖中,省级媒体得奖次数高于中央级媒体,不过地市级最少。在三等奖中,中央级媒体所占份额又急剧增多。在中国新闻奖的获奖细则中虽然规定中央级媒体和地方级媒体获奖次数各占 50%,但在具体的评选实践中,地方级媒体获奖总数超过中央级。如果按中央、省和地市级媒体细分,则中央级媒体所占数量最大。见图3-3。

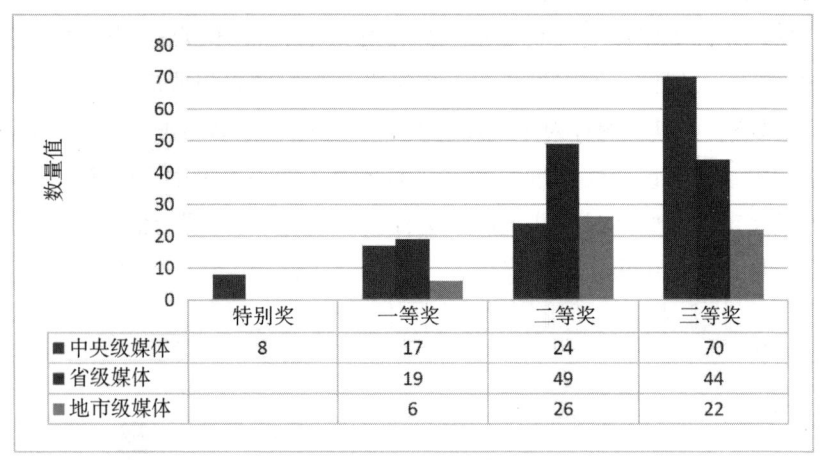

图3-3 获奖单位层级分布图

中央级媒体是我国党政机关的直接"发言人",从工作环境到配建设施,都为采集完整资料、整理出优秀稿件创造了条件,获奖概率自然增大,其中获奖超过4次的中央级媒体共有13家,以《人民日报》为主。相对来说,省级和地市级媒体由于基础设施不完备、人才不集中等原因,舆论引导能力不强,导致其得奖次数少于中央级媒体。但近年来由于省级媒体基数大,再加上各省对新闻单位的重视,使得其在中国新闻奖的争夺中渐渐占有了一定优势。

(四)获奖人群:集体为主,高度分散

对获奖作者进行梳理,将获奖次数在两次以上的进行筛选,我们发现集体创作的新闻评论在获奖时占据优势。集体类包括以"集体""本报评论员""任仲平"这三类署名的作品,大多属中央级或省级党报。典型代表是"任仲平",其作为《人民日报》的集体笔名,早已名副其实地成为"宝塔尖上的明珠"①。在这十年间,"任仲平"获奖次数高达6次。以个人署名获奖3次以上的仅有曹林和刘庆传两人,分别为《中国青年报》和《新华日报》的评论员,

---

① 梁衡.评论是报纸的宝塔尖[J].采写编,2004(6):24.

其余得奖次数皆为两次或两次以下,较为分散。同时,获奖次数达两次以上的评论员,皆隶属于党政机关类媒体,缺乏市场化评论员和自由评论员,分布较为不均。见表3-2。

表3-2 主要获奖评论员分布表

序号	署名	次数	所属单位
1	集体	26	《人民日报》、新华社、《湖北日报》、《河南日报》
2	本报评论员	9	
3	刘庆传	4	《新华日报》
4	曹林	4	《中国青年报》
5	任仲平(集体)	6	《人民日报》
6	冯雪梅	2	《中国青年报》
7	翟慎良	2	《新华日报》
8	刘祖华	2	《中国组织人事报》
9	尚德琪	2	《甘肃日报》
10	李泓冰	2	《人民日报》
11	唐跃培	2	《克拉玛依日报》
12	周凡恺	2	《天津日报》
13	窦灏洋	2	新华网
14	刘涛	2	《中国教育报》
15	朱萍	2	《中国日报网》

集体命名的文章作为集体智慧的结晶,多以思想号召为主,主题也多偏向于弘扬主旋律,更能够凝聚社会力量,构建民众价值认同感。而以个体署名的评论员,集中于价值观、思维重塑的主题较少,其评论思维、价值理念与评论奖的要求相差较远,他们多集中在对社会事件的批判上,市场化和自由评论员表现尤为明显。这也导致评选结果与业界其他奖项相比,具有极大差异。

三、主体表达内容分布情况

在中国新闻奖的新闻评论表达中,评论领域主要以政治建设为主,内容取向多事实阐述和号召呼吁,作品目标多为舆论引导。

(一) 评论领域：以政治建设为主

按照评论领域，我们将这些作品分为政治建设、经济建设、时事评论、社会民生、科技文化、其他六种题材。政治题材评论是指对党的政策、路线、方针的解读和对重要政治事件的分析，经济发展是我国目前阶段的重要主题，多涉及经济增长方式转变、经济结构调整等状况。"这些关于国家经济、社会发展进程中的成就报道，突出体现民族自豪感。"[①]研究发现，评论所涉及领域主要以"政治建设"和"经济建设"这两大主题为主，分别有 120 个和 58 个。"时事评论"排名第三，是近年发展的重点领域。尽管领域不同，但评论内容皆是以宏大的视角对政策、现象进行自上而下的内容阐释。对政治和经济领域的相关内容进行评论，相对而言，更具有获奖的潜质，因此，媒体在报道时会将它们放在重要的位置，获奖概率自然增大。得奖的时事评论则区别于一般时评，角度更新颖、观点更犀利，对错误的价值观念进行批判，加强思想层面的教育，而市场媒体评论员和自由职业者在这一方面往往离获奖标准差距较大。见图 3-4。

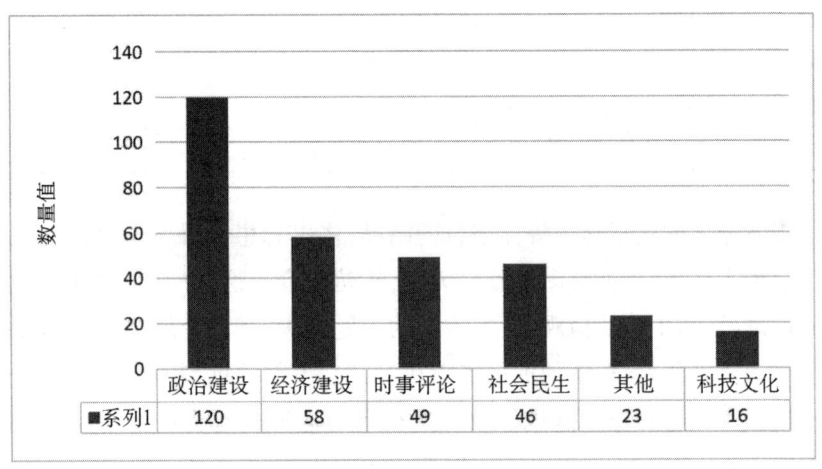

图 3-4　获奖评论领域分布图

---

① 赵志明.透过文本的新闻价值之观照：中国新闻奖与普利策新闻奖比较研究[J].新闻知识,2005(7):5-8.

(二)内容取向:事实阐述与号召呼吁占多数

新闻评论的核心观点一般通过标题体现出来,因此分析新闻评论的标题对于了解新闻评论的内容取向极为便利,标题能显现作者的观点和感情倾向,显示一篇评论的内容取向。根据内容特点,我们将新闻评论的标题分为五类——事实阐述类、号召呼吁类、社会批判类、思想建设类和政策阐释类。事实阐述类表示对某一事实的描述和批判;号召呼吁类主要是呼吁落实思想政策、构建人们的价值和思想取向;社会批判类指对社会中存在的现象或问题进行批判,以构建正确的价值观;思想建设类指构建正面的价值观念;政策阐释类则是对某一政策进行阐释。经过分析发现,在这 341 件获奖作品中,以"事实阐述类"和"号召呼吁类"为主,作为涵盖思想、价值观传递层面的内容,占据总数的 36.95%,并且以文字形式为组合,多涉及"政治建设"。"号召呼吁类"多集中于报纸类获奖作品中,"事实阐述类"则集中于广播、电视类评论。见图 3-5。

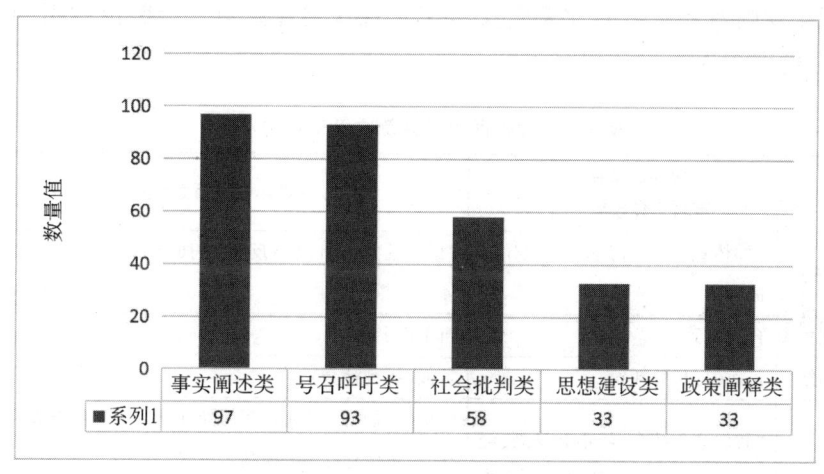

图 3-5 获奖评论内容取向分布图

在五类内容中,"事实阐述类"和"号召呼吁类"占绝大多数。首先从情感来看,这两类多为鼓舞社会的正面宣传阐释。以"任仲平"系列文章为例,其虽然在"写作上有四个'遵循',即客观性、独创性、新闻性、针对性"[①],但

---

① 任仲平是怎样锤炼的? [J]. 新闻战线,2009(3):12.

实际上还是倾向于对政策的呼吁与宣传,做到了中国新闻奖"贯彻团结稳定鼓劲、正面宣传为主的方针,坚持正确舆论导向,落实'三贴近'要求"的要求,这也正是中国新闻奖的价值取向。

(三)作品目标:舆论引导

中国新闻奖作为我国官方最高类奖项,舆论导向作用极其重要。相对于社会舆论而言,中国新闻奖获奖作品需要起到引导作用,这种引导与社会舆论有所不同。社会舆论可表述为"公众意见",社会舆论可能正确也可能不正确,不正确者容易引发群体情绪极化,危害社会价值秩序和社会管理秩序。及时发现社会舆论中的错误之处,对其加以引导是党和政府赋予新闻评论的一项重要职能。这种职能的发挥表现为"厘清事实""判断真伪""激浊扬清"等。当社会情绪和观点偏离正常秩序时,新闻评论的舆论引导功能便须显现。以文字类评论获奖作品《魏则西事件下的污名化狂欢要不得》为例,同时选取该事件微信公众号文章阅读量第一的推文《青年魏则西之死》,对比两篇文章来呈现获奖评论对社会舆论的引导策略。见表3-3。

表3-3 魏则西事件两篇文章对比分析表

	《魏则西事件下的污名化狂欢要不得》	《青年魏则西之死》
关注点	"群体歧视""污名化""群体极化"	"医疗乱象的批判与反思""质疑百度""反思医疗体系"
视角	自上而下	自下而上
情绪	正面(自我批判)	负面(批判社会)
评论	"我们这个社会,经不起撕裂,经不起折腾,污名下的狂欢和舆论暴力,摧毁的正是你我不可或缺的爱的阳光与空气,是和谐与梦想。"	"如果我们每个人不能对医疗和健康知识有个基本的认知,还会有更多的魏则西被骗。""如果那些作恶的信息提供商不能被监督不能被严惩,还会有更多的魏则西被骗。""如果那些骗人的医疗机构没有得到法律严惩,还会有更多的魏则西被骗。"

根据分析可见,《魏则西事件下的污名化狂欢要不得》立足于宏观视角,自上而下地描绘社会现状,并对社会乱象进行分析,引导受众思维转向;而《青年魏则西之死》更多基于事件本身来批判相关点,如"医疗制度、百度乱

象",反思社会制度不足。

根据鹰眼舆情观察室舆情报告,在"魏则西事件"中,对医疗乱象的批判与反思占比最高,达29%;拷问百度占比25%等。这些关注点都集中于对事件本身的思考以及对制度的反思与批判。百度指数显示,人们的信息需求集中于对"事件始末""相关平台""责任认定"等方面。见图3-6。

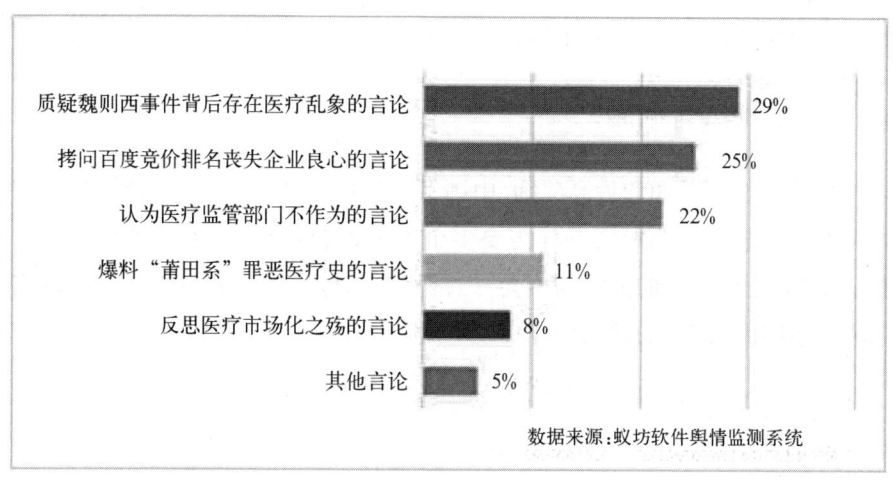

图3-6 "魏则西事件"网民话题分布图

社会知名评论员对事件的落脚点也多为事件归因、事件处理等方面,比如叶檀提出"魏则西事件之所以能够发酵,绝不是一两个推手可以主导的,而是触到了社会最深的痛处,也揭示出信用体系存在着很深的痼疾"[①]。总体而言,民众自发的观点表达和普通评论员的表达社会动员性极强,而我国的医疗体系管理和建设并非一朝一夕能完成的,因此简单的质疑往往容易造成负面情绪,不利于整个社会的稳定。此时亟待新闻评论从民众心理的角度进行阐释和批判,以缓解舆情。

《魏则西事件下的污名化狂欢要不得》一文"没有过多纠结于莆田系医院是否有错这一问题,而是着重论述了这种非理性的舆论狂欢对整个社会造成的撕裂、危害,立意巧妙、语言活泼老练,在集体非理性的舆论狂欢中发

---

① 叶檀:魏则西事件能否带来 信用体系颠覆性变革[EB/OL].(2016-05-04)[2018-06-12]. https://www.nbd.com.cn/articles/2016-05-04/1002432.html.

出了党报理性的声音,体现了作者的冷静思考和党报面对社会舆论热点时的主动作为与担当"①。实际上不仅这篇文章,在类似的重大社会舆论事件中,获奖文章都能做到激浊扬清,主动明辨是非,如"拒签致死"事件中的《不要过度阐释"拒签致死"这个特例》(曹林)、"华南虎事件"中的《"华南虎事件"能否成为一个契机?》(卢新宁)、"史上最毒后妈事件"中的《谁代表网友给小慧的后妈道歉》(吴双建)等均具有这样的效果,提升人们对热点事件的认识具有极大的好处,起到了纠正舆论不恰当之点的作用。

四、价值凝聚问题

作为中国新闻业的最高奖励,中国新闻奖的功能一方面是鼓励,另一方面则是树立榜样。要形成榜样需要多个因素配合:一是能够达到相应的目标;二是有达到目标的能力与机会;三是奖项的包容性与有效性。但在现实实践中,中国新闻奖的评定仍存在以下问题。

(一)呈现马太效应,高者愈高

从当前中国新闻评论的作者群体来看,至少有三大群体:一是党媒评论员,二是市场化媒体评论员,三是网络从业者。从已有的获奖主体来看,党媒占据绝对优势,市场化媒体仅有少数,其他媒体从业人员基本没有。多年的获奖者分布表明:在获奖群体中,强者愈强。新闻评论获奖群体高度集中在部分媒体和部分群体,有可能使得奖项的示范效应降低。同时,中国新闻奖未能涵盖部分媒体、部分领域也可能降低这类群体和这些领域在舆论引导方面的积极性。

(二)扩散机制有待加强

作为国家大奖,中国新闻奖的扩散机制并不充分。首先在媒体上的扩散不充分。当前获知中国新闻奖评论作品的渠道主要是中国记协网,在网站上,其过程性材料和结果性材料并不完备和充分。其二,除中国记协网外,其他媒体对中国新闻奖的宣传力度并不够充分,从而降低其荣誉感。其三,中国新闻奖作品在高校中的影响力并不如人意,未能在高校新闻传播类

---

① 中国新闻奖参评作品推荐表[EB/OL].(2017-06-19)[2023-05-08].http://www.xinhuanet.com/zgjx/2017-06/19/c_136367136.htm.

专业学生和教师群体中产生广泛影响力。这些使得中国新闻奖变成单层面的奖项,其广泛影响并未构建,因而在一定程度上呈现出显著的内卷化或者圈子化倾向。

(三)仪式塑造不到位

对于仪式认知,人们早期多将其与神话和宗教相连,后人们逐步将其与社会文化一起理解,仪式是"一个个具体的行为,同时,这些行为由于被仪式的场域、氛围、规矩所规定,也就附加上了情境中符号的特殊意义,它为人们提供了一个表达和转述情感的机会"[1]。在某些情况下,固定的仪式化行为能使得"国家意识形态在场"[2],从而实现价值观的传递。作为新闻界最权威的奖项,其应该完善价值呈现,加强评论各界的认知共识。同时,理论上来说,每一个重大事件都是理念与价值观的重塑,中国新闻奖亦不例外。但中国新闻奖的仪式化塑造并不到位,它所维系的价值共同体仅是单方面的。从获奖主体来说,获奖成员多是来自各省市的总编辑、台长等领导;从获奖的内容取向和领域来看,偏重政治、经济层面及思想塑造,使得获奖通道窄化,从而有可能使原本具有高度凝聚信念力量的中国新闻奖失去了一个好的机会。

第二节　理念模糊型主体:大学生群体

新中国成立至20世纪90年代,我国政论发达,写作群体主要为专业评论员或相关部门领导。20世纪90年代后,媒体迎来了改革开放后时评发展的第一波高潮,评论主体开始增多。2000年前后,网络评论表达日盛,至2003年左右时评迎来了第二次发展高潮,不少报纸开设评论专栏、专版甚至是周刊,同时不少门户网站和媒体网站开设评论版块,吸引评论人才投稿,评论主体开始多元。

新闻评论载体的增多使得大学生写作评论的激情大涨,一些高校学生

---

[1] 彭兆荣.人类学仪式研究评述[J].民族研究,2002(2):88-96.
[2] 高丙中.民间的仪式与国家的在场[J].北京大学学报(哲学社会科学版),2001(1):42-50.

利用学习间隙写作新闻评论,一些高校则组建评论团甚至评论班,①大学生在各类媒体上发表新闻评论的数量开始增多。但是学生与业界、业界与业界以及学界与业界之间的交流并不顺畅。2005 年,华中科技大学开设首届新闻评论方向班并举办首届新闻评论高层论坛。自 2006 年起,红网开始举办《红辣椒评论》佳作颁奖暨时评研讨会,探索将评论写作主体联结起来,但那时人们并未单独关注大学生评论作者这个群体。

2010 年始,随着信息技术的发展和移动互联网的兴盛,新媒体和传统媒体交锋激烈。新闻评论在网络舆论中的风向标作用凸显,成为媒体竞争的重地,刺激更多媒体有意识地挖掘各个社会群体中潜在的评论资源。其中,大学生群体成为媒体发掘人才的主要来源。自 2015 年开始,由媒体、高校以及其他机构共同主办的大学生评论比赛开始涌现,如红网评论之星选拔赛、全国大学生评论大赛等,媒体、高校和其他机构开始以建构共同体的方式影响着大学生的评论表达。

据 CNNIC 第 41 次《中国互联网络发展状况统计报告》显示,20—29 岁网民占总网民数的 30.0%,学生群体占 25.4%,大专以上学历者占 20.4%,青年学生群体在网络上成为一支不可忽视的力量,其言论表达方式、表达内容影响着网络舆论的走向。大学生群体所具备的知识文化素养使之能够在网络上进行发布、评论等公开言论表达。敏锐的感知、鲜明的主张和看待社会事物的独特视角使他们的言论通常尖锐、接地气并且各有特色,在网络上能够产生较高的关注度和影响力。因此,培养大学生的评论表达能力既是为我国新闻评论队伍注入新鲜血液、培养后备力量的需要,也是引导大学生积极地关注和思考社会事务、传递网络舆论正能量的需要。

目前,激励和培养大学生评论表达能力的方式主要有三种,分别是课堂教学、自媒体写作和评论比赛。课堂教学的培养方式系统但较为被动、封闭,授课范围以新闻相关专业的学生为主,授课容易陷入理论堆砌或与社会脱节的困境;自媒体写作是大学生的主动性行为,但缺乏约束机制和专业审核,容易受到商业的入侵;评论比赛的方式则通过媒体、高校学者、业界时评家的三方协力,由媒体提供表达和展现平台,高校学者和业界时评家进行教

---

① 赵振宇,刘义昆. 据"势"行事,以事成"势":新闻评论特色教育体系的构建与实施[J]. 现代传播(中国传媒大学学报),2017(8):155-157.

导和审核,使得大学生在参与比赛的过程中能够积极主动地写作,得到专业的指导和建议,可培养其新闻评论专业素养,能有效提高其评论写作水平。评论比赛的理念设置、系统聚集、专业审核、颁发奖励等不仅能够影响参赛大学生的社会心态认知发展和价值观形成,在多方参与的过程中也能够推动大学生评论共同体的建构。目前已举办的评论比赛想要塑造怎样的大学生评论共同体,通过何种方式塑造,最终效果如何,这些问题与新闻评论界的未来发展和建设社会言论表达群体息息相关。以大学生评论大赛为研究对象,通过对评论比赛组织过程、参赛学生表现、评奖结果以及部分参赛大学生所受影响等进行分析,我们力图考察当前大学生评论共同体的现状与困境。

一、样本收集原则

对大学生评论共同体的塑造广泛地包含了政府、媒体、社会环境、校园环境等多方力量。在高校中,大学生的交际活动以老师和同学为主,在这种环境下,大学生向媒体投稿是私人行为,接收媒体约稿则是任务驱动型行为,两者都不具备贯穿始终的核心理念和明确的行为目标。与之相比,大学生评论比赛具有理念鲜明、目标明确、专业审核、深度交流等特征。大学生在参与评论大赛的过程中,实际上潜移默化地受之影响,在心态、认知和价值观上会发生一些改变。大学生评论比赛对大学生评论共同体塑造的推力作用也更为明显、更具可靠性。

目前国内举办了数量众多、种类各异的评论大赛。通过在网络上进行搜索和比较,我们选中了七类影响力较大的比赛,分别是红网全国大学生评论之星选拔赛、《浙江日报》"弄潮号"全国大学生评论大赛、全国大学生评论大赛、《湖北日报》与武汉大学的大学生评论大赛、浙江大学和钱江晚报社的全国大学生评论大赛、《新京报》"超级实习生"大赛、红星"超级实习生"大赛,共计13个研究对象。其中,《湖北日报》与武汉大学举办的大学生评论大赛第一届、第二届在网络上详情缺失,故不加入研究对象。见表3-4。

表 3-4 大学生评论大赛样本简表

序号	大赛名称	主办年份	主办方
1	红网首届全国大学生评论之星选拔赛	2015年9月15日至2016年2月28日	红网
2	红网第二届全国大学生评论之星选拔赛	2016年12月31日至2017年6月2日	红网
3	红网第三届全国大学生评论之星选拔赛	2017年10月1日至2018年5月	红网
4	《浙江日报》首届"弄潮号"全国大学生评论大赛	2018年1月至2018年6月	《浙江日报》全媒体评论理论部
5	首届全国大学生评论大赛	2015年6月8日至2016年6月	《中国教育报》、中国人民大学
6	第三届大学生评论大赛	2016年4月至2016年6月	荆楚网、武汉大学新闻与传播学院
7	碧桂园杯第四届大学生评论大赛	2017年4月至2017年6月	湖北日报网、武汉大学新闻与传播学院
8	阿里巴巴首届全国大学生新闻评论大赛	2015年9月至2016年1月	浙江大学新闻传播学系、钱江晚报社
9	第二届中国大学生新闻评论大赛	2017年5月至2017年9月	浙江大学传媒与国际文化学院、钱江晚报社
10	"超级实习生"大赛第一季	2014年12月24日至2015年1月24日	《新京报》评论部
11	"超级实习生"大赛第二季	2015年4月7日至2015年5月8日	《新京报》评论部
12	"超级实习生"大赛第三季	2017年10月10日至2017年11月10日	《新京报》评论部"沸腾"、新浪新锐见
13	红星"超级实习生"大赛暨首届全国高校评论人才精英选拔赛	2017年5月15日至2017年6月22日	红星新闻

"共同体"一词译自英文 community,直译为社区,其概念最早可追溯至滕尼斯,其形成多以血缘和地域为联系纽带,与"从地域条件、社会关系以及文化一致性"[①]相关。伴随着现代社会的发展,血缘关系和地域关系逐步瓦解,"共同体概念不断被嵌入新的语境中而获得重构,如政治共同体、经济共同体、科学共同体、学习共同体、职业共同体等越来越多地进入各种层次和

---

① 毛丹.村落共同体的当代命运:四个观察维度[J].社会学研究,2010(1):1-33,243.

类型的团体、组织乃至民族和国家的视野","共同的目标、认同与归属感"①是共同体形成的三大要素,在共同体塑造中,价值目标最为重要。不同的共同体目标并不一样,如国家之间的目标就是形成命运共同体,以"对话协商、共建共享、合作共赢、交流互鉴、绿色低碳"②等手段形成。在学习共同体中,它表现为"为完成真实任务/问题,学习者与其他人相互依赖、探究、交流和协作的一种学习方式。它强调共同信念和愿景,强调学习者分享各自的见解与信息,鼓励学习者探究以达到对学习内容的深层理解"③。

整体而言,新闻评论作者群体相对固定,但具体而言,大学生新闻评论作者群体可能并不十分固定。理论上来说,某种社会群体通过一定的社会活动,完成一定的目标,拥有共同的价值理念,同时形成归属感等,均具有形成共同体的可能。大学生评论比赛就是一种形成共同体的尝试,但这种尝试现状以及效果如何,目前并未见到相关研究。

根据共同体的概念表述,我们除收集各评论比赛基本信息外,重点关注价值目标、认同感和归属感的塑造,以发现其中存在的问题。价值目标等方面主要通过内容分析获知,而认同感和归属感则通过对多位参赛大学生的访谈获知。

二、大学生评论主体凝聚方式

一项赛事要想圆满举办,几个重要因素必须满足:一是赛事的广泛号召力;二是赛事的吸引力;三是共同理念的塑造;四是认同感和归属感的塑造。号召力来自内容自身的吸引力、举办者的地位、评委的来源等;吸引力则体现在赛事能为参加者带来的利益;理念、认同感、归属感相对较虚,要求举办者自身在业内有明晰的价值观,但相对而言,各媒体在新闻评论方面价值理念并不显著和完整。

(一)主办单位:具有广泛的号召力

作为吸引大学生参赛的比赛,高校和媒体两者缺一不可。具体而言,大

---

① 张志旻,赵世奎,任之光,等.共同体的界定、内涵及其生成:共同体研究综述[J].科学学与科学技术管理,2010(10):14-20.
② 习近平.共同构建人类命运共同体[N].人民日报,2017-01-20(002).
③ 钟志贤.知识建构、学习共同体与互动概念的理解[J].电化教育研究,2005(11):20-24,29.

学生评论比赛的主办单位可分为传统媒体、高校、网站和新媒体三大类。在大学生评论大赛样本中,传统媒体有 4 家,分别是《浙江日报》《中国教育报》《钱江晚报》和《新京报》;主办高校有 3 家,分别是中国人民大学、武汉大学和浙江大学;网站有 3 家,分别是红网、荆楚网、湖北日报网;新媒体有红星新闻。见表 3-5。

表 3-5 大学生评论大赛主办单位一览表

传统媒体	高校	网站、新媒体
《浙江日报》	中国人民大学	红网
《中国教育报》	武汉大学	荆楚网
《钱江晚报》	浙江大学	湖北日报网
《新京报》		红星新闻

从办赛动机方面进行分析,媒体和网站主要利用评论比赛进行品牌推广,提高知名度;高校则通过开办评论比赛输出优秀生源,完善人才培养机制。

在传统媒体中,《新京报》举办评论大赛的时间最早。其评论部本身社会声誉较高,评论版块是《新京报》在媒体竞争中的一个优势。其开办的比赛借助自身的品牌效应,将评论和实习联系在一起,试图为评论部发展储备人才资源,对大学生群体有较大的吸引力。

在网站中,红网做评论版块资历最老、最独树一帜。红网很早之前就对评论和大学生群体给予了较大的关注,从 2006 年开始连续举办过多届时评佳作评选活动。红网通过开放平台来聚集年轻优秀的评论员群体讨论时评、形成评论共同体意识,该群体为《中国青年报》《深圳特区报》等媒体评论版块贡献了许多人才资源。因此红网本身在做评论的同时,也能够聚集一大批对评论有兴趣、能够写评论的大学生。此后有多家网站,如荆楚网,效仿红网举办评论大赛并通过吸引大学生的加入来形成影响力,聚集优秀评论员的同时达成在高校群体中的推广工作。

在高校队伍里,中国人民大学和武汉大学的新闻传播专业实力雄厚,前者是中国新闻评论教育的重镇,先后产生了胡文龙、涂光晋、马少华等评论教学研究的大家,后者则文科底蕴深厚。这些高校的参与解决了新闻评论相关赛事的吸引力问题。知名高校在为大学生评论共同体提供优秀生源和权威理论引导的同时,也通过此举完善自身的人才培养机制,激发学生的活力。

(二)评奖嘉宾:具有相当的知名度

在赛事中,评委的实力以及吸引力影响着参赛者的参赛动机,这点无论对于选秀节目还是对于评论大赛都适用。大学生评论大赛评奖嘉宾见表3-6。

表3-6 大学生评论大赛评奖嘉宾一览表

大赛名称	评奖嘉宾
红网全国大学生评论之星选拔赛(共四届)	马少华、王天定、刘义昆、刘海明、张若渔、陆高峰、陈敏、周东飞、顾建明、曾润喜、廖保平、田大宪、李仕生、肖燕雄、肖余恨、杨新敏、魏猛
《浙江日报》首届"弄潮号"全国大学生评论大赛	鲍洪俊、陆绍阳、张涛甫、赵振宇、沈爱国、曹林、刘雪松
首届全国大学生评论大赛	郭庆光、尹明华、陆绍阳、刘昶、石义彬、范以锦、张志安、李惠民、方延明、涂光晋、马少华、王溥、储朝晖、顾骏、杨健、张显峰、刘万永、张天蔚
全国大学生新闻评论大赛(共两届)	鄢烈山、黄芝晓、赵振宇、刘雪松、魏英杰、吴飞、马少华、徐迅雷、沈爱国、曹林
"超级实习生"(共三届)	常庆、曹云雯、杜涛、顾建明、胡泳、刘海明、刘义昆、马少华、任孟山、王少磊、王艳明、魏剑美、熊培云、杨新敏、周庆安、张若渔、张少威、张涛甫、朱巍、陈敏、冯渊源、金泽刚、展江
红星"超级实习生"大赛	展江、张小元、马少华、敬一山、曹林、蒋泉洪、张丰
大学生评论大赛(共两届)	张先国、刘义昆、李晓红、张瑜烨、张勇军、张瓅尹、顾建明、曹林、沈彬、高明勇、王石川、顾建明、张瓅尹、张瑜烨、张勇军、余秀才、刘义昆

在七大赛系中,出席3次以上的评奖嘉宾有4人,分别是马少华、刘义昆、顾建明、曹林。马少华在新闻评论教育界影响巨大,其教学博客、微信公众号等在大学生群体中拥有广泛的读者。刘义昆系中国地质大学副教授,华中科技大学新闻评论研究中心研究员,发表了大量影响较大的时评。顾建明所在的华中科技大学新闻评论研究中心培养了不少新闻评论员,开展了新闻评论特色教育。曹林曾4次荣获中国新闻评论奖,经常赴各大高校讲座,运营微信公众号"吐槽青年博士",在大学生中影响力较大。出席两次的评奖嘉宾有展江、赵振宇、张若渔(原名张强)、刘雪松、杨新敏、张涛甫、张瓅尹、张勇军、刘海明、陈敏、张瑜烨、陆绍阳、沈爱国共13人。只参加过1次的

评奖嘉宾有陆高峰、李仕生等人。

评奖嘉宾绝大多数横跨了学界和业界,现属新闻评论教育界群体。张若渔和曹林虽在业界,但与学界交流广泛,同时通过在大学举办讲座或挂职教师的方式,主动地与大学生保持较为紧密的联系和互动。

从业界参与者不稳定这一点来看,在专业评论界里,愿意与大学生进行长期接触与交流的人较少。因此,以知名学者为主的新闻评论教育界群体成为大学生评论共同体建设的主要推力。他们在参与评论比赛的评审过程中,给评论业的发展带来理性思考,对于形成价值凝集具有一定的作用。

(三)比赛理念:培养人才占据主导地位

根据比赛的推广文本,进行理论饱和分析,我们发现比赛理念主要集中于"引导大学生关注社会""促进大学生独立思考、理性表达""为大学生提供展示舞台""培养选拔新闻评论人才""加强评论业界与学界联合"五方面。这五大分类主旨均在培养新闻评论人才,只不过有的方面是培养爱好,有的是培养价值观,有的是提供帮助,有的则是真正的比赛。见图3-7。

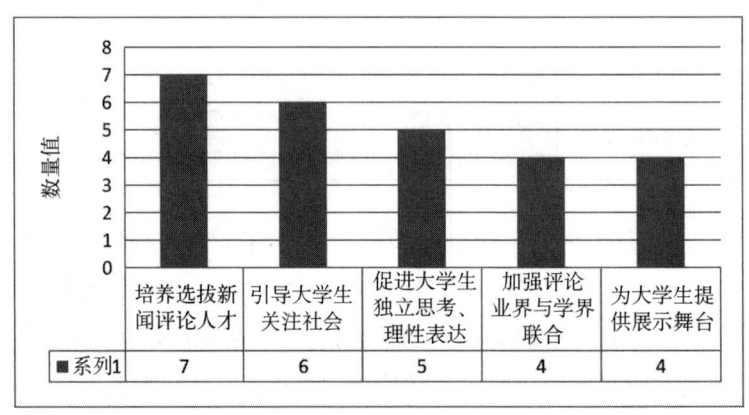

图3-7 评论大赛目标总体分布图

在13届次大赛中,涉及比赛理念的每次在1—4项之间。最简单的是《浙江日报》首届"弄潮号"全国大学生评论大赛,仅涉及培养学生关注社会的情操。高频指标分别为"培养选拔新闻评论人才""引导大学生关注社会"

和"促进大学生独立思考、理性表达"。在这些指标中,与学生表达方式有关的仅"促进大学生独立思考、理性表达"一项,而且这项在13次评论比赛中仅出现5次,不到一半。可见各赛事的目标更多地聚焦在自我目标上,而在学生培养价值体系上则较为缺乏且不连贯。见图3-8。

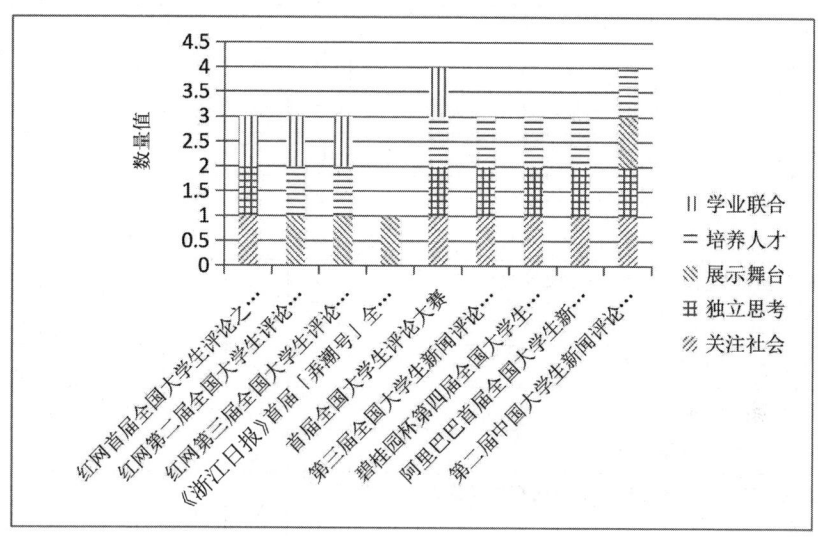

图3-8　部分大学生评论大赛目标分布图

此外,同一赛事不同阶段的理念会以当时实际需求为据做出改变。以红网为例,其首届全国大学生评论之星选拔赛的比赛理念只强调了对大学生新闻评论写作素质的培养,第二届和第三届的比赛理念则添加了"加强评论领域学界与业界的联动融合"。这个变化体现出随着媒体办赛数量的增加,与高校学者和学生的接触频率增多、交流程度加深,塑造大学生评论共同体的共识和力量也在逐步呈现和汇聚。

(四)参赛规则:过程较长,培养意识不强

大部分评论大赛的参赛规则以评委打分制为主,部分比赛辅之以读者投票和阅读量、评论数总量统计,在有效推广媒体的同时与当前新媒体的运作和考核方式相统一。见表3-7。

表 3-7 评论大赛参赛规则一览表

评论比赛名称	持续时间(月)	投票环节	阅读量	进行刊登	集中颁奖	网站宣传
红网首届全国大学生评论之星选拔赛	5		√			
红网第二届全国大学生评论之星选拔赛	5			√		
红网第三届全国大学生评论之星选拔赛	7			√		
《浙江日报》首届"弄潮号"全国大学生评论大赛	5	√	√	√		
首届全国大学生评论大赛	12					
第三届大学生评论大赛	2			√		
碧桂园杯第四届大学生评论大赛	2	√		√		
阿里巴巴首届全国大学生新闻评论大赛	4			√		
第二届中国大学生新闻评论大赛	4					
"超级实习生"大赛第一季	1			√		
"超级实习生"大赛第二季	1		√	√		
"超级实习生"大赛第三季	1		√	√		
红星"超级实习生"大赛暨首届全国高校评论人才精英选拔赛	1	√	√	√		
总计		3	5	10		

参赛作品在媒体上的正式刊登是激励大学生参与评论写作投稿的主要机制之一。通过在媒体平台上刊发自己的作品,参赛大学生获得了关注和肯定,得到了满足感并更加积极地写作投稿,壮大并增强了大学生评论圈子的活性。媒体则通过学生作品的刊发将比赛嵌入媒体实际运营中,拥有了大量优秀稿源;刺激大学生的持续性投稿行为,扩大了媒体的名气。

(五)参赛大学生:获奖者名校居多

大学生评论大赛面向的人群为在校大学生,包含普通高校本科生、硕士研究生和博士研究生以及高职院校在校生。在比赛的获奖者中,新闻传播类学科的学生居多;获奖者来源多样,其中中国人民大学、浙江大学、华中科技大学等知名学府频繁输出优秀生源;能够不断活跃在各大评论比赛的学生极少,有个别学生能脱颖而出,如王言虎、张松超等。见图 3-9。

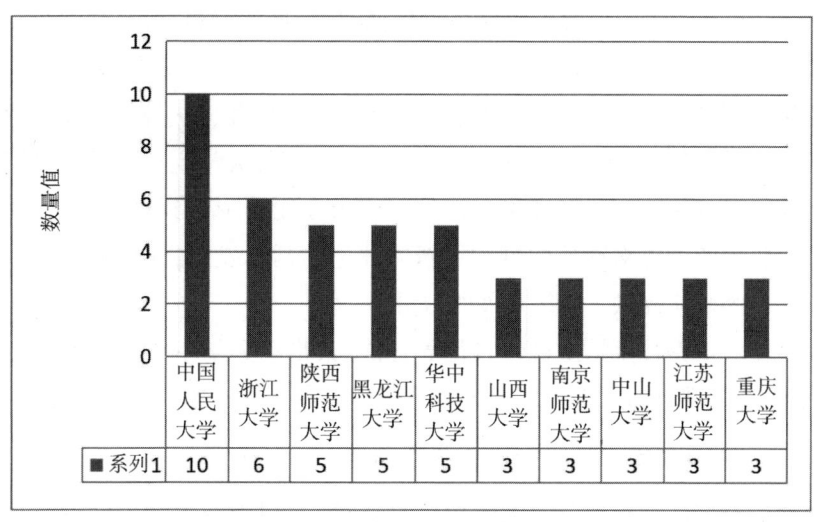

图 3-9 获奖学生学校分布图

参赛的大学生群体主要是具有专业知识或接受过专业指导,表达欲强烈,关注社会时事的青年学子。这个群体较为分散,具有不稳定性。他们能快速地接受新鲜事物,捕捉周遭环境的变化,但关注点散漫、没有垂直领域;看法容易随着时间流逝或事情进展而发生改变,有时甚至会与原初观点背道而驰;具有较为强烈的观点表达意愿和鲜明的态度,但易被情绪左右。

三、价值凝聚困境

大学生评论比赛在 2015 年后大量兴起,多由知名媒体主导,政府部门宏观指导和扶持,大学提供人才储备和理论研究者,商业组织进行资金参与,在多方推动下,形成了短暂的组合。在评奖嘉宾的组成上,虽注重业界人士与学界人士的联动,但实际上常驻评奖嘉宾以学者为主。参赛规则和审核方式在逐步走向多样化,与媒体的实际运作紧密结合。

媒体运作中对新闻评论的审核和评价标准隐性地塑造了大学生评论员群体的新闻评论价值观,引导了大学生群体的关注对象和关注视角,提供给了大学生发表意见、联系社会实际的平台。媒体有意地将大学生中愿意写评论、能够写评论的人聚集起来,促进了大学生评论员社群群体认知和群体认同的聚合成型,同时媒体也完成了自身在高校的推广。

大学生评论员以比赛为媒聚合起来,在与同伴的思想讨论、观点分享等交流中逐渐形成围绕"评论"运转的交际圈子。在参赛过程中,大学生评论员通过老师指导和嘉宾点评构建起关于社会公共事务、关于媒体、关于评论的价值观,提高了自己的评论写作水平。通过比赛,大学生评论员提高了自己的能力,扩展了视野,其评论群体的凝聚力在比赛中达到高峰,他们在新闻评论领域的思想交锋反向推动了新闻评论的延续发展,涌现的大批评论员人才又为媒体提供了持续发展的力量。

但作为培养青年学生群体言论表达能力,推动大学生评论共同体建构的有效方式,现有的大学生评论比赛仍存在诸多不足之处。

(一)参赛大学生缺乏持续的身份认同

我们对多位参赛和获奖大学生进行访谈,发现当前大学生评论员群体在形成过程中存在以下情况:大学生参与评论比赛多为主动型动机,在日常生活中展现出了对新闻评论领域的关注及对评论写作的浓厚兴趣;在参赛过程中呈现与同伴主动交流、积极投稿的行为,他们在评论写作中形成了清晰的价值观,并在作品取得阅读量时获得了社会认同感和满足感;比赛结束后,是否获奖对大学生的未来职业选择并无密切关系,日后大多数大学生不会以"评论员"为自我定位。

访谈发现,评论比赛在塑造新闻评论员正确的价值观、未来理想等方面并未起到应有的作用。参赛大学生以兴趣和满足感的获得为主要动机需求。在参赛过程中,两者会达到高潮,此时参赛大学生拥有强烈的群体意识,认可自身的身份变化。随着比赛走向尾声,兴趣与满足感渐趋淡化。如没有后续激励,大学生对于"评论员"的身份认同会逐渐消失。在此情况下,共同体中的大学生成员缺乏稳定性和忠诚度,归属感低。随着比赛的结束,多数人在共同体中逐渐边缘化或离开,不利于共同体的凝聚和壮大。

(二)建构过程中缺乏核心价值的树立

共同体的构建需要成员对共同体文化、价值、思维方式和行为方式达成共识。目前的大学生评论比赛提出的参赛理念过于笼统和模糊,没有做出具体阐释。在参赛规则上以评委打分为主,具有较强的主观性和私密性,何为评论员、何为优秀评论等关乎评论共同体构建的本质问题,无法形成清晰具体的共有价值观或价值体系。因此,评论比赛虽然在物理空间上将不同的社会群体聚集了起来,但在精神与价值观层面上,共同体面对的仍是一盘散沙,缺少共识的维系。

比赛被更多地期望于形成不同价值观的交流盛会,而并非引导大学生树立评论员理念意识、养成评论员的行为规范。在评论员价值观、底线和目标设定等方面缺乏方向上的引导,使得大学生在参赛写作的过程中自发形成的价值观有偏离社会主流,走向消极宣泄的风险。如部分商业媒体在审评过程中过于强调浏览量和转评数,易将大学生评论引向"标题党"等违背新闻评论理性之路。

大学生评论共同体的建构适应了新时代的社会发展和育人需求,只有推动大学生评论共同体在形成价值共识、引导好大学生评论方向、丰富共同体实践、促进协商交流等方面进行完善,大学生才能在共同体的发展中提高人文知识素养,培养理性批判精神。他们在新闻评论领域的思想交锋能反向推动新闻评论的延续发展,有助于为媒体提供持续发展的力量。

(三) 群体归属感缺失

绝大多数新闻评论大赛参与者为一次性参与,在参与前、参与过程中,他们之间的交流极少,或者说相关平台并未为他们之间的交流提供平台,亦未为他们间的交流提供激励措施,他们的交往停留在以主办方为中介的交流之上;主办方公布则仅见姓名和作品,并未见作者间的观点交流、评论价值观交流等。在这样的交往体系之中,作者与平台、作者与作者间的交流较少,大赛沦为真正的比赛,其对同侪的交往贡献较少。参赛者仅在获得比赛之后个体之间形成一定的交往,但是这种交往数量较少和频率较低。种种措施最终使得大学生评论群体无论在价值理念上还是在实际的交往社区形成上均没有形成归属感。

第三节 解构型主体:市场倾向的表达者[①]

建构型表达主体批判的对象多为公众和社会思潮,解构型表达主体的

---

① 本部分内容根据研究生在凤凰网评论部进行为期3个月的实践、观察、访谈以及网络其他公开材料写作。

批判多指向政府和公共政策,他们往往站在民间的立场强调公共价值,这与媒体市场化不无关系。

新闻评论不仅拥有思想属性,还拥有知识属性,新闻仅是思想和知识的触发点。在思想层面,新闻评论是各类社会思潮呈现的工具,任何表达都是基于一定的思想之上而进行的。在知识层面,新闻评论是"最接近公共知识生产的一种话语实践"①。思想在于启蒙、教育和说服,意在强调内容对社会有价值;而知识在于传达,强调对接受者有用。不同的时代,不同的群体,其观点表达的价值观并不一致。当前,新闻评论表达主体至少有四大群体:传统媒体、门户网站、自媒体以及大众。传统媒体的表达倾向于依照社会主义主流思想舆论做评论,而后三者的价值观则容易偏向强调公共价值。传统媒体价值共同体的结成主要依赖于记协等行业协会组织,而偏向市场的媒体则倾向于自己组织相应的活动来实现群体的组织化。其中,凤凰网"有声之年"极有代表性。该活动 2014—2017 年,举办了 4 届,2018 年因故暂停。在这 4 届活动中,"有声之年"一直将部分评论主体凝聚在一起,形成一种价值共同体。这种自发形成的价值共同体,其价值取向、构建价值共同体的策略值得引起研究者的关注。

一、活动变迁与组织背景

在 2014 年之前,业界尚缺乏评价新闻评论的民间第三方机构,凤凰网"有声之年"试图将自身作为一个第三方独立机构,为评论提供一套参选标准。凤凰网"有声之年"标准主要分为三点:其一,评选出具有深度、广度和高度的文章。这种文章主要指可以公开广泛传播的思想,并且在现代社会中形成舆论。其二,文章能够彰显一个时代言论的限度,并且同时拓展这个限度。其三,文章不仅以获奖作品的具体案例作为新闻评论的标准,更以评点精到的颁奖词明确表达出评论的标准。

凤凰网共计举办过 4 届"有声之年",通过网络搜索的方式,我们查阅到了凤凰网"有声之年"的相关主题或主要活动。见表 3-8。

---

① 刘涛.作为知识生产的新闻评论:知识话语呈现的公共修辞与框架再造[J].新闻大学,2016(6):100-108.

表 3-8 凤凰网"有声之年"主题分布与变迁

年份	主题或活动
2014	2014 年影响中国十大评论
2015	2015 年影响中国十大评论
2016	2016 网络文化与传媒转型研讨会
2017	2017 年度凤凰网评论之夜暨年度致敬盛典

凤凰网"有声之年"活动一直以来都受到媒体发展宏观环境和凤凰网自身微观环境的影响。2013 年以来,互联网的发展降低了写作门槛与信息发布门槛,使得传统媒体受到巨大冲击,不少媒体人纷纷转行寻求出路。比如《东方早报》邱兵因为内部股权问题于 2015 年转向短视频行业,创办梨视频;《外滩画报》前总编辑徐沪生离职创办"一条"短视频等。凤凰网评论部也不例外,作为凤凰新闻旗下的子栏目,凤凰网评论员不到 10 人,人员多来自传统媒体。凤凰网评论总监高明勇、王华是原《新京报》评论员,张弘是原《新京报》文化部记者,崔向升是原央视评论员。从凤凰网评论员的构成也能窥探出传统媒体人才流失的现状。在这样的大背景下,凤凰网评论部实质上也具有浓厚的传统媒体基因,但在市场化操作之下,又形成了另一番特色,这也从另一个方面证明了媒体人的价值追求与其所在媒体以及媒体管理制度有巨大关系。

不过,从 2014—2017 年凤凰网举办的活动中也能看出政策的变化及活动的策略性改变。从凤凰网评论部公众号"freetalk"与"风声评论"可以看出这一趋势,同时,评论员能否找到价值感也是其是否继续从事评论的原因之一。2014—2015 年凤凰网评论部的公众号"freetalk"在业界产生了一定的影响。2015 年之后因为公众号注册主体的原因更换公众号名称为"风声评论",不过其影响力并未达到此前"freetalk"的高度。根据数据分析,"freetalk"在 2014 年间关注量仅为 2 000 人,阅读量可以过万;而"风声评论"关注量超过 10 万,阅读量仅为 5 000 左右,只有部分热点话题才能达到过万的阅读量。内部人士认为"未涉及热点话题"和"删帖"是重要的影响因素。这些因素在"有声之年"活动的举办上亦有所体现。2014 年和 2015 年都进行了"影响中国十大评论"评选,但是在 2016、2017 年该活动并未举行;2014—2016 年每次活动都进行了大规模的宣传工作,同时也在线上进行专题展示,但是在 2017 年并未进行专题展示,同时也无太多宣传活动。

从微观因素来说,凤凰网评论部的价值取向也影响着"有声之年"活动的举行。这种微观层面的影响因素主要有两点:人员价值认同、人员离心力。凤凰网评论部人员多来自传统媒体且以《新京报》为主,人员本身的专业素质以及理想主义尚存,评论部批判精神浓厚,尤其对国内制度、政策的批判,他们认为新闻评论作为新闻行业的灯塔具有指向标的意义。由此,整个评论部的"理想主义"氛围相比于凤凰网其他部门更浓。

尽管如此,人员向心力方面则存在较大问题,主要体现在领导与下属成员之间关系的不平等上。研究者通过深入观察和访谈得知,2014—2015 年作为评论部关系最好的时期,每周不需要撰写周报,原因是他们认为周报是形式主义的产物。同时,在每周一的例会上,领导与下属的身份界限并不明显,讨论氛围浓厚。而在 2015 年之后,评论部的状态发生改变,这种状态表现在人员流失以及领导与下属的关系改变上。

2016—2017 年评论部人员出现较大变动。评论员陈白移民澳大利亚,熊志离开凤凰网去阿里巴巴 UC 大鱼号从事编辑活动,王华离开凤凰网前去搜狐评论,同时离开的还有来自央视的崔向升、腾讯大家作者傅斯鸿、搜狐评论部成员柯锦雄、毕业于美国哥伦比亚大学的任冠青,唯一留下的只有叶鹏和张弘。不过,张弘并非坐班编辑,实际上参与评论部日常工作的仅有叶鹏。新人在评论的数量与观点上与之前完全不同,领导的管理方法也开始改变。周报、例会成为每周必走的流程,领导青睐自己所喜欢的员工,并且担忧人员之间关系过于紧密。

人员流失与管理问题同步进行,相互影响,最终导致凤凰网评论部以领导的取向作为最终价值取向。这些矛盾集中在 2016 年"有声之年"活动过程中爆发,最终造成的结果是人员流失以及平等关系的瓦解。

不过总体来说,承办如此大型的活动需要调动整个评论部的力量,4 届"有声之年"活动的举办也能看出凤凰网评论部当时在业界的影响力以及价值取向。

二、评委构成:追求学术权威性

凤凰网"有声之年"活动共举办 4 届,每一届都是与高校合作展开的。2014 年由凤凰网资讯中心评论频道组织发起,清华大学、中国人民大学、复旦大学、南京大学、武汉大学、暨南大学、浙江大学、中山大学8大名校新闻与传播学院院长合作评选;2015年凤凰网"有声之年"由凤凰网和阿里巴巴共同发起,由清华大学、中国人民大学等10所新闻与传播学院院长或教授组成的专业评审团参与评审;2016由凤凰网和复旦大学新闻学院联合举办;2017年由凤凰网和复旦大学新闻学院联合主办,凤凰网评论、凤声评论学院、政能亮学院承办。这种打通业界与学界的做法在评委邀请上显得特别明显。

凤凰网"有声之年"邀请的评委主要分为以下三类:第一类为高校学者,例如中国人民大学的马少华、华中科技大学的赵振宇等;第二类为业界的评论人,如鄢烈山、朱恒顺等;第三类为凤凰网高层领导,如凤凰网新媒体总监邹明。2014—2017年,凤凰网"有声之年"评委见表3-9。

表3-9 凤凰网"有声之年"评委分布一览表

年份	评委姓名	单位
2014	陈昌凤	清华大学新闻与传播学院副院长,中国新闻史学会会长
2014	杜骏飞	南京大学新闻传播学院执行院长
2014	范以锦	暨南大学新闻与传播学院院长
2014	石义彬	武汉大学新闻与传播学院院长
2014	吴飞	浙江大学传媒与国际文化学院院长
2014	喻国明	中国人民大学新闻学院前副院长
2014	张涛甫	复旦大学新闻学院副院长
2015	陈昌凤	清华大学新闻与传播学院副院长,中国新闻史学会会长
2015	杜骏飞	南京大学新闻传播学院执行院长
2015	范以锦	暨南大学新闻与传播学院院长
2015	马少华	中国人民大学新闻学院教授
2015	石义彬	武汉大学新闻与传播学院院长
2015	唐远清	中国传媒大学新闻学院教授、媒介评议与舆论引导研究中心主任
2015	吴飞	浙江大学传媒与国际文化学院院长
2015	张涛甫	复旦大学新闻学院副院长
2015	张志安	中山大学传播与设计学院院长
2015	赵振宇	华中科技大学新闻评论研究中心主任、教授、博士生导师
2016	邹明	凤凰网新媒体总监
2016	张涛甫	复旦大学新闻学院副院长

续表

年份	评委姓名	单位
2016	展江	北京外国语大学国际新闻与传播系教授
2016	任剑涛	清华大学社会科学学院政治学系教授
2016	赵振宇	华中科技大学新闻评论研究中心主任、教授、博士生导师
2017	鄢烈山	高级编辑、专栏作家
2017	王旭明	曾任教育部办公厅副主任、新闻办公室主任、教育部新闻发言人，时任语文出版社社长
2017	赵振宇	华中科技大学新闻评论研究中心主任、教授、博士生导师
2017	朱恒顺	山东大学法学院博士研究生，时任全国人大内司委内务室一处处长
2017	陈昌凤	清华大学新闻与传播学院副院长、中国新闻史学会会长
2017	薛兆丰	北京大学国家发展研究院（前身中国经济研究中心）教授

根据表3-9，我们发现凤凰网"有声之年"评委有以下特征：首先是专业性强。无论是高校学者还是业界评论员，都拥有新闻评论领域的专业知识。在高校学者层面，武汉大学新闻与传播学院院长石义彬主要从事批判研究；中国人民大学前副院长喻国明在公共领域发言较多，并且对新闻有深入研究；华中科技大学赵振宇则从事新闻评论研究。在专业领域评论员方面，鄢烈山、薛兆丰都写过不少优秀的评论作品。其次，评委涉及领域广，尤其是涉及法学、经济学等。评论员朱恒顺具有丰富的法学知识，薛兆丰以撰写经济评论为主，王旭明曾任教育部办公厅主任、新闻发言人，在教育学领域颇有建树。同时，不同专业领域的评委汇集到一起，会使评选的题材和内容多元化。最后，高校学者研究领域覆盖面较广，且多在公共空间内发言。如南京大学新闻传播学院执行院长杜骏飞和浙江大学传媒与国际文化学院院长吴飞都分别运营有公众号"杜课"和"重建巴比塔"，公众号的内容多为对当下热点事件的思考以及对当下新闻传媒界的探讨；中山大学传播与设计学院院长张志安主要研究媒体人的生存状况；华中科技大学赵振宇不仅从事新闻评论研究和教学工作，还经常写作新闻评论。

三、获奖主体：注重塑造舆论领袖

综观4届凤凰网"有声之年"获奖主体，笔者归纳出三类获奖主题：凤凰网年度致敬媒体人、凤凰网年度致敬媒体机构、2014和2015年"影响中国十大评论"文章作者。分别见表 3-10、3-11、3-12。

表 3-10　2017 年凤凰网年度致敬媒体人

年度	姓名	单位	经历分析
2017	林达	移居美国	林达,被誉为介绍美国最好的作者之一,是中国的托克维尔。林达的文字朴实自然,富有洞见,写作领域涉及法治、历史、国际关系,是少有的全能型作家
2017	马少华	中国人民大学	中国人民大学新闻学院教授、硕士生导师,从事新闻评论教学
2017	胡印斌	媒体人、记者、评论员、《燕赵都市报》记者	发表过多篇评论文章,如《批评不自由则校长可以为所欲为》《飞行员资质造假谁该为此负责》《被擦汗的交警不过是道具》等
2017	王旭明	语文出版社社长	曾任教育部办公厅副主任、新闻办公室主任、教育部新闻发言人
2017	江夜雨	/	个人公众号"江湖夜雨不熄灯"
2017	朱恒顺	全国人大内司委内务室一处处长	著名法律评论人
2017	聂日明	上海金融与法律研究院研究员	主要关注中国经济中的财税体制、金融体制、城市化和社保,兼及晚清和近代史
2017	薛兆丰	北京大学国家发展研究院主任	经济学者
2017	张丰	媒体人	时事评论员
2017	张明扬	媒体人	著有《此史有关风与月》《天命与剑》《史不语》等

表 3-11　2014、2015 年度"影响中国十大评论"获奖作者

时间	姓名	发表媒体	作者单位
2014	胡舒立	《新世纪》周刊	财新传媒社长,中山大学传播与设计学院教授、博士生导师
2014	王琳	《新京报》	知名时评家,海南大学法学院副教授
2014	杨于泽	《长江日报》	《长江日》报评论员
2014	范正伟	《人民日报》	《人民日报》评论员
2014	陶舜	经济观察网	/
2014	曹林	《晶报》	《中国青年报》编委、社评部主任、首席评论员,著有《时评写作十讲》《拒绝伪正义》《不与流行为伍》等

续表

时间	姓名	发表媒体	作者单位
2014	朱巍	《新京报》	毕业于中国人民大学法学院,2010年取得法学博士学位,同年入职中国政法大学,担任副教授、研究员、硕士生导师,兼职律师,是《新京报》等媒体特约评论员
2014	张天蔚	《北京青年报》	1990年考进《北京青年报》,先后任文体部记者、编辑,评论部编辑、主任,《北京青年》周刊编辑部主任,《北京青年报》评论员、社评部主任
2014	沈彬	《东方早报》	律师,知名评论员
2014	易艳刚	《新华每日电讯》	新华社《新华每日电讯》评论员
2015	廖保平	无界新闻	《长江日报》评论员
2015	丁永勋	新华社、《新华每日电讯》	新华社新媒体中心产品部主任。长期关注教育、公益和社会管理等领域
2015	胡涵	《新京报》微信公众号"沸腾"	毕业于南京师范大学,原为《新京报》微信公众号"沸腾"主笔,现为AI财经社创始人
2015	光明网评论员	光明网	/
2015	邓聿文	财经网	法学硕士,资深记者,曾供职于中共中央党校学习时报社,任副编审,2013年3月被停职。主要从事中国改革与社会转型研究,出版著作3部,发表时政、财经和社会评论数百篇
2015	王聃	《潇湘晨报》	/
2015	曹林	《中国青年报》	《中国青年报》编委、社评部主任、首席评论员,著有《时评写作十讲》《拒绝伪正义》《不与流行为伍》等
2015	戴志勇	《南方周末》	/
2015	张天蔚	《北京青年报》	1990年考进《北京青年报》,先后任文体部记者、编辑,评论部编辑、主任,《北京青年》周刊编辑部主任,《北京青年报》评论员、社评部主任
2015	萧锐	"有难度"公众号	2010年7月硕士毕业于山西大学法学院,主修宪政理论。时为《南方都市报》评论员

通过分析,我们发现获奖者具有以下特征:第一,评论作者擅长领域广,评论的范围不仅局限于时事评论,还涉及经济、法学、历史等层面。2017年凤凰网年度致敬评论人张明扬专注于历史领域,朱恒顺专注于法学相关领域,2014年度"影响中国十大评论"胡舒立涉及经济领域评论。第二,评论发布渠道多元化。互联网时代,评论的发布渠道不局限于《新京报》《人民日

报》等传统媒体,网站如财经网、光明网,微信公众号平台如"沸腾"也成为新闻评论的发布渠道。第三,获奖作者身份多元化,既有专门的时评作者如江夜雨、张丰,也有高校学者如中国人民大学马少华,还有相关政府人员,如语文出版社社长王旭明和全国人大内司委内务室一处处长朱恒顺等。

表 3-12　2017 凤凰网年度致敬媒体

年份	媒体名称
2017	《人民日报》评论部
2017	《光明日报》评论部
2017	《新京报》评论部
2017	澎湃新闻评论部
2017	《钱江晚报》评论部
2017	《中国纪检监察报》评论部
2017	红网评论部
2017	冰川思想库
2017	六根
2017	秦朔朋友圈

表 3-12 表明中国的主流舆论主体仍旧为传统媒体,尤其是《人民日报》《光明日报》等,它们在舆论引导方面具有重要作用;其次新媒体的舆论影响力在不断上升,微信公众号如冰川思想库、秦朔朋友圈等在新闻评论方面也有一定的影响力。

综上所述,分析 4 届凤凰网"有声之年"获奖作者及单位,发现具有以下特质:第一,在评论领域颇有建树,评论专业性较强。无论是学界人士中国人民大学马少华还是业界曹林等人,他们对新闻评论的研究几乎都超过 5 年,并且在该领域具有一定的影响力;同时,在媒体机构的评选中,《人民日报》评论部、《光明日报》评论部作为我国党媒的重要组成部分,在舆论引导中发挥了巨大作用。第二,部分评论员的思维偏向公共性的价值观。以林达为例,林达所撰写的书籍多通过描述历史来反思当下社会,从而探讨建立理想社会的可能性。第三,传统媒体与新兴媒体相互交融。在互联网飞速发展的大背景下,传统媒体与新兴媒体的界限不再明显,新兴媒体的环境中也能孕育出好的评论员。

四、评选内容：以公共批判为主

2014、2015 年度"影响中国十大评论"文章内容涉及社会各个层面。根据其评论内容也能判断出凤凰网的评论标准和价值观。详见表3-13。

表3-13　2014、2015年度凤凰网"有声之年"获奖文章分析

年度	文章名称	核心思想	相关事件	价值取向
2014	什么是对邓小平最好的纪念	一个党，一个国家，一个民族，如果一切从本本出发，思想僵化，迷信盛行，它的生机就停止了，就要亡党亡国。解放思想永无止境，实事求是当无禁区	邓小平诞生110周年	批判政府
2014	警惕"训诫中心"异化为新的劳教所	曲解"训诫"制度就完成了国务院也无权出台的"自由罚"。若对此类"训诫罚"和"训诫中心"不予重视、不加废止，还真难判断它是否会滑向"新的劳教"或"新型劳教所"	网友贴出河南南阳卧龙区"非正常上访训诫教育中心"的图片，并称有访民被非法拘禁在此。还有网友直接称其为"新型劳教所"	批判政府
2014	警察打死讨薪者是一场正义危机	被称为正义守护者的警察，却公然对正义寻求者实施肉体残害，性质就完全不同，它会让人们失去对正义的信仰，失去对国家机器维持正义功能的信心	河南的女农民工周秀云，因参与讨薪而遭受山西太原警方的暴力折磨，以47岁之龄死在当地派出所	批判政府
2014	公共辩论，求真比求胜更重要	在公共辩论中，比输赢更重要的是，我们由此展现了什么，从中学到了什么；通过辩论，我们是否拓宽了视野、开阔了思路、激发了思考	"转基因食品该不该吃"产生骂战，方舟子和崔永元从微博转战至法庭，互指对方侮辱诽谤、侵害名誉	公共辩论理性诉求
2014	官员自我批评的"全套学问"	细读大量自我批评的官话之后，不难发现，官员的自我批评往往遵循一套彼此心照不宣的语言修辞和行事逻辑，这里姑且称之为自我批评的"全套学问"，这套"学问"大致有以下法则……	官僚话语	批判政府
2014	媒体应怎样报道大学课堂问题	大学教师应该如何去讲课？这个不需要谁居高临下带着教训口吻去教，重要的是，应该在大学系统内形成讨论氛围，媒体最好不要替代教师和学生去当主角	《辽宁日报》策划的一组致信中国高校教师，让教师们"别在课堂上抹黑中国"的报道，引发了热烈的探讨	批判媒体

续表

年度	文章名称	核心思想	相关事件	价值取向
2014	"今日头条",是谁的"头条"	"窃书不算偷"的思想,一直误导中国版权保护之路,从影视剧到文学作品,从新闻剽窃到科研抄袭,我国因版权保护乏力造成的"软实力"弱化的苦果,直至今日尚未消除。原创得不到保护,创新发展从何而来?	"今日头条"App整理、转发新闻引发的侵权讨论	批判技术平台
2014	不信任"裸官"是最朴素的政治敏感	在建立自信的过程中,官员表现出足够的自信,未必一定能带动公众的自信,但如果总是有官员以裸官的方式表现出对道路、制度的不自信,却一定会动摇公众的自信。这个并不复杂的政治课题,却需要下极大功夫解决。《条例》的相关规定,让公众看到了希望	中共中央印发《党政领导干部选拔任用工作条例》,其中明确规定"配偶已移居国(境)外"或者没有配偶,子女均已移居国(境)外的",即俗称"裸官"不得任用	政策赞扬
2014	相信正义的"云图"	我们相信义不唐捐,哪怕正义不在当下。媒体、律师、检察官、警察、法官对真相、对法律点滴滴的坚守,不舍昼夜,盈科而进,必然推动中国的法治进步。让我们共同打造正义的"云图"	1996年,当时36岁的于英生已经是安徽蚌埠市某区的区长助理,那一年,他的妻子在家中被杀害。虽然并没有充足的有罪证据,于英生仍被法院认定为杀妻凶手。在度过17年的漫漫冤狱之后,2013年8月,安徽高院复查后宣判于英生无罪。曾经风华正茂的青年才俊,如今已是两鬓斑白。于英生获释后,警方启动再侦程序;2013年11月,嫌疑人武钦元落网	正义诉求
2014	还原抗战历史应有更丰富的叙事	世间还有很多珍贵的历史等待被发掘,公众心中还有很多关于"历史去哪儿了"的疑问等待解答。但在抗日战争结束69年之后,留给我们的时间和线索只会越来越少。让抗战历史的拼图更完整,需要民间社会更多参与,也需要政府层面更多支持	"8·15"日本宣布投降纪念日,是重温抗战历史的重要时间点	批判当下对历史的态度

续表

年度	文章名称	核心思想	相关事件	价值取向
2015	公共问题敏感化贻害无穷	公众不要被那些冠冕堂皇的理由放弃自己知情权和批评权，公众的知情权和批评权永远是一个国家健康的最好良药	计划生育政策和反腐	批判政府
2015	真相别总靠"倒逼"	认真负责的调查，及时主动的公开，是对突发事件最好的应对。掌握了更多传播主动权的公众，需要更多真相，而且真相不能总靠"倒逼"	黑龙江庆安县火车站候车大厅发生枪击事件，一名叫徐纯合的男子，被执勤民警开枪击倒死亡，引发民警用枪是否合理等争议	批判政府公关
2015	五问天津爆炸：被化工和恐慌围困的城市	任何灾难中，真正击垮人类的不是伤亡，而是恐慌，因此，在任何灾难发生后，第一时间缓解民众恐慌情绪，是对政府的应尽职责	天津爆炸	批判政府
2015	改革思良将前行想万里	政治低谷时不猥琐、不苟且的政治品格，以及"万里不到，火车不跑"与"要吃米，找万里"之间的政治逻辑的一致性，为中国的改革奠定了道德之基，为中国的开放奠定了信任之基	改革家万里辞世	赞扬
2015	股灾的监管之责	深层根源，在于中国资本市场的内在缺陷	中国股市暴跌。两个周五的黑色暴跌，前次跌停近千股，后次跌停两千多股，时间不过一周	批判监管部门
2015	呼格案中的告慰要让公民完整地看见	然而，现代的司法制度，真能继续以一种沉默的姿态，来告慰那个生命永远被定格的青年吗？呼格案中的告慰要让公民完整地看见，没有同步的追责，就无法收获全部的真相；没有务实性的进步，那么任何的"圆满处理"都是难以被宽恕的	赵志红2005年落网后主动交代犯下1996年的"4·09女尸案"。这起案件的报案者、18岁的呼格吉勒图被认定为凶手，并于1996年被执行死刑。2014年12月15日，经再审，内蒙古高院宣告呼格吉勒图无罪。12月16日，呼和浩特市检察院对赵志红追加起诉	批判司法制度
2015	没有对基本事实的认同，就无法对话	没有对基本事实的认同，就没有对话的可能，双方都停留在各自编织和想象的"事实"空间中越走越偏执	体制内"越左越安全"	批判官员

续表

年度	文章名称	核心思想	相关事件	价值取向
2015	启蒙应予反思，传统有待传承	如何在深透理解和接续传统精义的基础上，去引入和巩固包含个人权利的现实秩序，仍是摆在中国几代人面前的巨大任务。对自己不理解的某些传统，就不要先入为主假定为错	《新青年》创刊100年	反思启蒙
2015	郜艳敏为什么不能"感动中国"？	至少应该谨守的底线，是真正尊重郜艳敏自己的意志和选择。她没有"放下"时，没有人可以强迫她放下。但如果她已经选择放下，别人也无权强迫她永远背负着屈辱的过去而不许她自拔	1994年，18岁的河南少女郜艳敏被人贩子拐骗，历尽屈辱磨难之后，被卖到河北大山深处嫁做人妇。2000年，放弃逃跑的郜艳敏成为山村里唯一的代课教师，并在这个岗位上勤恳工作，成为受学生们爱戴的老师。2006年，郜艳敏被评为"感动河北十大年度人物"，其曲折经历还作为原型，被拍成了电影《嫁给大山的女人》	个人权利的尊重
2015	庆安枪案，被维稳压倒的真相	庆安车站枪案，像极了一个残忍却真实的时代隐喻，它事关我们每个活着的人，在对错、真假、是非以及善恶上的取舍与态度。在这个时代的车站，谁能挤上列车，谁又被拦在了车外，还有谁被击毙在候车室？	庆安枪击案	批判政府

表3-13是对2014、2015年"影响中国十大评论"文章的名称、价值取向、相关事件的呈现。

从价值取向角度我们可以看出：文章批判指向性明显。20篇文章中呈现赞扬感情色彩的文章仅有《不信任"裸官"是最朴素的政治敏感》《改革思良将　前行想万里》，其余文章感情色彩则为批判或者中性色彩。在批判中，批判政府的最多，数量高达一半，其中涉及个人与政府之间的冲突最多，比如《警察打死讨薪者是一场正义危机》中展现了讨薪者作为弱势群体与警察暴力机器之间的矛盾，作者通过批判警察机构来呼吁正义；《五问天津爆炸：被化工和恐慌围困的城市》中呈现出问责政府回复不及时，批判其并未把人民放在主体地位，仅仅维护政府声誉。通过分析，我们发现批判政府的角度主要以批评其监管不力、公权力滥用、制度不完善等。剩余指向则是对公共表达的追求、对个人权利尊重的渴求等。

从选题角度来说，这些评论主要聚焦于改革和当年发生的具有影响力的热点新闻。以 2015 年度"影响中国十大评论"为例，涉及政府改革的文章主要有 4 篇：《公共问题敏感化贻害无穷》涉及计划生育与反腐等相关新闻；《改革思良将　前行想万里》涉及改革政治家万里，通过纪念万里来道出如今需要像万里这样的政治家，政治判断要以人为本；《股灾的监管之责》指出股市监管的缺失导致股市的震动，质疑政府等相关部门的缺位；《没有对基本事实的认同，就无法对话》这篇文章认为在改革的进程中，不能持有过于极端的观点，要保持中立，达成对事实的认同，进而营造一种对话氛围。

有 5 篇评论涉及当年的新闻事件：《真相别总靠"倒逼"》和《庆安枪案，被维稳压倒的真相》两篇都是针对"庆安枪击案"的质疑。在《真相别总靠"倒逼"》中，文章的落脚点在于对地方政府的质疑，认为地方政府认真负责地调查并及时地公开信息才是对突发事件最好的应对；在《庆安枪案，被维稳压倒的真相》中，文章将落脚点集中于时代病症，在如今权利与资本的博弈时代，上访者这类弱势群体该如何表达自己的声音。《郜艳敏为什么不能"感动中国"》涉及一个被拐卖的女教师的个人命运与选择权利，文章的落脚点集中在如何尊重个体的权利，尊重郜艳敏自己的意愿和选择。《呼格案中的告慰要让公民完整地看见》聚焦于冤假错案该如何重新被审视，并且要求推进制度的改革。

此外，还有一篇评论《启蒙应予反思，传统有待传承》认为，应重新看待民国时期激进的启蒙思想与当下社会环境的变革关系，指出当下的启蒙应该保持一份冷静。

从文章的核心思想角度分析，主要有三类：第一，对政府公权力的质疑与批判。2014 年获奖文章《相信正义的"云图"》中质疑政府办案能力，从而表达出作者对公平正义的诉求；2015 年获奖文章《庆安枪案，被维稳压倒的真相》将政府与上访者进行对立，表达出政府维稳背后对公民权利的不尊重与忽视。第二，对启蒙的反思和理性的诉求。2014 年获奖文章《公共辩论，求真比求胜更重要》提出，在公共的辩论场中应该保持理性的态度才能更好地进行对话，从而获取知识与见识；2015 年获奖文章《启蒙应予反思，传统有待传承》从历史的角度出发，指出当下的启蒙思潮应该具有反思能力。第三,对个体的尊重。获奖文章的内容最终的主体都落在个人身上,要求对个人权利的保护以及对个人的尊重。《郜艳敏为什么不能"感动中国"》这篇文章最终的核心价值取向在于尊重当事者的权利。

通过对2014、2015年度"影响中国十大评论"的选题以及内容进行分析,我们认为凤凰网"有声之年"活动的价值取向主要以公共利益作为价值取向。具体包括对政府公权力的质疑、对民众基本权利的争取、民众思想启蒙、对弱势群体的同理心、对平等权利的追求以及对美好生活的向往。

五、主题发言:推动社会进步

2016年和2017年未评选影响中国十大评论,但是举办了研讨会,嘉宾以当下新闻评论行业为主题,发表了演讲。通过分析这两届的嘉宾演讲主题内容,我们可判断新闻评论在当时社会中处于什么样的角色,发挥着什么作用以及未来在新闻评论中需要进一步做什么。

表3-14 2016、2017年凤凰网"有声之年"研讨会以及发言主题

届别	发言人	发言主题	相关内容
2016	邹明	有声之年,为不灭的理想添柴加火	"这个世界会好吗"的提问仍旧让人沉迷,但是无论如何,亲爱的人们,一个更美好的世界,值得我们全力以赴。而每一个我们认真对待的年代,都将是"有声之年"
2016	张涛甫	评论人要警惕言说的倦怠感	即便民粹情绪甚尘上,它会拒绝任何精英的入场和引领,精英也不能袖手旁观,任由狗毛与鸡毛齐飞,放任非理性的激情恣意流泻
2016	展江	这个社会太缺乏睿智的声音了	我们虽然打破了传统媒体频道稀缺、垄断的局面,平台很多,但是又因种种原因,能够发表的有见地、有锐度的评论还是相对稀缺,而且在这种分众化的时代已被碎片了
2016	任剑涛	无声之时,有蒙共启	评论界如何真正深入,点出中国现代化遭遇到的本质性困难,引导公众不要情绪化地看待社会公众事件,使我们在每一个"有声之年"葆有最重要的公共声音,弥足珍贵
2016	赵振宇	校媒合作,以事成势,讲好中国故事	讲好中国故事不仅仅是记者的责任,也应该是评论人的责任
2017	鄢烈山	/	以"学习胡适的坚定和从容"为题,简述了胡适的人生经历,指出胡适有坚定不移的信念,这种坚定执着来自他对人性的体悟,来自他对时局的判断,来自他的豁达

续表

届别	发言人	发言主题	相关内容
2017	王旭明	/	以自身的微博发言为例,列举了最近发生的"女教师堵高铁门"事件,指出学会议事讲理是一个公民的基本素养,也是文明社会应该具备的基本条件。在互联网时代,做个理性的说话人,做个理智的探索者,以我们每个人自己的努力,唤醒全社会公民的良知,提升公民素养
2017	赵振宇	/	今天我们怎么讲真话? 新闻评论要坚持科学、民主、独立、宽容
2017	朱恒顺	/	从三个方面进行了深入阐述,认为新闻评论更重要的价值在于推动实践工作。近年来,全国人大常委会和许多省级人大常委会在立法时,都会对法律草案广泛征求意见。在立法机关收集到的公众意见中,最有价值的经常是新闻评论。有的时候,虽然公众在网上提了很多好的意见,但这些意见往往是没有针对性的,而新闻评论提的观点往往一针见血,很容易引发立法机构的关注
2017	陈昌凤	/	在算法推荐的机制下,将来技术会变得更加民主化,然后,大众就更懂得如何去发声、去引领舆论。但是,有些时候,舆论场上只认同左或右,对立争斗到势不两立,有的时候完全忽略了自然的本性之美、人类共同文明的成果、审美的价值。这是值得警惕的
2017	薛兆丰	/	从经济学角度谈论了新闻评论的写作,他认为自己之所以乐于传播"经济学"的思维方式,是因为经济学能帮助人们更理性地去认识社会

2016、2017年两届"有声之年"邀请的主讲嘉宾有三大类:凤凰网高层领导,如凤凰网新媒体总监邹明;中国各大高校老师,如中国人民大学国际关系学院教授任剑涛、华中科技大学教授赵振宇、清华大学教授陈昌凤;评论人,比如鄢烈山、薛兆丰等。2016、2017年两届"有声之年"主要围绕新闻评论作用与新闻评论实践这两大主题进行讨论。

在评论作用层面,2016年凤凰网"有声之年"研讨会中,凤凰网新媒体总监邹明发表题为《有声之年,为不灭的理性添柴加火》,他认为新闻评论的目的在于对美好世界的追求;展江发表主题为《这个社会太缺乏睿智的声音了》,认为新闻评论的主要目的在于发表有见地、有锐度的声音;任剑涛发表《无声之时,有蒙共启》认为新闻评论的作用在于对公众的启蒙,破除非理性声音阻碍改革的力度。2017年凤凰网"有声之年"评论之夜,王旭明在发言中认为评论的作用在于提升公民的基本素养;朱恒顺则认为评论的价值在于推动实践工作;薛兆丰从经济学的角度出发,认为新闻评论能够帮助人们更加理性地认识社会。

在实践操作层面,2016年凤凰网"有声之年"研讨会中,张涛甫针对评论人发表题为《评论人要警惕言说的倦怠感》,告诫评论人保持精英主义的思维方式;赵振宇发表《校媒合作,以事成势,讲好中国故事》提醒评论人也要学会讲故事。在2017年凤凰网"有声之年"评论之夜上,赵振宇认为新闻评论要坚持科学、民主、独立、宽容。

由此,新闻评论在社会中的作用有:发出睿智的声音从而破除不理性的思想与心态;社会改革与思想启蒙;提升公民的基本素养;推动实践发展。在实践层面,新闻评论人保持精英的思维方式,同时也要在叙事层面学会讲故事。功能认知与实践是相互推动的,新闻评论在一定程度上推动社会实践的发展,社会实践也与新闻评论创作息息相关。

六、颁奖词:建构新闻评论评判标准

表3-15 2014、2015年度"影响中国十大评论"颁奖词①

年份	评论标题	颁奖词
2014	什么是对邓小平最好的纪念	重申历史,志在观照现实;缅怀伟人,寄意改革期许。"一切不合时宜的条条框框都应冲破,一切阻碍民主与法治进步的禁锢均应摈弃。"评论之重,在于指出最好的纪念,也是时代共识的最大期待。
2014	警惕"训诫中心"异化为新的劳教所	一般评论多在新闻后,难得的是,此篇评论领先新闻一步,将或许只可能在坊间争议的"非正常上访训诫教育中心"推向风口浪尖,并成为直接关停的催化剂。评论之硬,在以言论政,影响公共决策。
2014	警察打死讨薪者是一场正义危机	一起简单的个案,却需要一番不简单的评价。如评论所言,周秀云之死,是一场当地警方的人心危机,一场全社会的正义危机。评论之利,揭示了在反腐的大背景下,老虎之害在国,苍蝇之害在民。
2014	公共辩论,求真比求胜更重要	公共话语空间的迷失与缺憾,近年渐显,2014年尤甚。延续半年之久的转基因食品之争,乃至年末的意识形态之争,都是典型。评论之妙,在于拨开公共辩论的喧嚣,直面本质与目的。
2014	官员自我批评的"全套学问"	所谓官员自我批评的"全套学问",其实是官场现形记之一斑。文章将民主生活会这一严肃话题,举重若轻,深得大数据之妙。评论之巧,在借力打力,谈笑间鞭辟入里,在场者汗流浃背,观察者默然一笑。

---

① 2014年度影响中国的十大评论[EB/OL].(2015-02-12)[2018-03-20].https://news.ifeng.com/opinion/gaojian/special/2014ndsdpl/;有声之年:2015年度影响中国十大评论[EB/OL].(2016-01-10)[2018-03-20].http://news.ifeng.com/opinion/zhuanti/special/2015ndyxzgsdpl/.

续表

年份	评论标题	颁奖词
2014	媒体应怎样报道大学课堂问题	三尺讲坛,不经意间激起的波澜,远甚于三千丈。套用流行歌词,我在仰望,象牙塔之上,有多少口水在肆意地飞翔。评论之魅,在于直面问题,不缺席,不回避,不糊弄,问题有真伪之辨,无敏感之别。
2014	"今日头条",是谁的"头条"	当"头条"成为头条,不仅事关版权保护,更牵涉媒体格局变革的深层结构。该文虽是媒体为自己发声,却有理有据,彰显对法治的敬畏。评论之要,在不卑不亢,不避利益之亲,不避利益之仇,无关利益,关乎公信。
2014	不信任"裸官"是最朴素的政治敏感	"裸官"之乱,不可名状,"裸官"之害,触目惊心。裸官并不必然等于贪官,该文可贵之处,不仅在于"最朴素的政治敏感",还在于"最朴素的常识敏感"。评论之静,在于众声喧哗独守一份清醒,不人云亦云,不蜂拥而上。
2014	相信正义的"云图"	社会的美好在于一朝一夕的进步,社会的残酷在于进步的代价是一个又一个的生命。如果说拆迁是屋顶上的矿难,那么冤狱已经成为人心的矿难。评论之正,在于不仅仅破,更在乎立,在于哪怕正义不在当下,仍相信功不唐捐。
2014	还原抗战历史应有更丰富的叙事	抗战剧几成神话剧,战争片近乎情感片,抗战老兵却孤独地走向历史深处。正如评论所言,在亲历者的个人记忆转化为公共记忆的过程中,应该有更多的国家层面的动员和行动。评论之准,在于穿透迷雾,洞察真相,不虚晃一枪,不浅尝辄止。
2015	公共问题敏感化贻害无穷	心存戒律,一切问题皆敏感;心系苍生,一切问题皆公共。"将公共问题敏感化的教训已然惨重,中国急需一场在各个领域的'脱敏'运动,凡是不必要的'维敏'不是要流氓,就是别有用心。"评论之道,在不躲话语禁区,不避敏感问题,坚守批判立场,秉承话语精神。
2015	真相别总靠"倒逼"	重审常识,皆因常识发现之不易;回归真相,皆因真相挖掘之困难。"认真负责地调查,及时主动地公开,是对突发事件最好的应对。掌握了更多传播主动权的公众,需要更多真相,而且真相不能总靠'倒逼'。"评论之坚,在于有态度,态度坚决;有表情,表情坚韧;有底线,底线坚定。
2015	五问天津爆炸:被化工和恐慌围困的城市	热媒介媒体,仍需冷媒介时代的工匠精神;冷媒介媒体,更需热媒介时代的传播规律。"在任何灾难发生后,第一时间缓解民众恐慌情绪,是政府的应尽职责。"评论之快,如天下武功,唯快不破,没有最快,只有更快,速度是最好的追问,追问是最好的安慰。
2015	改革思良将 前行想万里	听鼙鼓之声,思将帅之臣。观民生之景,想改革老人。"人们之所以信任这样的政治家,不仅是信任其政治选择,更是信任形成其政治选择的政治判断。这种政治判断,其实就是以人为本的常识性判断。"评论之功,在直透人心,层层剖析,道出人心所想,社会所需。
2015	股灾的监管之责	股市有风险,炒股须谨慎,监管有责任,缺席当问责。"正是监管部门对前期股市场外配资行为的纵容,和后期的突然大幅收紧和打压,导致股市暴跌,至少是重要的助推因素。"评论之刚,在于直言不讳,善于洞察隐藏的真相,敢于戳穿喧嚣的泡沫。

续表

年份	评论标题	颁奖词
2015	呼格案中的告慰要让公民完整地看见	个体悲剧的解决,是对一个生命的说法;制度悲剧的解决,是对一个时代的说法。"没有同步的追责,就无法收获全部的真相;没有务实性的进步,那么任何的'圆满处理'都是难以被宽恕的。"评论之韧,在于聚焦议题,锲而不舍,以圆满的结果来衡量,以理想的状态来丈量。
2015	没有对基本事实的认同,就无法对话	"越左越安全",实则为安全寻找盾牌;"越右越正义",实则为正义寻找标枪。"两种极端取向都与中国的发展和改革轨道背道而驰,我们的改革需要一种务实的、客观的、尊重现实国情的理性态度,谨守常识,避免极端主义。"评论之艳,在于秉事实之盾,执思维之矛,不避争论,超越意识形态之争。
2015	启蒙应予反思,传统有待传承	反思启蒙,宜回到历史现场;传承传统,当重塑历史语境。"如何在深透理解和接续传统精义的基础上,去引入和巩固包含个人权利的现实秩序,仍是摆在中国几代人面前的巨大任务。"评论之冷,在于身处舆论热浪,仍存一份警醒,一份通透,冷眼观热潮。
2015	郜艳敏为什么不能"感动中国"?	郜艳敏的命运如多棱镜,折射时代之荒诞。"至少应该谨守的底线,是真正尊重郜艳敏自己的意志和选择。她没有'放下'时,没有人可以强迫她放下。但如果她已经选择放下,别人也无权强迫她永远背负着屈辱的过去而不许她自拔。"评论之暖,在于时刻站在鸡蛋的一边,给屈辱者以尊严,给卑微者以力量。
2015	庆安枪案,被维稳压倒的真相	一声非正常响起的枪声,击中的不仅仅是一个上访者,也击中这个时代最脆弱的神经。"庆安车站枪案,像极了一个残忍却真实的时代隐喻,在这个时代的车站,谁能挤上列车,谁又被拦在了车外,还有谁被击毙在候车室?"评论之锐,在纠缠于每一个细节,不放过每一个线索,还原一个多因多果的真相。

表 3-16　2017 年度致敬评论人颁奖词①

时间	致敬评论人	颁奖词
2017	林达	评论家发声,用文明丈量世界,用人性打量人心。林达,身居海外,汲汲故人故事;心系故土,念念世道人心。
2017	马少华	评论家发声,以课堂审视评论,以评论播散理想。马少华,三尺讲台,把脉评论前沿;公众号专栏,教学互助相宜。
2017	胡印斌	评论家发声,话题界定有所选,体裁量用无所拒。胡印斌,国是街谈,都可笔下人文;政论时评,均能倾注激情。
2017	王旭明	评论家发声,热评声中发冷议,特立独行持己见。王旭明,明说发言,无畏发言发声;语文教育,倾心真实真诚。

---

① "有声之年"2017 凤凰网评论之夜在京举办[EB/OL].(2018-01-24)[2018-03-20].https://news.ifeng.com/c/7fZy3uxFSu3.

时间	致敬评论人	颁奖词
2017	江夜雨	评论家发声,踽踽独行心自定,江湖夜雨兀自行。江夜雨,热爱生活,解风云读风月;紧扣温情,拆历史烹时事。
2017	朱恒顺	评论家发声,由现实探讨问题,由专业剖析出路。朱恒顺,立足人大,观察代表履职;思考现实,探讨治理路径。
2017	聂日明	评论家发声,公共为首要关注,政策为剖析方法。聂日明,奔向城市,对准户籍服务;聚焦政策,扫描制度设计。
2017	薛兆丰	评论论家发声,传递专业之乐趣,传播思想之芬芳。薛兆丰,经济评说,透视真实世界;知识付费,风正帆悬声扬。
2017	张丰	评论家发声,冀民生之脱艰,忧文化之易变。张丰,观望社会,回归民间情怀;眺望文化,浸染本土传统。
2017	张明扬	评论家发声,智慧孕育史料中,史家笔法著言论。张明扬,咀嚼历史,读懂深处焦虑;阅读体制,破译合法隐私。

表 3-17　2017 年度致敬媒体颁奖词①

时间	机构名称	颁奖词
2017	《人民日报》评论部	评论之为声,以笔锋向往美好,以美好注解生活。《人民日报》,解读国是,初心不忘;守望生活,人民为上。
2017	《光明日报》评论部	评论之为声,黄钟大吕绕梁鸣,小弦切切错杂弹。《光明日报》,风吹萧萧竹,聆听疾苦声。此心光明,无复余言。
2017	《新京报》评论部	评论之为声,价值标准终如一,新锐底线不敢怠,《新京报》,对标法治,标榜人文。纸中有火,一念沸腾。
2017	澎湃新闻评论部	评论之为声,轨道转换人依旧,我心澎湃无止息。澎湃新闻,口味鲜活,口感麻辣。冷观时势,勇往直前。
2017	《钱江晚报》评论部	评论之为声,热点八卦皆可评,冰点钩沉均可论。《钱江晚报》,不辞长居钱江畔,把旗敢做弄潮儿。
2017	《中国纪检监察报》评论部	评论之为声,激浊扬清需专业,舆论监督要专注。《中国纪检监察报》,东风好借力,扬帆正借势。
2017	红网评论部	评论之为声,不因声微而边缘,不因音低而沉默。红网,霸蛮坚韧,刀刚火辣。汇聚草根,代言公民。
2017	冰川思想库	评论之为声,国际风云入笔端,街巷纷争皆可谈。冰川者,同人之好,共赏之趣。冰山之下,火焰蕴藏之地;河川之上,思想栖息之所。
2017	六根	评论之为声,宜文宜史宜时事,乐山乐水乐思想。六根者,学竹林聚贤,效义结桃园。形散神聚,更添佳话。根系发达,方可参天。
2017	秦朔朋友圈	评论之为声,机构亦需人格化,个人亦需组织化。秦朔朋友圈,汇朋友为圈层,张扬智慧;播智慧于朋友,共享思考之美。

---

① "有声之年"2017 凤凰网评论之夜在京举办[EB/OL].(2018-01-24)[2018-03-20].https://news.ifeng.com/c/7fZy3uxFSu3.

4年累计的颁奖词一共有60条,其中40条关于评论文本,10条关于评论人,10条关于媒体评论部。通过对颁奖词的分析,能够看出凤凰网"有声之年"为新闻评论提供的一套价值标准。

综观4年的新闻评论颁奖词文本,基本采取"高度提炼+具化描述+评论特点"的范式。以2015年获奖评论《启蒙应予反思,传统有待传承》颁奖词为例,该颁奖词首先高度概括文章的抽象意义——"反思启蒙,宜回到历史现场;传承传统,当重塑历史语境。"随后对获奖文章的具体内容进行点评——"如何在深透理解和接续传统精义的基础上,去引人和巩固包含个人权利的现实秩序,仍是摆在中国几代人面前的巨大任务。"最后,点出评论的特点——"评论之冷,在于身处舆论热浪,仍存一份警醒,一份通透,冷眼观热潮。"

"高度提炼"这一特点将一篇新闻评论用一句话上升到更为宏观的层面。2015年获奖评论《真相别总靠"倒逼"》的颁奖词是这样的:"重审常识,皆因常识发现之不易;回归真相,皆因真相挖掘之困难。"颁奖词将文章提升至常识、真相等高度。

在"具化描述"中,主要描述该新闻评论是如何在特定的时间段产生一定的影响力并进行意义建构的。2015年获奖评论《五问天津爆炸:被化工和恐慌围困的城市》颁奖词中这样描述:"在任何灾难发生后,第一时间缓解民众恐慌情绪,是政府的应尽职责。"该颁奖词认为这篇文章的意义在于督促政府信息公开。

在2014、2015年连续两年的新闻评论文本颁奖词中,每一份颁奖词的最后一句都描述了评论的特点。例如"评论之重、评论之利、评论之巧、评论之静等"这些词语能大体勾勒出一个好的新闻评论应该具备哪些特质。

通过对新闻评论文本颁奖词的分析,我们可以看出凤凰网"有声之年"判断一个好的新闻评论的标准。一篇好的新闻评论必然能够在抽象的意义上进行宏大叙述,并且能够在新闻事件中产生一定的影响力,同时还能符合评论的感情色彩。

2017年凤凰网"有声之年"首次评选出"凤凰网评论年度致敬媒体"。评选出的十大媒体涉及传统媒体(《人民日报》评论部、《光明日报》评论部等)和新媒体(冰川思想库、秦朔朋友圈等)。颁奖词的文本结构为"评论之为声+获奖单位名称+评论特点"。以传统媒体《新京报》评论部的颁奖词为例:"评论之为声,价值标准始终如一,新锐底线不敢怠,《新京报》,对标法制,标榜人文。纸中有火,一念沸腾。"通过对《新京报》评论部的分析,可以看出《新京报》评论部价值观是法制与人文,并且对理想的生活保持热忱与沸腾。根据颁奖词,可以分析出判断新闻评论部的好坏标准,即是否拥有一套价值观与新闻追求。

2017年凤凰网"有声之年"也评选出"凤凰网评论年度致敬评论人",评选出的10人中身份多为学者与评论作者。学者多为高校老师,如马少华是中国人民大学教授,王旭明是语文出版社社长;评论作者涉及的领域并非仅仅聚焦于社会评论,还有聚焦于经济领域的薛兆丰、历史领域的张明扬等。

通过以上对凤凰网"有声之年"颁奖词的分析,我们可以看到对新闻评论以及新闻评论编辑部都有一套相对清晰的判断指标。在新闻评论中,能够产生影响力并且具有感情色彩的文本才能成为一篇较为优秀的新闻评论;而拥有一套价值底线与新闻追求的新闻编辑部才能算作相对优秀的新闻评论编辑部。

七、价值凝聚特征:仪式中塑造标杆

通过对4届凤凰网"有声之年"的资料进行分析,我们发现无论是颁奖词还是颁奖内容,都逐渐形成了一套判断评论的价值体系,其努力使新闻评论在传媒领域的地位不断提升。同时,凤凰网"有声之年"也为媒体人的相聚提供了一个场所与机会。凤凰网"有声之年"通过评选出新闻评论领域相对优秀的人和作品来作为该领域的标杆,形成一个稳定的共识,从而使该群体能够获得较强的凝聚力。总而言之,凤凰网"有声之年"更像是一场思想层面的盛宴。

社会认同理论认为,认同的形成在于"社会差异塑造",即塑造出了社会差异感,群体间的社会认同自然强化。在以思想取胜的评论界,人们往往强调独立,强调批判,通过批判有形之物来构建群体的认同。文本分析表明,凤凰网"有声之年"在价值构建上以批判社会、批判公共领域为主要价值取向。在形成认同过程中,确定对抗对象是第一步,发现对抗对象间的细微差别是第二步。从主题的变换来看,该活动通过一定的变化与社会现实进行了一定的调适。从参与人员来看,高校专家的参与既强化了其知识合法性,亦提高了社会权威度。从参与主体来看,《人民日报》的加入使得其在价值观上完成了合法性塑造。

第四节 学术共同体与党报评论共同体

目前学界对价值共同体的认知主要是指"具有内在价值的生命主体因其生存中的相互依存关系而有机地联结在一起的生存整体"①。人类社会共同体就是指人们之间的相互关系,价值共同体衍生形成相应的共同信念、理想、行为、规范等一系列准则体系,②消除了集体行动中的松散化可能。③

关于价值共同体的研究集中于社会和人类发展层面,主要涉及"社会交往、社会管理、文化交流、经济发展"这几大层面的价值共同体构建。刘景钊提出社会转型期间,社会价值观多元,更需要凝聚共识,要在交流交往、意识形态的教化路径中达成社会共识;④费芳认为,社会管理同样需要价值共识的塑造,指出目前在企业中由于缺乏共识,合作内容和合作平台在价值共同体的构建上遇到障碍,只有协同其他组织支持、监督、保障才能走向深度合作发展;⑤同时学界强调对马克思主义、习近平思想的学习,通过体会思想理念和文化产品的深度意义,构建国与国、民族与民族共享尊严、共享发展成果、共享安全保障、共掌世界命运的人类命运共同体的基石。⑥ 这些研究对塑造一个和谐的社会发展前景具有重要价值,但目前的研究仅从宏观层面探究价值共同体的含义与构建,针对某一群体并探究该群体之间的价值共同体状况的研究较少。

在各类表达主体中,学术共同体往往将注意力集中于培养学生之上,他

---

① 余正荣. 价值共同体与环境义务[J]. 上海师范大学学报(哲学社会科学版),2005(1):13-19.
② 钱军平. 打造价值、理想和利益共同体:从管理的双重使命看现代大学发展战略[J]. 现代教育管理,2011(8):36-39.
③ 陶倩,曾琰. 志愿服务之于价值共同体的建构探析[J]. 社会主义核心价值观研究,2017(1):76-81.
④ 刘景钊.转型期如何摆脱价值危机:兼论价值整合与价值共同体的建构[J].探索与争鸣,2013(1):51-56.
⑤ 费芳. 高职院校校企价值共同体构建思考[J]. 中国职业技术教育,2016(23):72-74.
⑥ 饶世权,林伯海. 习近平的人类命运共同体思想及其时代价值[J]. 学校党建与思想教育,2016(7):15-19.

们往往探讨业务能力的培养,对思想的培养略显不足。而党报评论共同体则将注意力集中在解决当前媒体困境之上,而非积极与社会其他群体交往,形成合力,解决问题。

一、新闻评论学术共同体

进入近代以来,知识分子一直活跃在报刊之上,其表达内容多偏向于思想启蒙和"改造国民性"①。在传统媒体时代,知识分子的表达高度依赖传统媒体,网络时代到来之后,部分网络或网络评论部门根据定位不同聚集了不同类型的知识分子,进行各类观点表达。他们的表达或提供知识、提供分析、提供思想、批判社会、思想启蒙,间或进行社会动员。总体而言,知识分子的观点表达建设性与批判性比较多,间或观点对立明显,他们多为政治学者、社会学者、经济学者、国际问题与国际关系研究专家、新闻学者以及历史学者。从已有的信息来看,央视特约评论员、腾讯大家、光明网等媒体聚集了较多学者,总体而言,知识分子由于学科复杂,参与媒体表达较多,对其进行全面考察不属于本研究探讨范围,因此,我们仅探讨研究新闻评论的相关学者。

研究者结成共同体主要通过学会和学术会议。目前,中国新闻传播学有中国新闻史学会1个一级学会,新闻传播教育史研究委员会等18个二级分会。② 这18个二级分会,主要以新闻传播史论以及媒介经济、社会舆论、少数民族传播、新闻伦理法规、党报党刊等研究为主,记者、新闻业务等方面的研究主体组织基本没有。因此,相同兴趣的研究者主要通过学术会议交流。

"到2015年底,全国681所高校开设新闻与传播类专业,共设有1 244个新闻传播本科专业教学点。"③按每校1名新闻评论教学人员,全国有600余名新闻评论教师,其中有大量教师仅从事教学,而不进行相关研究。据不完全统计,近10年来出版新闻评论专著或教材的学者主要有马少华、赵振宇、李舒、刘洪珍、丁法章、曹林、刘楠、王振业、刘茂华、焦俊波、高东、王兴

---

① 潘光哲.近现代中国"改造国民论"的讨论[J].开放时代,2003(6):30-37.
② 数据截至2017年12月。
③ 中国新闻史学会新闻传播教育史研究委员会.中国新闻传播教育年鉴(2017)[Z].武汉:武汉大学出版社,2017:30.

华、孙劲松、王从波、涂光晋、贾奎林、徐兆荣、何志武等人，与10年前相比，出版教材专著者偏少。

在知网学术期刊中以"新闻评论"和"时评"进行篇名搜索，搜得2008—2017年学者们发表的论文数分别为1 788篇和603篇，发表3篇以上论文的学者共计37位，发表作品数及单位分布如表3-18所示：

表3-18 新闻评论研究的主要作者群体

序号	姓名	篇数	单位	序号	姓名	篇数	单位
1	赵振宇	42	华中科技大学	28	刘枫	3	黄淮学院
2	邓辉林	15	深圳特区报	29	刘霞	3	上海科技学院
3	彭军辉	14	衡阳师范学院	30	刘义昆	3	中国地质大学
4	胡沈明	13	江西师范大学	31	潘大华	3	文华学院
5	马少华	10	中国人民大学	32	谢国芳	3	益阳日报社
6	杜涛	8	中国青年政治学院	33	薛建国	3	钱江晚报社
7	徐兆荣	8	新华社	34	杨娟	3	首义学院
8	姜春康	6	烟台日报社	35	赵瑞琦	3	中国传媒大学
9	刘娟	6	武汉体育学院	36	赵文晶	3	渤海大学
10	翁玉莲	6	西北大学	37	赵雪	3	中国传媒大学
11	喻季欣	6	暨南大学	38	强月新	3	武汉大学
12	苏蕾	6	长安大学	39	董天策	3	重庆大学
13	崔晓玲	5	北京邮电大学	40	周庆安	3	清华大学
14	李劭强	5	中国传媒大学	41	刘文宁	3	《工人日报》评论部
15	钱轶群	5	常熟理工学院	42	孙玉双	3	渤海大学
16	乔新生	5	中南财经政法大学	43	谢佳沥	3	浙江工业大学
17	魏文欢	5	甘肃政法学院	44	曾丽红	3	邵阳学院
18	董育宁	4	太原师范学院	45	陈明	3	中南民族大学
19	亢海玲	4	武汉长江工商学院	46	周庆安	3	清华大学
20	李娟	4	安徽广播影视职业技术学院	47	周建明	3	中国人民大学
21	李舒	4	中国传媒大学	48	贺小玲	3	黄冈师范学院
22	徐琼	4	广东外语外贸大学	49	丁晓晓	3	中国传媒大学
23	张玉	4	同济大学	50	张强	3	长沙理工学院
24	陈栋	3	襄阳日报社	51	谭天	3	暨南大学
25	陈力丹	3	中国人民大学	52	刘祥平	3	贵州民族学院
26	高传智	3	中国劳动关系学院	53	黄燕萍	3	德州学院
27	焦俊波	3	浙江传媒学院	54	尚媛媛	3	中国地质大学

上述54位学者主要来自37所高校、7家媒体,除中国传媒大学(5)、中国人民大学(3)、清华大学(2)、渤海大学(2)、暨南大学(2)、中国地质大学(2)外,其他高校均只有1位教师进入名录,基本上符合一校一教师的格局。

自2003年起,华中科技大学发起"新闻评论高层论坛",力图将学界和业界聚集在一起讨论与新闻评论发展、教育和研究相关的问题。至2017年,已举办七届,历届主题和参与单位如表3-19所示:

表3-19 "新闻评论高层论坛"召开情况

届别	时间	主办单位	与会人员	会议主题	讨论内容
第一届	2003年10月	华中科技大学新闻与信息传播学院	《人民日报》、中央电视台等业界与学界共计60余人	旗帜的力量在于思想的交流	评论的现状、功能与教学
第二届	2006年4月	华中科技大学新闻与信息传播学院	新华社、《人民日报》等业界与学界等共计80余人	政治文明进程中的中国新闻评论	新闻评论的功能、发展走向以及高校新闻评论教学
第三届	2007年11月	嘉兴日报社、《新闻战线》编辑部、华中科技大学新闻与信息传播学院	中宣部、《中国青年报》、《工人日报》等学界、业界共约200人	改革创新是评论持续前进的不懈动力	城市党报新闻评论、新闻评论记者工作机制
第四届	2011年4月	全国新闻学研究会、华中科技大学新闻与信息传播学院	来自全国学术界、实务界和教育界的专家、学者、高校研究生等百余人	社会转型中的新闻评论	转型期新闻评论功能、规范与教育
第五届	2013年4月	全国新闻学研究会、华中科技大学新闻与信息传播学院、中共襄阳市委宣传部	来自中国记协、新华社、《工人日报》、《新华每日电讯》、《中国青年报》等共计80余人	评论创新究竟难在哪?	党报新闻评论"走转改"活动、党报新闻评论的运作与创新
第六届	2016年7月	华中科技大学评论中心、湖南红网	来自全国新闻评论领域的学者、教育者、评论作者百余人	新媒体时代新闻评论后备力量的培养	新媒体时代新闻评论的变化与教育、如何提高新闻评论教学质量
第七届	2017年5月	江西师范大学传播学院、华中科技大学新闻与信息传播学院、华中科技大学新闻评论研究中心	来自全国各大媒体、高校的70余名学者、媒体评论员和研究生	自媒体时代新闻评论的发展现状与问题	评论形态、评论转型与评论教育

从会议的研讨主题来看,多年来会议主要围绕三个方面研讨:评论转型、评论功能和评论教育,探讨面略窄,难以出新,不利于维持学术共同体。

当前,根据媒体数量以及媒体评论部成员构成,粗略估计我国媒体专业新闻评论从业者不到1 000人,新闻评论教学研究者不足600人,活跃的学者约40人。从这个方面来看,召开新闻评论学术研讨会具有一定的困难。这点从该学术会议召开的不规律性即可看出。但相对而言,学术会议还是为学者、从业者提供了交流空间。与此同时,学术会议主办者或与高校合作举办,或与媒体合作举办,极大地拓展了新闻评论交流的圈子,对于扩大学术共同体有一定的好处。

总体而言,新闻评论研究群体是较为松散的研究团体,受研究主题、研究方法以及研究目标等的限制,新闻评论学术共同体的塑造并不是很成功。理想状态下,学术共同体的塑造至少要满足任务清晰、价值和方法明了等几个条件。因此,对于建构新闻评论学术共同体来说,首先需要描述过去、当前以及今后新闻评论发展的现状,这种描述必须非常明确而具体,使得人们对新闻评论及其发展能清晰的了解;其次,需要明确和拓展新闻评论研究的思路和方法,不宜将新闻评论依然置于传统的写作研究之中;再次,需要对现实新闻评论的表现进行严肃的批评,而非人云亦云的总结归纳,从而使得学术研究于社会有益;最后,需要强化新闻评论教学、评比等方面的合作交流,构建共同的平台,为顺畅的交流服务。总之,必须明白共同的任务、研究路径以及未来目标,同时需要出版相应成果让共同体内部人员相互了解,相互交流,共同提高。

二、党报评论共同体

评论是党报的"宝塔尖",而《人民日报》的评论更是评论界的翘楚,因此它在凝聚共识、形成价值共同体等方面拥有绝对的优势。2015年,在传统媒体评论遭遇较大阅读危机之时,《人民日报》举办了"党报评论融合发展论坛",2017年、2018年、2019年又分别举办了第二、三、四届论坛,2023年不再称届别,改为年度论坛,为党报评论员的交流交往提供了一个平台,也为人们探讨新闻评论的发展提供了一个机会。表3-20至表3-23为5次论坛的主要参会嘉宾、举办目的、探讨的相关内容等。

表 3-20 党报评论融合发展论坛主要参会嘉宾

届别	姓名	媒体	部门	职位
第一届(2015)	蒋建国		中宣部	副部长
	杨振武	《人民日报》		社长
	徐麟		国家网信办	副主任
	翟惠生		中国记协	党组书记
	裘新	上海报业集团		党委书记
	莫高义	南方报业集团		党委书记
	蔡小伟	《福建日报》		党组书记
	张建	河南日报报业集团		党委书记
	蒋祖烜	《湖南日报》		总编辑
	陈岚四	《四川日报》		总编辑
第二届(2017)	刘红兵	《南方日报》		党委书记、社长
	伍义林	《北京日报》		副总编辑
	周智强	《解放日报》		党委副书记
	单士兵	《重庆日报》	评论部	主任
	卢新宁	《人民日报》		副总编辑
	杨健	《人民日报》	评论部	主任
第三届(2018)	吴海龙	《内蒙古日报》		总编辑
	胡汉昌	《湖北日报》		副总编辑
	杨煌	《求是》杂志	评论部	主任
	缪毅容	《解放日报》		副总编辑
	计永超	《安徽日报》		副总编辑
	侯增文	《吉林日报》		副总编辑

续表

届别	姓名	媒体	部门	职位
第四届(2019)	朱咏雷	上海市委	宣传部	常务副部长
	张首映	《人民日报》		副总编辑
	陈家兴	《人民日报》	评论部	主任
	张巨霖	《山西日报》		副总编辑
	张晓明	《西藏日报》		副总编辑
	姜明	《四川日报》		总编辑助理
	郎峰蔚	字节跳动		副总编辑
	米博华	复旦大学	新闻学院	院长
	李芸	《解放日报》		党委书记、社长
	齐东向	《经济日报》	评论理论部	常务副主任
	伍义林	《北京日报》		总编辑
	张连业	《陕西日报》		总编辑
	计永超	《安徽日报》		副总编辑
	赵强	人民网		常务副总编
2023	王一彪	《人民日报》		副总编辑
	罗华	人民网		总编辑
	蔡闯	《光明日报》	评论部	主任
	陈舜	安徽省委	宣传部	部长
	姜协军	《湖南日报》		党委书记、社长
	田学礼	《辽宁日报》		总编辑
	周勇	中国人民大学	新闻学院	院长
	陈家兴	《人民日报》	评论部	主任
	范荣晖	《安徽日报》		党委书记、社长

表 3-21 党报评论融合发展论坛举办目的

届别	举办目的
第一届	研讨如何加强主流媒体建设、做好主流观点传播,进一步巩固壮大主流思想舆论,提高新形势下引领舆论、凝聚共识的能力
第二届	展望媒体融合趋势,共商评论融合发展大计
第三届	如何统一思想、凝聚力量
第四届	以"好声音"赢得共鸣,以"好观点"凝聚共识
2023	如何提升观点穿透力,更好发挥党报评论"定盘星"作用?媒体融合向纵深发展,如何激扬党报评论新优势,为奋进新征程凝心聚力?

表 3-22　党报评论融合发展论坛相关内容

届别	主题	内容
第一届	以融合激发党报评论新优势	结合传统媒体与新兴媒体融合发展的时代背景进行讨论。①党报评论如何用好"金话筒";②当评论遇上"互联网+";③激发党报的"共同体意识"
第二届	评论众筹,让主流声音更响亮	①在创新中打造主流价值新高地;②在实践中打造党报评论新形态;③在变革中把握融合发展新机遇
第三届	全媒体时代以主流声音传播主流价值	"观点制胜",从内容为王到思想引领,迫切需要加强党报的评论工作。党报评论需要"接地气、有温度"
第四届	让评论与时代共生长	党报评论如何提升思想性,扩大主流价值影响力版图?媒体融合向纵深发展,党报评论员怎样增强"四力",让正能量更强劲、主旋律更高昂?
2023	为巩固壮大主流思想舆论贡献评论力量	①重新构建评论生产方式;②打造引领导向的"舆论主场";③推进评论融合发展;④探索评论写作技巧

表 3-23　党报评论融合发展论坛探讨的策略

届别	策略
第一届	①在技术层面:主动适应新变化,保持媒体敏感,提升新媒体指数 ②在表达层面:穿越不同舆论场,学会与不同类型的受众对话 ③党报系统实现信息共通、渠道共享、议程公设
第二届	一、三大倡议: ①党报评论员可以率先进驻党媒公共平台 ②党报评论员可以联合组建跨地域工作室 ③党报评论员可以联手推出视频直播节目 二、传统媒体与新媒体加快融合 三、策划切磋,稿件共享,多发个性之声,党报评论众筹
第三届	提升思想力,让评论落地生根、入脑入心
第四届	好声音、好观点、内容为王,发挥网评特质
2023	增强新闻评论的创新、特色、深度和温度:①重新构建评论生产方式;②打造引领导向的"舆论主场";③推进评论融合发展;④强调评论的思想温度。

从参会嘉宾来看,第一届参会嘉宾级别较高,中宣部、国家网信办均派出副职干部参加,而各参会媒体也派出正职书记参加。这样的参会阵容表明党媒对评论的重视,亦表明其对当时党报评论遭遇阅读危机进行反思的动力,这是前所未有的。其后各届参会嘉宾的级别虽有降低,但多为各媒体

社长、总编辑、副总编辑。从参会嘉宾发表的观点来看,第二届论坛以后的相关讨论更为细致。如果第一届论坛是一个启动仪式的话,那么自第二届论坛就开始了对具体问题的探索。

从举办的目的来看,凝聚共识、凝聚力量、适应媒体发展、做好舆论引导是关键目标。人民日报社社长杨振武在主题讲话中表示,在解放思想中统一思想,在多元价值中确立主导,在与公众的交流对话中凝聚共识,党报评论发挥着独特的重要作用。然而面对当下多元的思想文化、多种话语体系的观点竞争,党报评论的发展明显陷入了弱势,为了改变这一局面、突破这一困境,党报评论必须在舆论格局的深刻调整中抓住机遇、迎接挑战。如何在这样的情况下发挥党报主流媒体的主流观点引领传播作用,是亟待讨论的问题,党报评论融合发展论坛的召开就显得尤为应景。

从论坛的主题与内容来看,第一届讨论的主题是:以融合激发党报评论新优势,如何让主流的声音切入媒体平台中,讨论的主要问题也是围绕如何实现传统媒体与新兴媒体的融合发展。从内容上来看都是比较宏观层面的话题讨论,而对于党报评论的发展与创新却并未有深入的探讨,其中激发党报"共同体意识"得到与会嘉宾的广泛认同,但未见实质性的进展。同时作为首届党报评论融合发展论坛,其探讨的重点理应放在评论的融合而非新旧媒体的转型与融合,这就使得首届论坛偏离了预设的方向。

两年后召开的第二届党报评论融合发展论坛提出:评论众筹,让主流的声音更响亮。这一主题在当时契合了习近平总书记"8·19"重要讲话四周年,人民日报社副总编辑卢新宁在致辞中就提出响应中央融合发展号召,党报系统应形成主流价值的"传播矩阵"、打通主流媒体的"人才池",迈向一个评论的"众筹时代",让主流价值的声音更加响亮。第二届论坛讨论的重点都是围绕党报评论如何拥抱融合趋势,如何扩大观点生产力,如何加强主流价值传播力、影响力等,相较于首届来说目标更加明确,讨论的内容朝着党报评论未来的融合与发展方向进入正轨。第三届以后,则关注评论与时代之间的关系,探索评论的生产方式和写作技巧。

从提出的策略来看,2015年第一届党报评论融合发展论坛经过与会嘉宾的热烈探讨最终得出在技术、表达以及党报的信息系统这三个层面的对策,然而技术与党报系统层面的对策主要是针对传统媒体与新媒体的融合与发展而并非是党报评论的发展对策。在表达层面上,强调的是穿越不同舆论场,学会与不同类型的受众对话,而此次论坛探讨的应该是党报评论之间如何实现融合发展。强调与不同类型的受众对话固然重要,但是各级党报评论之间的交流应该更为重要。

在 2017 年第二届党报评论融合发展论坛上,中央和省级党报的领导及评论部负责人在首届的基础上更加注重各级党报评论之间的交流,具体表现为:党报评论员突破了传统的线下文字评论方式而使工作的形式更加灵活多变,适应时代的潮流;各级党报评论之间从策划到观点再到稿件的切磋共享。理论上来看,这样的发展策略能够使得传统的党报新闻评论之间存在的有交集而无交流的问题得到改善。其后的论坛,探讨的关键策略在于如何让评论落地生根、入脑入心,走进网评,改变生产方式。

党报评论融合发展论坛召开后,各级党报评论纷纷吸取经验,及时调整方针迅速找准定位。如《人民日报》评论部立足新媒体矩阵,打造虚拟的、人格化的"党报评论君",从创办互动类评论栏目《聊友汇》到加强新媒体原创内容与报纸版面联动,从任仲平微纪录片、音频栏目《睡前聊一会儿》到年轻评员集体出镜的"两会侃侃谈"系列视频……《人民日报》评论正在从传统的报纸评论向全媒体、全天候评论转型。《南方日报》则专注于新媒体评论,力图打造理论评论领域的"南方网红",他们创新推出的"叮咚快评"新媒体评论专栏,在"南方+"客户端和南方网上屡获 10 万+阅读量。而《北京日报》则走出了一条版面与微信公众号共同发展、社内平台与社外新兴传播平台同频共振的内容生产传播路径。这就为党报评论的发展指明了方向。

然而,目前新闻评论面临的主要是文本形式问题、内容呈现方式问题、发布载体问题以及联合机制问题等,论坛对于上述问题并没有提出有效的方法策略。同时在论坛结束后各级党报评论之间也未形成联系紧密的共同体,只有《湖南日报》《浙江日报》等形成了一些比较松散的评论群体。如《湖南日报》强调人才的融合,尽管理评部仅有 6 个人,但《湖南日报》的评论员队伍却有来自各个中心、各个子报刊的 20 余人。《湖南日报》集合了社内评论力量与社会评论高手,造就了一支稳定的评论员队伍。《浙江日报》自 2016 年将理论评论部更名为《浙江日报》全媒体评论理论部后,该集团报纸端、新闻客户端和网站评论人才进行有机整合,形成了一个评论群体。2022 年,浙江省委宣传部开办"浙江宣传",在关键问题上发声,及时引导网络舆论,在舆论市场上取得了不俗的业绩。

党报评论是一个层级十分明显的共同体,在这个层级十分明显的共同体中如何突破层级限制,实现融合发展,提出问题、提供解决问题的方案就显得尤为重要,未来党报评论融合发展论坛的召开应该把着力点更多地放在提出问题、解决问题之上,这样才能壮大评论主体,实现交流提高并最终壮大社会主义思想舆论。

第四章　不同情境下新闻评论表达者心态的公开呈现

当前,新闻评论表达主体多元,既有新闻记者,又有新闻评论员,还有其他行业从业人员。各种不同主体因表达情境、自身职业状态不一,对新闻评论的认知也会有较大的差别。总体而言,新闻评论表达主体虽然经常对社会生活中的各种现象加以评点,但是直接公开对新闻评论本身表达自己的观点,并不多见。在有限的表达文本中,表达者往往展示出个人对新闻评论表达生态、新闻评论表达理念以及表达困境的认知。

就表达主体而言,目前存在着职业新闻评论员、新闻记者以及其他表达主体,其中职业新闻评论员又因其媒体社会地位和定位不同可大体分为党政机关类媒体评论员和市场化运行的媒体评论员。由于新闻评论员和新闻报道的记者有时并未截然分开,因此我们在讨论新闻评论员的表达心态,尤其是公开展现的心态时,往往将两者纳入新闻评论员的表达心态考察之列。另一个原因则在于他们的表达均涉及表达生态和表达理念等。

就相关人员对新闻评论认知的情境而言,可以分为三类情境,一是日常生活情境,二是记者节这一"热点时刻",三是记者离职情境。日常生活情境的表达更多的是主观意识的自然流露,通过分析我们能够较为清晰地理解新闻评论表达主体的心态。记者节的表达是一种节日表达,从业者较多地展现自身的职业价值,对于梳理评论员价值取向具有一定的借鉴意义。离职表达则因表达者离职情境不同,表达差异较多,但总体而言表达者的目的在于完成身份过渡。

从表达内容来看,表达者主要关注新闻评论表达的生态、新闻评论表达的理念以及表达困境。

从社会运行的角度来看,评论者的表达心态可以大体分为建构型心态和解构型心态。前者更多关注问题的可解决性和长期效果,后者则关注思想的启蒙性,有时过分关注短期效果。见表4-1。

表 4-1　新闻评论表达者心态呈现分析框架表

表达主体	表达情境	表达内容	表达心态
职业新闻评论员	日常情境	新闻评论表达环境	建构型心态
新闻记者	记者节	新闻评论表达理念	解构型心态
其他表达者	离职情境	新闻评论表达困境	

第一节　日常情境

作为一种职业存在,评论工作者不仅生产新闻评论,有时也会发表一些对新闻评论表达自身的看法。他们或者总结新闻评论写作经验,或者表达对当前新闻评论环境的一些看法,或者描述某种新闻评论理念,间或谈及新闻评论的困境与发展出路。无论何种表达内容,新闻评论表达主体在日常生活中除了交流对社会的看法外,还会交流对新闻评论本身的看法,从而形成新闻评论表达心态的日常呈现。

关于中国新闻职业和从业者心态研究,媒体人的阐释性话语日渐受到重视,成为重要的研究素材,为传统"新闻社会学"开启了"新的方向和路径"[1]。媒体人的阐释性话语不仅存在于描述新闻生产过程之中,还广泛存在于专业精神和理念的阐释方面。借助互联网,新闻生产流程和专业讨论逐步从后台走向前台,新闻从业者相关的"自我言说"行为逐渐成为一种特殊的新闻文化现象。布尔迪厄认为通过控制符号资源的生产和再生产,可以树立标准并构建社会认知框架,形成符号权力,进而"获取社会承认"[2],泽利泽认为"新闻权威可以通过叙事来实现"[3]。正因为如此,新闻评论表达者的日常叙事和工作描述具有设立标准、达成行业共识、构建职业存在并获得文化权威的功能。

---

[1] 白红义.新闻权威、职业偶像与集体记忆的建构:报人江艺平退休的纪念话语研究[J].国际新闻界,2014(6):46-60.

[2] CARLSON M. Meta journalistic discourse and the meanings of journalism: definitional control, boundary work, and legitimation[J].Communication theory, 2016(4):349-368.

[3] ZELIER B. Covering the body: the Kennedy assassination, the media, and the shaping of collective memory[M]. Chicago: University of Chicago Press,1993.

一、样本采集与分析方法

虽然当前新闻评论表达主体众多,他们热衷于对新闻、社会现象等进行批判,但我们发现他们的"专业阐释"公开文本并不多见,已知文本主要以自媒体、公共论坛、学术文章、学术讲座等方式存在。

为获取充足的研究样本,我们首先通过小范围访谈获知新闻评论员名单,找到影响较大的文本,然后通过名单排查的方式,对全国知名评论员进行微信、搜狐公众号、微博、网页、期刊等多种平台的"专业阐释"文本收集,最终确立了98个文本研究主体和115份关于评论"专业阐释"的研究样本,最大限度地穷尽文本。我们搜集到的文本见表4-2。

表4-2 专业表达者及其"专业阐释"文本细节一览表

序号	专业表达者	状态	标题	来源
专业表达者的"个体分散表达"				
1	宋志标	自由撰稿人	宋志标谈媒体评论十年变迁:意识形态话语仍将占据上风	新浪博客"做新闻"
2	邓辉林	《深圳特区报》评论员、时评理论部副主任	新舆论格局下新闻评论的社会价值	期刊《青年记者》
3	徐明辉	《黑龙江日报》报业集团新闻评论中心副主任	《黑龙江日报》全媒体新闻评论中心主任徐明辉讲述新闻评论员奋斗的故事	搜狐号"黑龙江日报"
4	米博华	复旦大学新闻学院院长	从徐兆荣著《实用新闻评论写作教程》谈评论工作体会	人民网"传媒"栏目
			一名评论员的成长逻辑——专访人民日报社原副总编辑米博华	期刊《新闻与写作》
			我在评论岗位二十年	人民网
			评论贵在独到深刻	搜狐公众号"老记说事"

续表

序号	专业表达者	状态	标题	来源
5	刘雪松	《浙江日报》评论员	评论推动时代进步,漫长而艰难	搜狐年终策划
			党报评论:引导舆论、锻炼队伍、大显身手的最佳时机——从十九大召开之际的评论实践看如何让重大主题评论广接"地气"	期刊《中国记者》
			新闻评论:让受众体验到阅读的快感	期刊《传媒评论》
			刘雪松:如何把握新闻评论的尺度	华中科技大学新闻与信息传播学院
6	刘远举	媒体撰稿人	评论,唯其艰难方显意义	搜狐年终策划
7	萧锐	搜狐评论特约评论员	新闻的难处,表达的困境	搜狐年终策划
8	曹林	《中国青年报》编委、首席评论员、评论部主任	我不爱得罪人,但对不起,我是评论员	搜狐年终策划
			答暨南大学校园媒体谈媒体转型和评论写作	微信公众号"吐槽青年博士"
			评论者的偏见与认知局限	
			2016,在变化的时代保持不变的能力	
			曹林新闻课丨十年中青报评论生涯:当一个寂寞的理中客	
			曹林访谈丨评论永远不能失去批评基因	
			坚守"摆事实讲道理"的评论自信	
9	木春山	在一家互联网科技企业负责涉外政府事务,并在各大媒体上进行专栏写作	我为什么要评论这些事儿?	搜狐年终策划
10	西坡	自由撰稿人	喧嚣时代,我只想安静地写字	搜狐年终策划
11	江雪	独立的访问者	在路上 同时回到故乡	搜狐年终策划
12	杨耕身	饿了么公关总监	我终究没办法评论我所遭遇的一切	搜狐年终策划

续表

序号	专业表达者	状态	标题	来源
13	佘宗明	自由撰稿人	评论,是不被现实闷死的深呼吸	搜狐年终策划
			佘宗明:评论是社会的深呼吸	华中科技大学新闻与信息传播学院
14	陈季冰	上海商报社	2015年,混乱中重建秩序的努力	搜狐年终策划
			新闻评论的困境及出路	新浪新闻中心评论
15	韩福东	媒体专栏作者	时势,选择比努力更重要	搜狐年终策划
16	蔡方华	《北京青年报》评论员、微信公众号"团结湖参考"运营负责人	只有不停止言说,才能走出巴别塔	搜狐年终策划
17	朱达志	媒体评论专栏作者	评论永远是时代的必需品	搜狐年终策划
18	张洪阁	松原广播电视总台记者	新闻评论的作用和价值	期刊《科技传播》
19	丁建庭	南方报业集团记者	做一名党报评论转型急先锋	南方网
20	戴志勇	《南方周末》资深编辑	戴志勇:90后不关心政治,报纸评论意义何在	微信公众号"范局"
21	徐锋	《广州日报》理论评论部副主任、主任记者、评论员	笔墨微言:时事评论员的纸上春秋	百度百科
22	单士兵	客户端"理论头条"主编	论评论员的技术锻炼和思想修养	期刊《新闻研究导刊》
23	魏英杰	《钱江晚报》评论员	魏英杰:从杭报到钱报,我追求的是更大的话语张力	微信公众号"天涯观察"
24	朱少华	自由撰稿人	评论文、评论人与评论界	微信公众号"红辣椒评论"
25	叶雷	自由撰稿人	时评圈:无论编辑还是作者,都不幸福	微信公众号"红辣椒评论"
26	盛大林	《东方今报》评论员	让评论在新媒体下半场实现价值回归	
27	吴焰	《人民日报》评论部副主任、高级编辑	保持党报评论的锐气,在社会热点中发出好声音	强国论坛"微"时代,党报评论如何更好存在
			《人民日报》吴焰:党报评论面临"微"时代挑战	

续表

序号	专业表达者	状态	标题	来源
28	杨健	《人民日报》评论部主任	宁静中追求开阔的人生：在《人民日报》评论部的工作感悟	期刊《中国记者》
29	王石川	中央电视台《新闻联播》编辑部资深评论员	王石川：对大时代中的微评论与时评写作的感悟与思考	华中科技大学新闻与信息传播学院
30	潘洪其	《北京青年报》评论部主任	潘多拉：少写杂文，多开"药方"	华中科技大学新闻与信息传播学院
31	廖保平	清博大数据内容总监、《新京报》原首席评论员	廖保平：新媒体形势下的评论转变与应对	华中科技大学新闻与信息传播学院
32	刘章西	《湖北日报》评论员、高级编辑	《湖北日报》评论员、高级编辑刘章西：自媒体时代如何写好主流评论	华中科技大学新闻与信息传播学院
33	齐东向	《经济日报》评论理论部主任	齐东向：政经评论的"四维坐标系"	华中科技大学新闻与信息传播学院
34	余丰慧	著名财经评论家	著名财经评论家余丰慧：经济金融评论有广阔前景	华中科技大学新闻与信息传播学院
35	童大焕	著名财经时评	评论如何应对媒体的"选择性报道"	搜狐博客"童大焕中国日记"
36	丁永勋	新华社新媒体中心产品部主任	丁永勋：自媒体时代，职业媒体人该坚守什么	微信公众号青年记者杂志
37	侯宁	独立财经评论员、职业投资人	地方电视台新闻评论节目发展策略	期刊《青年记者》
38	冯雪梅	《中国青年报》评论部主任	《中国青年报》冯雪梅：网络评论要不唯上、不唯下	凤凰网"资讯"
			新媒体时代，如何写出一篇好读好看的评论？	微信公众号"甬上传媒圈"
39	刘文宁	《工人日报》新闻评论部主任	新闻评论的力量在于理性	期刊《新闻与写作》
40	秦珍子	清华大学新闻与传播学院	曹景行点评"新闻评论"	期刊《新闻与写作》

续表

序号	专业表达者	状态	标题	来源
41	何亮亮	凤凰卫视资深评论员,凤凰卫视言论部副总监	何亮亮:源于兴趣,让我享受评论	微信公众号"窗外事"
42	杨芳秀	作者为《新闻战线》记者;访谈对象范正伟为人民日报社评论部部务委员、要论编辑室主编	让党报评论引领主流舆论:范正伟访谈录	期刊《新闻战线》
43	高明勇	凤凰网资讯中心副总监、评论主编	打量人心,丈量世界:凤凰网评论的理念与方法	期刊《青年记者》
			高明勇:一位传媒匠人的传道解惑	凤凰网
			凤凰评论:触达人心深处的焦虑	期刊《青年记者》
44	熊培云	《新京报》首席评论员	熊培云:因为无力,所以执着——我为什么写评论?	网站"爱思想"
45	李思辉	《湖北日报》评论员	李思辉:时评的力量,在民智开启的程度	红网"红辣椒评论"
46	邓海建	江苏南通电视台制片人	邓海建:言说的价值就在于不动声色地影响历史	红网"红辣椒"
47	何小手	《南方日报》评论员	有良心的媒体该如何做评论	《新民晚报》
48	张天潘	《南方都市报》评论员	评论必须走出书斋	搜狐"传媒"
49	丁刚	《人民日报》高级记者	网络评论的力量在于理性	人民网·我与"人民时评"
50	刘峰	《消费日报》评论员	"小评论"也有大意义	《中国新闻出版广电报》
51	侯煜、杨恒	《甘肃日报》评论部	新闻评论的舆论引导能力分析	期刊《社科纵横》
52	毛晓刚	《北京日报》评论员	多元舆论下党报评论如何传播"正能量"	期刊《新闻与写作》
53	裘新	上海报业集团党委书记、社长	让"最有力的武器"在互联网时代更有力	期刊《新闻战线》
54	宋显仁	广西贵港市广播电视台副台长	应对新形势要求 助力新媒体声音:媒体融合下的网络新闻评论探析	期刊《视听》

续表

序号	专业表达者	状态	标题	来源
55	特工思维训练营	不详	技术型时评才是新闻评论的发展方向	微信公众号"特工思维训练营"
56	孙玮	《丽水日报》理论评论部主任	地市党报新闻评论趋势变了	微信公众号"传媒评论"
57	任大刚	澎湃新闻社论委员会评论主编	任大刚:做有料的评论	期刊《青年记者》
58	胡印斌	《燕赵都市报》记者	胡印斌:时评是贴着新闻飞翔的	红网"红辣椒评论"
59	《长江日报》(评论部)	中共武汉市委机关报	长江评论,引领舆论的样本	新浪新闻"国内新闻"
60	庄华毅	《海峡导报》评论部	"时评的困境决不是因为太感性"——时评编辑庄华毅做客厦大精简版讲稿(一)	微信公众号"知厦论坛"
61	洪巧俊	《潮州日报》	如今写评论过日子,那是会饿死的	搜狐公众号"洪巧俊"
作为"评论共同体"而言的"主题讨论"				
1	刘洪波	知名媒体评论人、《长江日报》副总编辑	评论写作不能脱离社会实际	红辣椒时评研讨会"媒体转型期的评论该何去何从"
2	周虎城	《南方日报》评论部副主任	评论员要学会扒掉别人的衣服	
3	周东飞	央广905高速交通内容总监	评论坚守的是思想,改变的是技术	
4	段思平	自由撰稿人	转型期,评论作者应该做到专业化	
5	倪恒虎	北京千龙网—中国首都网评论部	坚持下去,不忘初心	
6	慕毅飞	媒体评论专栏作者	评论人:不自尽不自宫,既自信又自持	

续表

序号	专业表达者	状态	标题	来源
7	刘义昆	中国地质大学副教授	用开放式思维训练和包容评论后备力量	第六届新闻评论高层论坛暨第十一届红辣椒时评研讨会，主题"新媒体时代新闻评论后备力量的培养"
8	王言虎	《新京报》评论部	王言虎：师父领进门，修行在个人	
9	鄢烈山	退休媒体人	要有表达欲望与坚持写作的信念	
			我怎么就是代骂专业户了	红辣椒时评研讨会主题"大数据时代如何判断新闻事实与价值"
10	郑根岭	央视网新闻社区中心值班总监	郑根岭：大数据推而广之还有点悬	
11	盛大林	《东方今报》评论员	让评论在新媒体下半场实现价值回归	红辣椒时评研讨会主题"全媒体时代评论写作的策略和方向"
12	吴迪	《工人日报》评论员	评论既要好好说话更要涵养社会	
13	肖余恨（王传宝）	知名评论员	以建设性心态换取更大表达空间	
14	石飞	《江苏工人报》评论编辑	评论的前途依旧光明	
15	王晖	江西日报社社长	媒体融合关键在"融"	党报评论融合发展论坛
16	孙亚辉	内蒙古日报社副总编辑	让党报评论散发青春气质	
17	张伟	青海日报社党组书记、社长	拓展八度空间，用好金话筒	
18	谢登科	贵州日报社副总编	贵州日报社副总编谢登科：党报评论应追求"五个更"	
19	张育新	吉林日报报业集团总编辑	评论要"有话好好说"	
20	吴泽明	海南日报社副总编	转化表达才能增强传播效果	
21	袁晓光	黑龙江日报报业集团总编辑	黑龙江日报报业集团总编辑袁晓光：建好"仓储"，用好"智库"	
22	褚少研	辽宁日报社副总编辑	让评论成为报纸的"主角"	
23	廖嘉兴	西藏日报社总编辑	借势而为占领舆论高地	
24	丁伟跃	《山西日报》党委副书记、总编辑	找准聚焦点，发出关键声	
25	王亚明	《河南日报》总编辑	加强传播矩阵建设，释放评论传播力	
26	张小良	重庆日报报业集团党委委员、副总裁，《重庆日报》总编辑	用全媒体思维变革党报评论	

续表

序号	专业表达者	状态	标题	来源
27	张仁华	陕西日报社社长、陕西日报传媒集团董事长	要慎评,也要坚守立场	党报评论融合发展论坛
28	缪小星	新华日报社副总编辑	让评论与"互联网+"更好交汇	
29	何 侃	云南日报社总编辑	参与全媒体传播中的观点竞争	
30	杨桂华	天津日报社党委书记、社长	建设好党报评论"命运共同体"	
31	叶乐阳	《广西日报》传媒集团党委书记、董事长、社长、总编辑	三层次上激发"共同体意识"	
32	邹贤启	《湖北日报》传媒集团党委书记、社长、董事长	合作增强党报的竞争优势	
33	卢新宁	人民日报社副总编	人民日报社副总编卢新宁:找到党报评论的"存在感"	
			"内容+"将成为媒体融合关键词	
34	姜 赟	《人民日报》评论部	评论众筹,让主流声音更响亮——2017党报评论融合发展论坛综述	期刊《新闻战线》
35	王彦飞	《新京报》评论员	我们对新闻评论的理解	搜狐博客"马少华的博客"
36	张若渔	高校教师		
37	马想斌	华商报评论员		

通过对98个研究主体115个文本进行内容分析和话语分析,我们力图发现新闻评论主体对新闻评论环境的感知、对职业存在感的塑造方式、对新闻评论理念的描绘以及对新闻评论未来发展趋势的展望,从而获得新闻评论表达主体的表达心态。总体而言,面对自媒体的冲击,在媒体融合、转型的潮流中,评论主体的职业存在感和职业价值定位、专业理念、价值判断和意义的理解呈现出多种取向。同时,关于评论的评价标准也在逐步达成新的共识。

二、文本的基本特征:机构评论人占主导

通过对98个研究主体115个文本的主体职业状态、文本来源、文本发布年份进行统计,我们发现:

在年份上,我们选取的115个文本主要为2010年以后的文本,只有极少数为2010年前的阐释文本,文本主要集中在2014到2017年间(见图4-1)。

2015年是相关表达最多的一年,这一年是新闻评论遭遇自媒体冲击最大的一年。同年,国内新闻评论界做了三件大事,一是搜狐评论进行了一次年终策划,让不同的作者表达自己的职业理念;二是人民日报社主办了"党报评论融合发展论坛",不少从业者发表感想;三是红网(红辣椒时评)主办了"媒体转型期的评论该何去何从"专题研讨。

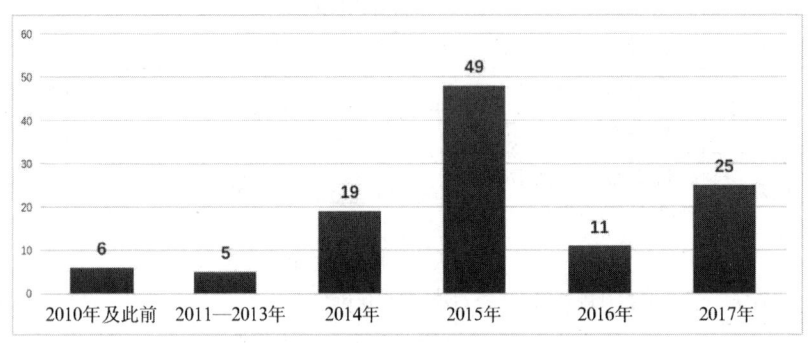

图 4-1 文本发布年份分布图

就文本来源来看,来自微信公众号、博客、搜狐公众号等载体的占比为16%。来自普通自媒体和学术讲座的内容,占到文本总量的34%。来自公开的主题会议、专题研讨+网站及其他+学术期刊的文本占比50%。见图 4-2。

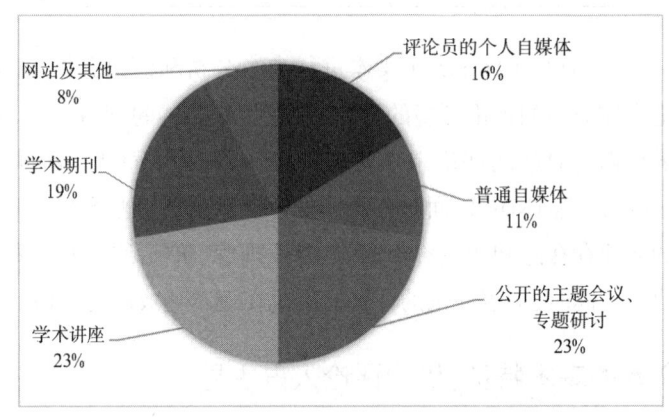

图 4-2 文本来源分布图

就写作主体来看,98个研究主体中有57%的为党媒或评论部负责人,19%为市场化媒体评论员或评论部负责人,自由撰稿人占16%,退休的媒体评论员和转型到其他行业的媒体人则占8%。见图 4-3。

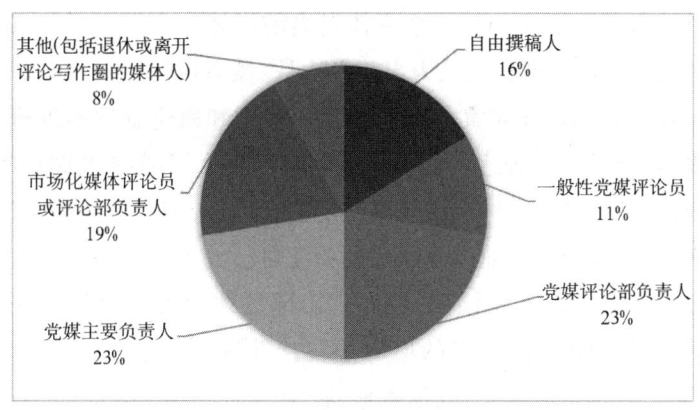

图 4-3　文本作者职业分布图

三、对评论环境的感知：总体乐观，供职媒体决定情绪

专业表达者对于评论环境、舆论环境的感知对其新闻评论表达具有重要的影响，读者也能间接地判断出表达者的理想追求和表达心态。

在对新闻评论表达媒体环境的感知上，我们通过对文本的背景阐述进行词频分析，发现"互联网/网络、舆论、时代、传统、新媒体和转型"为新闻评论表达的主要关键词。这说明，媒介技术的发展对新闻评论的冲击非常大，不仅媒介在转型，媒体人、评论也在转型。其中"舆论"成为关键词则表明大多数新闻评论表达者较为忧虑的是新闻评论的舆论引导功能和舆论引导能力。见图 4-4。

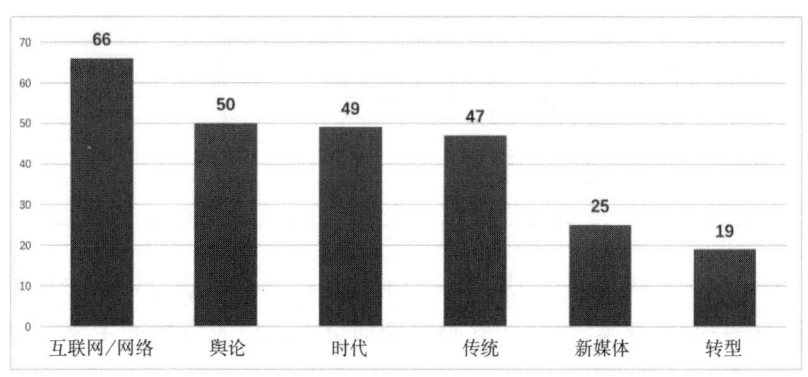

图 4-4　文本背景词频分布图

98 个专业表达者中,有 18 个主体对当前媒体的言说空间、舆论背景持否定或怀疑态度。一部分人认为当前表达是"戴着镣铐而舞,应以不说假话为底线",这主要体现在对宣传部门的宣传管理和舆论管理不理解之上,他们认为表达就应该"真表达",认为任何事均可谈及,不必顾及舆论的负面影响。从个体角度来看,这种观点具有一定的合理性,但若放在整个社会发展的全局来看,则体现出当前部分评论员关注自己的个人利益、部门利益甚于关注社会整体利益的不良倾向,也体现出部分评论者在思想上并不成熟。实际上,随着新闻评论表达者的增多,表达门槛降低,部分新闻评论表达者虽表达熟练,但在思想素质、政治素质、社会素质以及个人品质上存在偏低的情况。这也说明对新闻评论表达进一步加强引导十分必要。

还有个别表达者认为"评论被删、平台被封、丧失谈论的空间",这种情绪的产生主要源自自媒体技术把关模式。与传统管理模式不同的是,自媒体管理增加了平台管理这一个环节,各自媒体平台根据国家法律、法规和条例,结合自身的发展要求制定了相关的网络违规处理规则。有时这种规则与传统媒体利益相悖,从而引发不满。因此,个别党媒评论部负责人表达此种不满也属正常。在持怀疑态度的表达群体中,自由撰稿人和市场化媒体评论员或评论部负责人占比超过一半,表明他们的态度整体持负面倾向。见表 4-3。

表 4-3　文本作者职业状态—对于言论空间的感知交叉制表

		对于言论空间的感知		合计
		评论被删、平台被封、丧失谈论的空间	戴着镣铐而舞,"不说假话"	
文本作者职业状态	自由撰稿人	3	6	9
	一般性党媒评论员	1	2	3
	党媒评论部负责人	1	0	1
	市场化媒体评论员或评论部负责人	2	2	4
	退休或离开评论写作圈的媒体人	1	0	1
合计		8	10	18

98 个研究主体中,53 个主体对当前的评论环境持积极乐观的态度,他们主要是一般性党媒评论员、党媒评论部负责人以及党媒的主要负责人。

持理性[①]认知的群体主要是部分党媒主要负责人和市场化媒体评论员或评论部负责人。值得注意的是,持悲观情绪的14个主体中,有一半来自自由撰稿人。实际上,在自由撰稿人的组成当中,超过一半的主体曾供职于一定的市场化媒体,刘雪松、江雪、杨耕身等人更曾为所在媒体评论部的负责人,但都已选择转型或离开评论圈。见表4-4。

表4-4 文本作者职业状态—对当前评论外部环境的情感色彩交叉制表

		对当前评论外部环境的情感色彩				合计
		理性	乐观积极	怀疑	悲观	
文本作者职业状态	自由撰稿人	3	5	1	7	16
	一般性党媒评论员	2	6	1	2	11
	党媒评论部负责人	1	18	2	1	22
	党媒主要负责人	8	14	0	0	22
	市场化媒体评论员或评论部负责人	6	7	3	3	19
	退休或离开评论写作圈的媒体人	2	3	2	1	8
合计		22	53	9	14	98

四、对职业存在感的塑造:改变社会和民众

评论员的职业存在感能够反映其立场与职业目标,有超过一半的文本主体通过"专业话语"来表达其职业存在感、专业表达者的操守、专业理念等,与普通表达者进行区隔,以获得角色的文化权威。而接近三成表达者通过强调"党性"来获得言说的"使命感"。对于评论员的职业存在基点而言,传统的具有启蒙意义和色彩的话语,如改变民众、改变政府、启蒙社会依旧占主导,同时也有少部分表达者建立起以市场、受众需求和自我言说为基点的职业存在感。

98个文本主体中,近一半的主体不同程度地谈及了关于"评论员(人)""评论业界""评论同行""评论职业""职业疲惫""职业责任"等与评论职业现状和生态相关的内容,这也说明当前职业评论员对于行业所处环境和状态的关注。专业表达者的职业存在感的展现形式有多种,一是强调专业性,

---

① 指主要谈及新闻评论表达面临的现状和困境,而未透露出明显的个人好恶。

二是强调市场取向,三则是强调舆论引导。见表4-5。

表 4-5 文本作者职业状态—职业存在感的形式交叉制表

		职业存在感的形式			合计
		强调专业性	强调市场取向	强调舆论引导	
文本作者职业状态	自由撰稿人	14	2	0	16
	一般性党媒评论员	9	0	2	11
	党媒评论部负责人	14	1	7	22
	党媒主要负责人	1	0	20	21
	市场化媒体评论员或评论部负责人	13	5	1	19
	退休或离开评论写作圈的媒体人	5	1	0	6
合计		56	9	30	95

通过对文本作者职业状态—职业存在感的形式交叉分析可以得知,职业评论员依然通过专业理念传达、专业评论操作等获得自身的职业存在感,从而与一般的表达者进行区隔;而党媒主要负责人更重视舆论引导等"党性"原则。值得注意的是,有9个文本主体的职业存在感更多与市场和受众需求相关联,其组成主要为市场化媒体评论员或评论部负责人以及自由撰稿者,说明这两类群体有较为明显的市场化取向。

评论员的职业存在感来源有多种,包括通过舆论引导、释疑解惑而到达改变民众思想、价值观念的"改变民众"基点;通过对公权力进行舆论监督而达到推动社会进步的"改变政府"基点;通过评论厘清事实,从而追求真相的"推动事实"基点;基于个人表达自由、权利的"自我言说";基于市场需求、受众偏好的"市场行为";较为笼统地强调"推动社会进步、启蒙社会"的职业基点。其中占比最大的依然为改变民众(47%),其次是推动事实(19%)和推动社会进步、启蒙社会(17%)。见图4-5。

党媒主要负责人、党媒评论部负责人的职业存在基点主要以改变民众、进行舆论引导为主,而一般性党媒评论员、市场化媒体评论员或评论部负责人则有相当一部分以推动事实和改变民众为基点。以满足市场需求为职业存在基点的主体主要为自由撰稿人、市场化媒体评论员或评论部负责人。见图4-6。

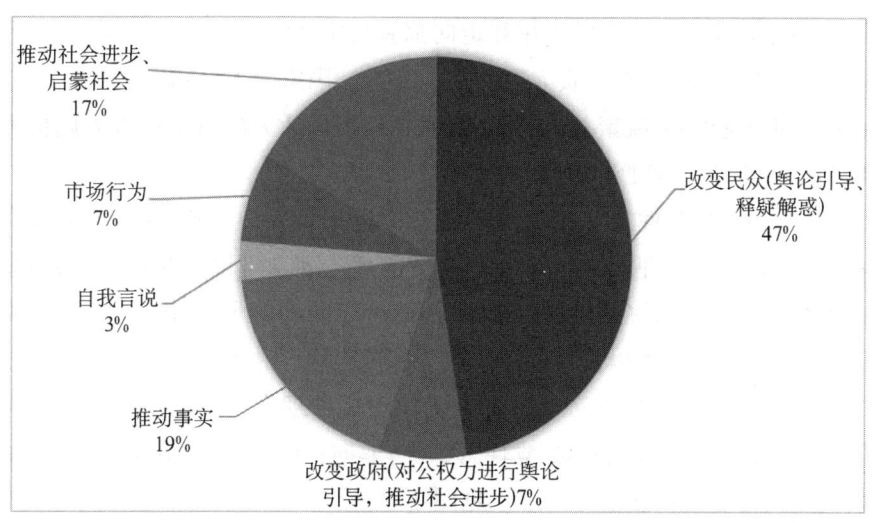

图 4-5 评论员职业存在感表现的总体分布

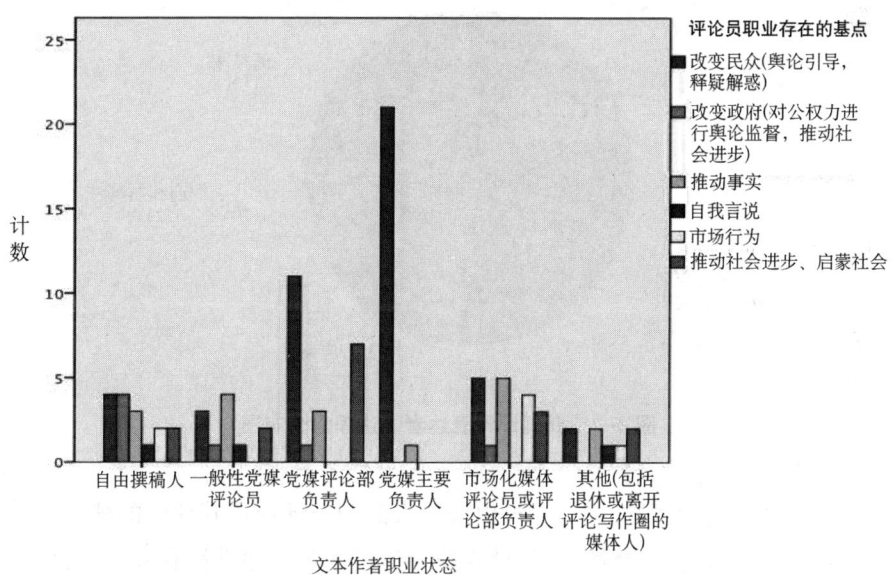

图 4-6 评论员职业存在感表现的分群体分布

五、对评论理念的描绘：党媒重引导，市场化媒体重启蒙

在专业表达者的表达核心理念中，表达者基于何种理念和价值观进行

言说,对于评论最终起到的作用和走向都有决定性影响。分析发现,党媒评论部负责人和党媒主要负责人更多基于"为党、国家及人民"进行言说,以起到关键的舆论引导、凝聚共识的目的;而更具市场活力的自由撰稿人则更偏向强调"专业性"、沟通和解释性。

作为一种批判性文本,评论的核心理念除了批判性以外,还蕴含着源自写作者不同的评论理念。98个文本主体的评论理念可以分为以下几种:理性、真实性、沟通和解释性、启蒙性、以舆论导向和凝聚共识为目标的"党性"、建设性和监督性以及专业性。这7种核心理念并不是绝对分离和对立的,分类的标准也只是参考评论者更偏向于哪种理念。占比最高的为以舆论导向和凝聚共识为目标的"党性"(27%)取向;其后是沟通和解释性,占比21%;建设性和监督性占比16%。见图4-7。

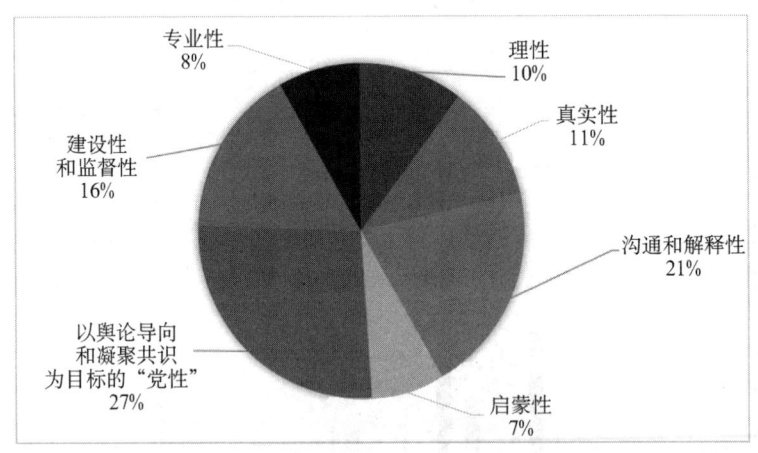

图4-7 新闻评论表达者表达理念分布图

从图4-8可以得知,当前为自由撰稿人的职业评论员其评论的核心理念在于启蒙性、沟通和解释性;一般性党媒评论员侧重于建设性和专业性;而党媒评论部负责人、党媒主要负责人则偏向于以舆论导向和凝聚共识为目标的"党性";市场化媒体评论员或评论部负责人则重视评论的真实性、沟通和解释性以及建设性和监督性三种理念取向;退休或离开评论写作的媒体人更多偏向于理性。

对98个文本主体就评论的价值和作用定位的阐述进行词频分析,"舆论"成为词频之最,随后是"声音、主流"等词语,说明评论对于舆论引导、传

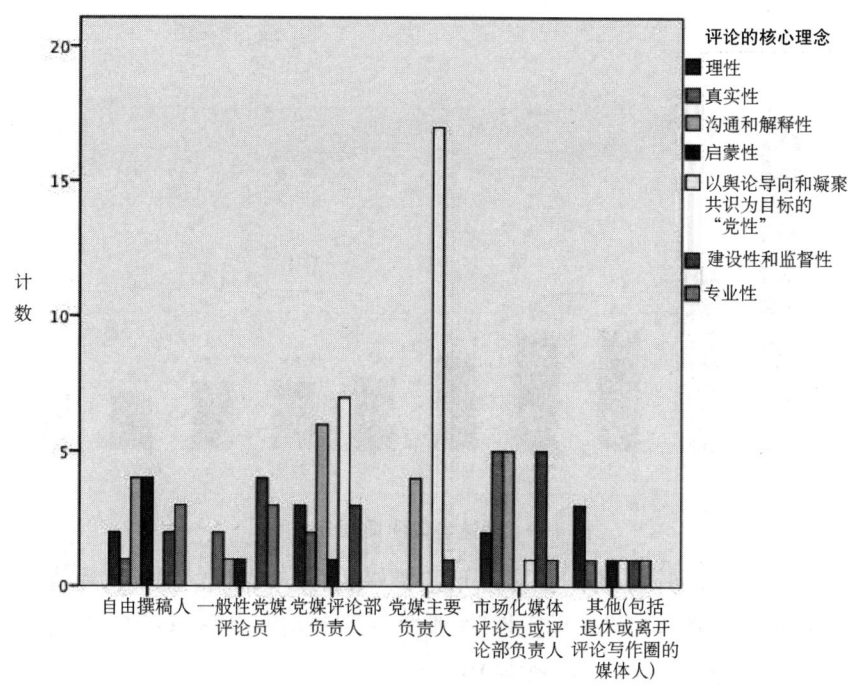

图 4-8　不同群体表达理念差异对比图

播主流声音的重要作用。除此之外,"理性、公共、热点、政治"等关键词也说明评论对于构建"公共领域"、引发"公共讨论"的重要意义。专业表达者通过理性的讨论,介入公共事件、热点事件,最终得以推动国家法治、政治的进步。无论是党媒的舆论引导还是专业表达者的理性讨论,二者最终的目标在于构建社会健康而良性的价值观念,形成社会共识,推动社会进步。见图4-9。

根据不同主体对于评论价值和作用的阐述,我们可以将其分为以下几种:一是引领导向,贯彻精神,占比30.6%;二是反映和传递民意,传播正确的理念和价值观,占比20.4%;三是舆论监督,针砭时弊,推动社会发展,占比26.5%;四是厘清事实,推动真相,占比16.3%。

当前职业状态为自由撰稿人的主体偏向认为评论的价值在于舆论监督、针砭时弊,推动社会发展。一般性党媒评论员则将其定位在反映和传递民意,传播正确的理念和价值观。党媒评论部负责人将其评论价值取向定位在舆论监督、针砭时弊,推动社会发展;引领导向、贯彻精神;反映和传递民意,传播正确的理念和价值观。大部分的党媒主要负责人将评论的作用

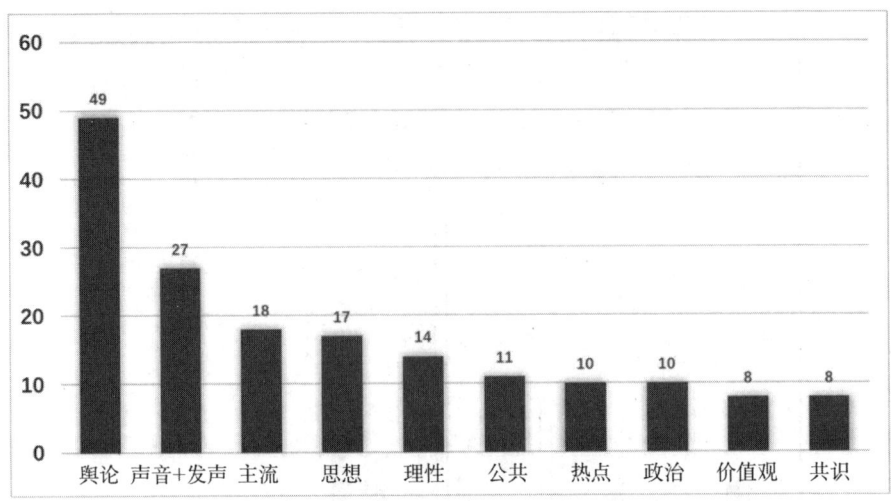

图 4-9　表达者理念词频分布图

定位在"引领导向，贯彻精神"，以符合"党媒"自身的定位。市场化媒体评论员或评论部负责人则将"真实性""理性"摆在首位，认为评论的力量在于"厘清事实，推动真相"。见图 4-10。

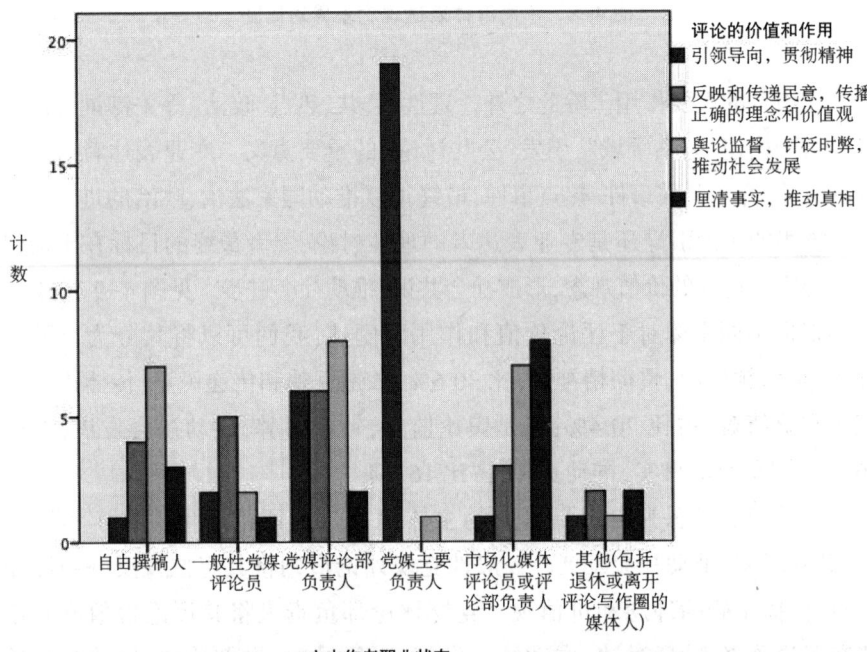

图 4-10　不同群体表达功能认知对比差异图

六、对未来的展望:产品专业化、主体"专家化"

对于评论和职业评论员的未来,转型是关键词。从评论产品本身到评论员本身再到评论圈,他们都在不断地调整和转型,以适应新的媒体环境、受众需求和评价标准。评论产品和主体的"专业化""专家化"成为各大媒体吸引受众、增强影响力的重要手段;过去松散的"评论圈"也通过不同的渠道和主题研讨,逐渐形成评论共同体,以增强沟通,凝聚力量。见图4-11。

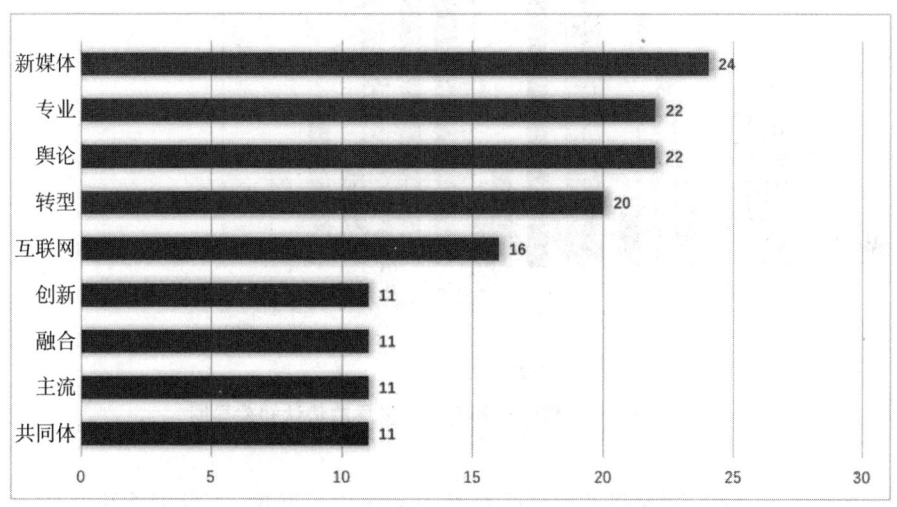

图4-11 评论发展趋势阐述关键词分布图

传统评论产品的下行甚至触底,和当前的受众阅读习惯、市场需求有关,评论产品的转型和未来走向成为众多评论个体和媒体机构必须思考的难题。目前,职业评论员对于评论的未来走向有以下几种选择:一是推出专业化评论,提出专业化、数据化的解读,占比25.5%。二是坚持原有理念,强调评论的"定力",占比17.3%。三是强化受众意识,有意识地嵌入互联网视角和个性化叙述,占比25.5%。四是整合资源,强化党报评论的影响力占比18.4%。评论的专业化走向和增强受众意识,嵌入互联网视角成为专业表达者转型的主要方向。见图4-12。

不同文本写作主体对评论产品未来走向的认知存在着一定的差异。党媒拥有较多的组织资源,强调构建评论共同体和评论矩阵,以增强党媒评论的舆论影响力。党媒在原有基础上,不断整合已有资源,深化评论产品和渠

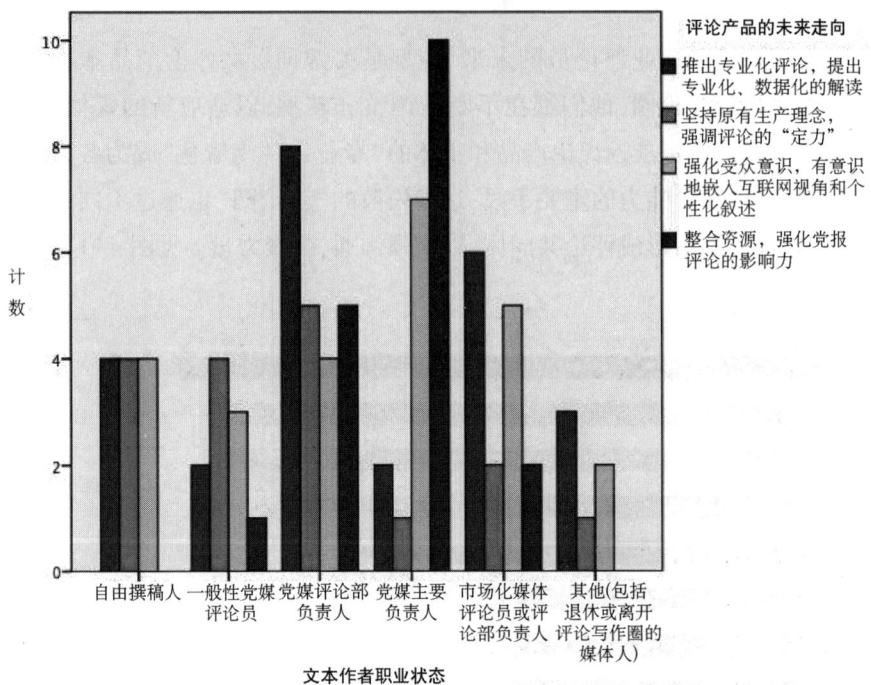

图 4-12　不同群体对新闻评论发展趋势认知差异图

道的生产和连接,同时强调增强受众意识和嵌入互联网,不断形成更具辐射力和影响力的党报评论。而市场化媒体评论员或评论部负责人则致力于评论产品及其产制过程中的专业化和数据化,同时增强受众意识,以保有评论的生命力和传播力。值得关注的是,依然有相当一部分的自由撰稿人、一般性的党媒评论员及党媒评论部负责人坚持原有生产理念,强调评论的"定力",对于评论转型和专业化潮流参与度并不高。见图 4-13。

对于评论员本身的未来走向问题,46 个文本主体存在着两种截然不同的意见。一种是基于原评论员的转型和发展,另一种则是对原有"职业评论员"的职业不可替代性和文化权威进行一定的消解,将评论员的角色进行泛化处理,将不同行业的专业人士纳入评论员队伍之中。具体可以分为:第一,加强评论员"导线"角色和作用,占比 5%。第二,坚持传统"全能型"评论员的角色,占比 3.1%。第三,保持原有的独立和理性表达者角色,占比

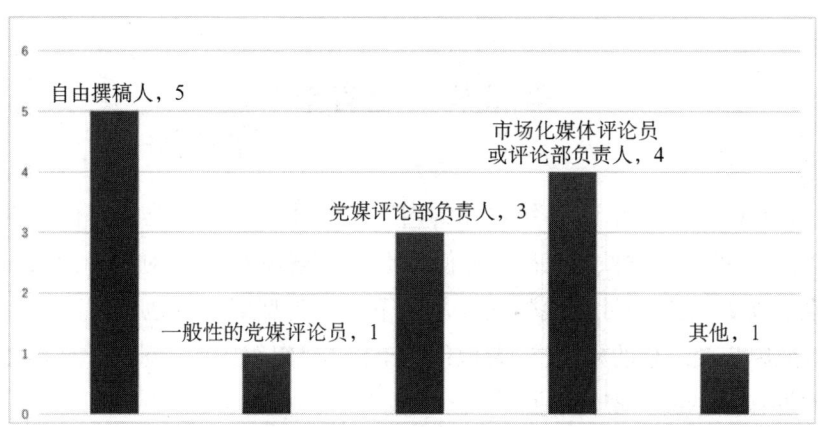

图 4-13　不同群体对评论员专业化趋势的态度分布图

10.2%。第四,专业化、专家化走向,占比 14.3%。第五,全面转型,增强创造力,占比 14.3%。专业化和专家化、全面转型两种走向占比最重,其中,在专业化和专家化取向中,自由撰稿人和市场化媒体评论员或评论部负责人的比重最高。

在媒体转型的潮流中,评论员围绕评论转型和融合进行了各种专题讨论,改变了过去相对独立和分散的评论员生态,并由此形成一定的评论"共同体"。当前专业表达者的"共同体"建构分为两种:第一种为特定属性媒体或特定目的组成的较为紧密的评论共同体,主要以"党报评论共同体"和凤凰网"有声之年"为主;第二种则是较为松散的媒体专业表达者共同体,主要以"红辣椒时评研讨会"和"新闻评论高层论坛"为主,参加人员较为多元。不同性质的共同体拥有不同的功能和作用,党媒评论共同体的产生,除了服务于讨论党报评论的产制外,更重要的是借此形成党报评论矩阵,实现信息、观点和传播渠道的共享,从而优势互补,放大主流媒体的声音,从"党报共同体"过渡到"价值共同体"。

较为松散的媒体专业表达者共同体,更多作为一个沟通平台,供不同属性的媒体和评论个人交流评论发展意见,以共克时艰。其主题往往更具现实性和针对性,从评论写作、评论转型到评论人才、评论教育,这些话题都有所涉及。本研究涉及的 98 个文本主体中,近一半的主体曾参与到"评论共同体"的建设之中。

第二节　记者节[①]

在新媒体的冲击下,传统媒体的内容生产体系以及商业运营模式迅速衰落,记者的"权威性、神秘感甚至使命价值"[②]被颠覆,人们对记者的认知也发生了改变,记者的社会地位正在不断下降。转型期记者地位下降和多方面的原因相关。总的来说,记者地位的下降与"组织资源、经济资源和文化资源占有"[③]的减少密切相关。

此时,媒体人普遍感受到自身存在感的幻灭,现实的幻灭促使媒体人不断地通过不同的话语策略对自身的存在价值进行反思和重塑。任何事物的消失和存在,都会呈现出一个反复斗争的过程,记者也是在不断地批判和建构中证明和寻找自身存在感的。

在记者节这个兼具仪式性和周期性的行业节日里,媒体人(或前媒体人)在各类媒体平台以社论或其他方式进行的表达,或为反思媒体行业,或为重申、重塑自身的身份认同,或为维护职业的正当性和权威性,便成必然。通过对记者节相关文本进行内容分析和话语分析,我们力图全面真实地还原媒体人在转型关键期对媒体及自我存在价值困境的表征,从而了解媒体人如何运用符号资源来确认自身的存在价值。我们力图分析这些表征与媒体发展环境变迁是否协调,从而了解困境中的媒体人的精神与价值追求,同时反思媒体人思维的实质以及这种思维对于媒体未来发展可能造成的影响。

一、媒体人身份认同与价值构建

2016年记者节前夕,习近平总书记强调新闻记者要有"正确的新闻志向",虽然谈的是新闻理想,实则是新时代媒体人的身份认同与价值构建问题。

[①] 胡沈明,冯淑闲.转型期媒体人职业存在感的建构策略与困境:基于2016年记者节媒体人言论表达的分析[J].北京理工大学学报(社会科学版),2018(3):165-172.
[②] 俞虹,顾晓燕.新媒体:传播能力与媒介责任的延伸[J].现代传播(中国传媒大学学报),2012(5):111-114.
[③] 陆学艺.当代中国社会阶层的分化与流动[J].江苏社会科学,2003(4):1-9.

就话语表达而言,人们谈及新闻理想,一般出自某些告白之语或是某种关键公共事件(key public events),这种话语具有典型的仪式过渡感,在过去、现在和未来三重空间内构建出人们的理想。其核心特征便是"告白":或为某一节日的告白,或为某一阶段的告白,或为某一理念和行为的告别。

节日告白主要是记者节和元旦,媒体或媒体人通过社论和自媒体表达等方式表明自己的理想与信念。相对于媒体元旦的丰富表达,学者们更热衷于关注记者节的话语表达,以此探究记者的理想与现实。丁方舟和韦路通过对2010—2014年新闻人在记者节当天所发的微博进行话语变迁研究,认为新闻人的职业困境主要存在于"职业理想"与现实"结构性因素"间的"二元对立",具体表现为"记录""责任""真相""真实""事实""监督"以及"公信力"等话语明显多于"道义""弱者""公正""改造"等词语。① 李红涛、黄顺铭借用泽利泽"记者的新闻史"这一概念,将记者节的话语表达视为一种"阐释",发现新闻界借助"常识知识"将自身处境历史化,进而神话记者节的开端,并最终重塑"角色模范"的当代意义。②

阶段告白,表现为人们对逝去的某一阶段的回忆,以此展现出理想的媒体生存和发展状态。李红涛通过分析界定新闻界"怀旧话语实践"中的"黄金时代叙事","试图揭示出黄金时代的指向、构成元素及其历史形构,借此理解怀旧对新闻阐释社群的意义"。③ 白红义以职业偶像江艺平的退休这个"热点时刻"的纪念话语来阐释记者社群的出现。④ 理念和行为的告白更多地体现于记者的个体层面,一般出现于媒体人的离职告白。美国学者尼基·厄舍(Nikki Usher)在分析记者离职告白文本时,认为记者们将困境主要归因为"华尔街"的贪婪。⑤ 斯泰茜·斯波尔丁(Stacy Spaulding)则单纯考察了被

---

① 丁方舟,韦路.社会化媒体时代中国新闻人的职业困境:基于2010—2014年"记者节"新闻人微博职业话语变迁的考察[J].新闻记者,2014(12):3-9.
② 李红涛,黄顺铭.传统再造与模范重塑:记者节话语中的历史书写与集体记忆[J].国际新闻界,2015(12):6-25.
③ 李红涛."点燃理想的日子":新闻界怀旧中的"黄金时代"神话[J].国际新闻界,2016(5):6-30.
④ 白红义.新闻权威、职业偶像与集体记忆的建构:报人江艺平退休的纪念话语研究[J].国际新闻界,2014(6):46-60.
⑤ USHER N. Goodbye to the News: how out-of-work journalists assess enduring News values and the new media landscape[J]. New media & society 2010(6): 911-928.

辞退的媒体人离职之后,对工作或职业的依恋与怀念之情。① 陈敏、张晓纯对传统媒体人离职告白进行了内容分析,认为体制禁锢、技术冲击、营收压力和个人选择等是媒体人转型的主要原因。②

从研究视角来看,国外学者的研究重点为"经济困境"和"情感困境",国内学者则重点分析媒体人的"专业主义"隐喻。从新闻专业主义的形成来看,专业主义的产生更多源自外部结构性压力,而非媒体竞争性压力。在传统媒体时代,媒体人的困境可能是由"专业主义"理想所造成的,但在媒体格局出现变化,新闻采制方式出现重大革新之际,仅用"专业主义"来阐释媒体人的困境已力有不逮,此时借用媒体人的相关话语表达分析其刻板思维及其所导致的生存困境具有一定的现实和理论意义。

二、样本选择与分析方法

2016年是媒体转型发展的关键期,亦是传统媒体人经历巨变的时刻,选择记者节这个"关键的公共事件"的文本表达能够较为透彻地了解记者这个群体对自身状况、未来发展的阐释。之所以仅选取2016年这个片段性文本,而不选取历时性文本,主要考虑到两点:一是之前的相关文本已有学者研究,可以参照,不必重复;二是我们的研究取向在于考察媒体人的理想困境。我们选取的研究文本为2016年11月8日记者节前后,即11月7日至11月10日,各大媒体发布的记者节社论或其他观点表达类文章,发布主体涵盖传统媒体、自媒体还有部分机构公众号,其中传统媒体主要为社论,而在自媒体平台上,则收集转发量较大的文章,最终获得20篇文章。见表4-6。

从内容分析和话语分析的角度入手,我们主要从三个方面对相关文本进行描述:第一,在表层上描述相关文本的特征与内容,主要是利用词频分析软件统计相关文本的核心表达,呈现表达者从业目标、从业困境以及相关原因总结;第二,在中层上分析表达者的心理状态以及核心表达背后的隐性逻辑,重点阐述其表达诉求;第三,深层社会结构方面主要分析表达者话语权力意识,发现其表达对立方面在何处,以求发现其认知结构和模式。

---

① SPAULDING S. The poetics of goodbye: change and nostalgia in goodbye narratives penned by ex-Baltimore Sun employees[J]. Journalism, 2014(2): 208-226.
② 陈敏,张晓纯.告别"黄金时代":对52位传统媒体人离职告白的内容分析[J].新闻记者, 2016(2):16-28.

表 4-6 记者节社论及其他文本细节一览表①

序号	所属媒体或机构	文本标题	文本发布平台
1	《华商报》	简单专注 从不迷茫	华商报及华商网
2	搜狐网	真相现身的方式在变,你我前行的方向不变	搜狐网
3	《新京报》	存在与尊严,是时间对真记者的回敬	《新京报》及其官方微博
4	《北京青年报》	记者节:一个不动声色的节日	《北京青年报》网页版
5	凤凰网	真正的新闻人不会有"寒冬"	凤凰网
6	刺猬公社	记者节,只想写一个口音特重的新闻人	微信公众号
7	观媒	这个记者节 做外卖的都写上了社论	微信公众号
8	格子间物语	记者节来了:《京华时报》要停刊,饿了么在写社论	微信公众号
9	《中国青年报》	每个人都有一个职业故乡	中青在线
10	蓝鲸财经	那些记者节社论的风骨:媒体寒冬不需要施舍的温暖	蓝鲸财经(网站)
11	饿了么	记者节:但愿你心有所持,温和坚定	微信公众号
12	乌有之乡	李北方:"有机媒体人"的时代即将到来——记者节感言	乌有之乡(网站)
13	《南风窗》	《南风窗》26 周年致读者:守护稀缺的价值	《南风窗》
14	中国网	刘雪松:散了人心的记者节"雾霾"深重	中国网
15	光明网	即便你什么都不是,你依然是个记者	光明网及微信公众号
16	新锐传媒	你什么都不是,记者	微信公众号
17	央视新闻	记者,记着	微信公众号
18	新华网	新闻是有温度的 文字是有力量的	新华网
19	《人民日报》	让初心照亮远方——写在第十七个记者节	《人民日报》及人民网
20	澎湃新闻	记者节,让我们守望希望	澎湃新闻网

三、话语表达内容:基于自我立场的多元表达

总体而言,记者节的话语表达多是相关从业人员建立在自我意识上的表达,这种表达淡化社会环境变迁的相关要素,展现出非常明显的"怀旧"意识,同时表达者在表达时重视与普通民众的区隔,对自我进行的反思较少。

2016 年的记者节,文本的写作主体既有"坚守"传统媒体的媒体人、转型到"新媒体"的媒体人,还有"出逃"到其他机构的"前媒体人"。对于行业衰

---

① 本部分未标注具体文献来源的引用文字均来自本表所列记者节相应文本,作者注。

落,他们往往更多地从外部因素进行不同层面的归因,运用各种隐喻式的"理想表达"构建自我价值存在感,强化身份认同。在这个过程中,媒体人对于自身的职业认知出现了分歧,呈现为一定程度的职业泛化趋势,在话语叙述逻辑中可以看到建构与解构同存,而对于身份变化的归因则从媒体竞争生态失序到价值生态失序进行不同层面的表述。

(一)媒体从业目标:从隐喻式的"理想表达"到"倡导公正"

利用图悦在线词频制作工具对记者节文本进行词频分析,对其中描述媒体人身份认同的前10个高频词进行抽取,其中"真相"出现的频率最高,其次是"转型、理想、坚守、情怀"等。见图4-14。

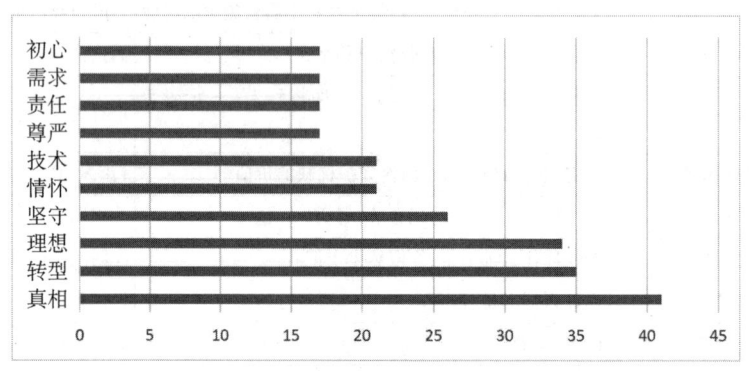

图4-14 转型期记者节身份描述关键词词频分布

媒体人对于自我身份认同的描述以感性表达为主,其中"真相"的频次最高,挖掘、追求真相依然是专业媒体人赖以生存的重要基础,也是媒体满足受众"需求"的重要武器,而"转型"及对"技术"的强调则是媒体人对于媒体大环境感知下做出的调整和应对策略。除了"转型""技术"和"需求"3个相对写实的关键词外,"真相、理想、坚守、情怀、尊严、责任、初心"等词语都是媒体人关于新闻理想以及自身身份认同的隐喻表达。

关于"理想"的描述,媒体人更多用以表达一种新闻理想和精英情怀。对"理想"的内涵,媒体人往往没有直接表述,而是使用各种代表"理想"关键词,对自身的存在价值和意义进行表述。"追寻真相"成为达成理想、获得尊严、坚守初心、秉持责任的手段和必经之路。在这个印证的过程中,"公平、正义、理性、良知、价值、操守、底线"等词语大量出现,新闻理想的表达过程成为各种理念和价值的堆砌,这种理想表达实为一种隐喻式的表达。

在媒体人认为自身应当承担何种规范性角色的问题上,吴自力通过对南方报业 2008—2013 年的"年度记者"文本进行词频分析,发现这部分精英媒体人在职业定位上强调"记录"使命,在职业追求上强调以新闻专业主义为主要内容的新闻理想。① 而丁方舟和韦路通过对 2010—2013 年的微博记者节文本进行分析,发现"专业主义"角色是中国新闻人认同度最高的角色,其次才是"倡导公正"。②

而本研究发现,超过一半的文本主体对于自身的职业认知趋向于"倡导公正",只有 15% 将认知设定为"专业主义",还有一点更值得关注的是,有 15% 的文本主体职业认知存在"职业泛化"的趋势。

此次研究结果和前面三位学者的结果有较大差异,而这也从侧面反映了媒体人在不同平台和环境中对于自我身份认同以及合法性的构建策略,业内一般以是否拥有"新闻专业主义理念"来区隔专业媒体人和一般的信息发布者。2016 年记者节文本更多地呈现为"倡导公正",强调新闻人应报道倡导社会公正的理念,它和"专业主义"最大的区别在于前者更强调"为民请命"、推动社会进步、启发民众的责任和义务。"倡导公正"在一定程度上是"党管媒体"和"新闻专业主义"理念的结合体,悬置了新闻专业主义理念的独立性,同时强调参与社会进步的职责,从而使这种"倡导公正"的理念在中国大陆具有更多的合法性。

而"职业泛化"的产生与自媒体时代"泛媒体"有关,新闻与一般信息传播的界限变得模糊,专业新闻人和一般信息生产者都成为广义上的"媒体人",导致部分媒体人对于自身的角色认知出现了偏差,记者职业身份认同出现了危机。在"职业泛化"的文本中,有两篇文章对记者这项职业存在的合法性以及权威性提出了质疑,认为"媒体人"和某些价值没有必然联系。"反媒体"的媒体人李北方认为"那些被浪漫化的价值本身,过去没有和媒体完全捆绑在一起,将来也未必会跟某种特定的媒体形式捆绑在一起"。而光明网社论则将记者职业泛化为"记录和书写"的权利和使命,在这项活动中

---

① 吴自力.进退之间:2008—2013 年记者职业化状态分析:基于南方报业"年度记者"文本的词频考察[J].新闻与传播研究, 2015(3):38-48.
② 丁方舟,韦路.社会化媒体时代中国新闻从业者的认知转变与职业转型[J].国际新闻界, 2015(10):92-106.

应该打破"资格壁垒",并认为自媒体磨平了新闻专业主义的记录门槛。

(二)话语叙述逻辑:建构与解构同存

在2016年的记者节文本中,不同的文本采用不同的叙述逻辑,对媒体存在的合法性和记者自身的身份认同进行了不同程度的肯定或是否定,我们按照文本的叙述模式及逻辑进行分类。第一类"正面构建":正面构建—变化/冲击—反思—正面构建;第二类"因果构建":寒冬—变化/冲击—正面构建;第三类"批判式构建":质疑/批判—重构身份认同;第四类"泛化解构":寒冬/冲击—变化—泛化解构。研究文本中,85%的媒体或媒体人会运用不同的策略对自身的身份认同进行构建①,以维护自身存在的合理性和权威性,其中只有不到5家媒体较为强势地进行身份认同,55%的媒体或媒体人采取相对被动或批判的方式进行自我身份的构建。除此之外,还有10%的媒体或媒体人对自身的身份认同进行泛化解构②,这从侧面反映媒体寒冬对大部分专业媒体而言,还是造成了不小的威胁。

前三类叙述模式都从不同程度肯定了记者/专业媒体人存在的价值和意义,但三者的策略并不一致。较为强势的是"正面构建",这种构建方式所呈现的逻辑是:本媒体的存在具有充分的合理性和权威性,在媒体变革、自媒体冲击的大背景下,媒体自身应做适当反思和调整,从而让自己变得更好,"正面建构"从社会存在、身份存在以及价值存在方面肯定了专业媒体及其他媒体从业人员存在的合理性及合法性。新华网、《人民日报》、《南风窗》、《新京报》以及澎湃新闻采取的都是这种策略,究其原因,与这些媒体自身较好的发展态势有关。新华网、《人民日报》作为重要的党媒,拥有较强的组织资源;《南风窗》和《新京报》是当下效益较好的几家市场化媒体,它们拥有较多的经济资源;澎湃新闻依然坚挺则由于其依附于有钱的东家——上海报业集团。

"因果构建"的叙述体现为一种相对被动的立场,其逻辑为:媒体纷纷倒闭,自媒体与新媒体的发展对传统媒体生态造成冲击,媒体人在此时应重申专业媒体及媒体人存在的合理性与权威性。

---

① 构建是指身份认同构建,分为三种不同的建构方式:正面建构、因果建构、批判式建构。
② 解构是指对原有的身份认同进行解构,现阶段出现的解构主要通过对记者、媒体人定义的泛化进行。

"批判式构建"通过批判的方式追问专业媒体及媒体人存在的必要性，继而重构身份认同。

"泛化解构"则在分析自媒体环境下的专业媒体以及媒体人存在的合理性中，逐步泛化其存在的必然性和权威性。他们认为在自媒体时代，一般信息呈现者和专业媒体人之间的区隔逐步消失，进而解构或是泛化了专业媒体及媒体人的身份认同，对专业记者从社会存在以及身份存在方面提出了质疑。

(三) 身份变化归因：从媒体竞争生态失序到价值生态失序

在2016年的记者节文本中，媒体和媒体人在新的历史背景下对自身的角色认知和身份认同进行了策略性的构建，包括重申、调整、重构等。无论运用何种策略，媒体及媒体人在这个过程中都会为这样的改变或调整进行归因，以谋求变化中的合法性，进而巩固其在转型期调整或改变的价值观。这种归因并不是唯一的，而是多元、多层次的，呈现出"新媒体/传统""理想/现实""过去/现在""离开/坚守"等多维度的对比。文本分析表明，媒体人在身份认同的重构方面进行了三个层面的归因：表层的寒冬、中层的新媒体冲击以及深层的传播生态失序。

表层的寒冬停留在对媒体格局模糊而浅层的判断：媒体进入岁末寒冬，转型和变革成为媒体圈不得不言说的话题。如蓝鲸财经《那些记者节社论的风骨：媒体寒冬不需要施舍的温暖》、中国网《刘雪松：散了人心的记者节"雾霾"深重》、凤凰网《真正的新闻人不会有"寒冬"》在标题中就用"寒冬""雾霾"等隐喻，感性地描绘了媒体变革的大环境。更多的文本在开篇就对"寒冬"进行描述：光明网"媒体变革没有给理想一点面子"，新锐传媒"行业飘摇、群雄并起而新闻不死"，饿了么"岁末寒冬，但愿你心有所持，温和坚定"。

中层归因则是"寒冬"到来的原因——"冲击"——新媒体平台冲击、微博微信平台争夺、嘲笑初心和情怀、传播技术发展、新媒体迭代等。不同的媒体及媒体人对"冲击"的来源进行分析，并呈现出对立的话语。饿了么用"当技术与资本裹胁一切，世界深陷于'觉昨是而今非'的惶恐与痛彻"，搜狐社论用"旧媒体在变形，新媒体在迭代，它们彼此之间有竞争、入侵、分化、倾轧、剥夺"，中国网用"传统媒体，是玩不过新媒体的，媒体是玩不过网络上的商业与资本的",光明网用"自媒体的搅局,伴随着浅阅读、碎片化阅读的流行"等进行描述。

而深层则是"冲击"的真实内容——各种"失序"——缺乏传播秩序、"媒体人"角色泛化、原有新闻垄断权消失、呈现"去中心化"媒体格局、内容生产方式改变等。他们认为失序是引起冲击乃至"寒冬"到来的深层原因,也是媒体人需要重构身份认同的深层原因。

表层的"寒冬"和中层的"冲击"都是媒体竞争生态失序的表现,而深层的"失序"则引起了价值生态失序,媒体价值生态失序导致了媒体竞争生态的失序,媒体人于是通过不同层面的归因探索转型期身份认同的合法性。

四、话语表达策略:区隔有余,融合不足

布尔迪厄认为除了可见的权力外,还有一种隐性权力,即符号权力(symbolic power)[①],这种权力能够通过控制符号资源的生产和再生产,从而形成一套社会分类系统,树立标准以区分思想和行为,构建社会认知框架,形成权力存在的正当性基础。记者节文本就是媒体及媒体人策略性地运用符号资源,生产出内化于被支配者内心的认知结构,以巩固自身存在的正当性与合理性的一种表达策略。

面对"职业泛化""媒体及媒体人泛化"的趋势,媒体人在维护自身权威性与正当性的过程中,使用最多的一种话语策略是"区隔"。区隔在汉语中有区分、隔开的含义,具有排除的意味。它通过不同的标准,从思想到行为对媒体及媒体人进行区分,并呈现一定的对立思维。

2016年的记者节文本在思想和行为上都进行了"真新闻人"和普通信息提供者的区隔,《新京报》和凤凰网的文本标题《存在与尊严,是时间对真记者的回敬》和《真正的新闻人不会有"寒冬"》,都用"真"去区隔"非真"。这种区隔策略表面上是一种划分的标准,实际上是从深层次对社会地位以及资源竞争的一种确认手段。正是通过这种区隔,媒体及媒体人通过"抢滩"的方式,构建自己在自媒体时代下的身份认同,使其具有"理性和道义"上的合法性。

---

① BOURDIEO P. Practical reason: on the theory of action[M]. Stanford: Stanford University Press, 1998: 47.

媒体及媒体人的这种区隔策略主要运用不同的话语策略进行,通过对文本进行话语分析发现,2016年的记者节文本中主要采取专业话语、理想话语、神话化话语三种话语构建策略。

(一)专业区隔

专业话语策略指专业媒体及媒体人利用专业的新闻话语以及专业新闻人的行为准则等对非专业媒体及媒体人进行的区隔策略。相对其他两种话语,专业话语策略具有较强的现实意义和操作意义,具有强烈的专业保护色彩。其主要以对比的方式,从新闻"产品"本身、新闻生产过程中的"规制"及其"专业精神和理念"三方面进行。

在产品或内容上,专业媒体人往往用"新闻""信息""真相"作为主语,并在其前加上"有价值""真正""公信力"等定语进行限定。而对于新媒体或自媒体内容生产,往往使用"消息""观点""娱乐""文本"等作为主语,甚至用"养生帖"指代非专业新闻生产,在其前加上"一般性""商业"等进行限定。凤凰网认为专业媒体生产的价值是宣传文本和养生帖无法代偿的社会价值溢出,《中国青年报》则将微信公众号推送的一般消息和新闻报道进行区分。媒体人通过内容专业和非专业进行对比,凸显自身内容生产的必要性,祈求通过"提供最有价值的新闻和信息"保有自己新闻生产的专业地位。

就生产过程中的"规制"而言,专业媒体人强调传播过程中要遵守传播规则、新闻准则、传播秩序、职业操守以及媒体责任等方面的"规制",强调媒体变革对原有"规制"造成的威胁甚至是颠覆,与此同时,引入技术以及商业两个影响因素,强调专业新闻生产过程中独立、中立的态度,以及自身对商业或技术侵蚀的抵抗,进而继续垄断专业新闻生产,保有专业新闻生产的必要性和合法性。

在新闻生产的"专业精神"方面,专业媒体及媒体人通过有无专业精神对非专业媒体进行区隔。《中国青年报》认为中国媒体转型期要形成相对独立的"报格",以抵挡商业对新闻的诱惑和侵蚀。《新京报》认为:"是否拥有专业的精神生产新闻事实,是记者的职业存在和尊严所在。"中国网认为:"新闻的这个饭碗永远会在,它永远青睐于有职业素养与专业精神的这支记者队伍。"

(二)理想区隔

与医生、教师等职业理想不同的是,没有任何一个职业和群体会像新闻行业一样,把理想、理念作为行业的根基,这种理想塑造是这一行业群体自身发展的要求,同时也是争夺社会意义以及争取社会认同的一种策略。当下,新闻职业理想的最高标准,业内一般默认为新闻专业主义,强调的是媒体应当独立于政治和经济之间,形成独立的社会力量,以获得公共性,使其能够监督批评政府,成为"船桥上的瞭望者"。在国内,媒体很少直接提及新闻专业主义,但是我们又能处处感受到这种理念、价值观的影响,尤其是在记者节文本中。

媒体采取两种回避的策略曲折地表达带有西方色彩的"新闻专业主义"。首先,西方的这种新闻存在感是存在于三方即政府、商业以及媒体之中,而在党管媒体的语境下,媒体人往往悬置政府这一股力量对于新闻生产的影响,并引入不同的社会力量呈现媒体的公共性导向。在不同语境下,关于第三股力量的表述也有所不同,在媒体转型和变革过程中,媒体人引入的是技术这一股力量,而在日常具有争议的事件中,还会把民众意见、社会舆论纳入其中,以获取媒体的公共性。其次,悬置西方"新闻专业主义"中的核心要素——独立,转而强调媒体在"倡导公正"中的"为民请命",强调相对的公共性,以谋求更多的合法性。

当下,关注媒体及媒体人的新闻理想或言新闻理念表达时往往会出现一种不适应感,因为它更多采取"嵌套"的方式。《新京报》在记者职业的存在和尊严的描述中,前半部分还在谈记者、新闻以"是否满足社会需求,是否有专业的精神生产新闻事实,有无勇气揭露黑暗背后的真相,能否以犀利的目光洞察趋势"作为标准,后半部分立即转向了"倡导公正":"总会有真正的记者刺破脓肿、守住公正,用阳光……"前面是新闻专业主义的内涵,而在其后又补充"为民请命"或言"公正和正义"的内涵。丁方舟曾对我国记者"理想"的话语建构进行溯源,从民国时期的"新闻救国"理想,到20世纪80年代的理想主义,还有"黄金十年"的未竟理想,新闻人一次又一次结合不同的历史背景塑造和补充着"理想记忆"。[①] 从侧面印证中国的这种新闻理想实质上并没有确切的内容,相反,这种理想表达,更多的是一种话语策略,用于争夺资源和谋求自身的合法性。

---

① 丁方舟."理想"与"新媒体":中国新闻社群的话语建构与权力关系[J].新闻与传播研究,2015(3):6-22,126.

(三)神话化区隔

罗兰·巴特认为,符号神话化的过程,是使符号转变为适合社会自由利用的言说方式,使其呈现为一种直接效果,进而将符号锁定在特定的意义上,形塑人们对现实的认识,使其失去反思的能力,而神话化的目的就是让概念自然化和正当化。① 记者对自我的神话化一般通过"关键热点事件"以及"关键人物"进行神话化塑造,同时通过日常的话语补充,在日常的媒体活动中进行神话化。

在2016年的记者节本文中,国内媒体及媒体人的这种"神话化话语策略"更多地将媒体及媒体人塑造成正义化身,采用悲情叙事的手法,大量使用隐喻表达,如使用"正义""真相"等相关词语,塑造媒体及媒体人的社会存在以及价值存在。凤凰网社论中虽然强调媒体人并非正义化身,但从它对记者的社会价值的描述中,可以看到这样"神话化正义"的形象:"以某些刺破脓疮的尖锐为道场";饿了么社论:"选择即为皈依,行使即为信奉……但因为你的存在,我们才可以拥有一种可以与之抗衡的力量,拥有和煦与正义。"媒体人在采用这些隐喻表达的过程中,把记者神话化为社会公正、监督力量的化身,神话化了新闻以及记者的作用与社会地位,而这些带有隐喻的表达并没有实质性的内容,也很难构成其存在的合法性。

无论是专业区隔、理想区隔还是神话化区隔,都非常明确地显现了一群不接受新技术、新形态、新竞争逻辑的新闻从业人员,他们往往以理想代替现实,力图改变环境适应理想,而不是改变理想适应环境。

五、转型期媒体人价值困境的认识根源:理想的错位

价值困境的产生从来不是单独由价值自身和社会环境造成的,而是由于持有某种价值观念的人与其生存的社会环境之间存在一定的价值错位。如果价值观念的持有者以此为荣、以此自豪并将其称为理想,忽视所谓理想存在的客观环境及其产生的条件,就必然导致价值困境。从这点来看,解决媒体人价值困境的根源在于认清媒体人所言的"新闻理想"产生的源泉、存在的社会条件,同时反思现有的社会环境与理想的社会环境是否有共存的

---

① 巴特.神话修辞术:批评与真实[M].屠友祥,温晋仪,译.上海:上海人民出版社,2009:190-192.

可能性,进而探讨价值困境和认识困境,反思此时的社会需要何种价值理念,以解决目前面临的问题。

分析2016年记者节文本发现,媒体人转型期在角色认知上存在分歧,也存在一定程度的身份认同危机,其职业认知更偏向于"倡导公正",这种理念实质上是对于"新闻专业主义"的一种曲折表达;媒体人在重申或重构身份认同的过程中,进行了不同层面的归因,但较少从自身出发,而是强调外界环境对专业新闻造成的"失序"。媒体人在这样的情形下,主要采取"区隔"的策略,其中有"专业话语""理想话语""神话化话语"三种不同的区隔话语,企图继续垄断专业新闻生产,获得自身的合法性。

新闻理想是媒体和媒体人谋求自身合法性的核心,而在2016年的记者节文本中,尽管媒体环境不断改变,专业媒体人的新闻理想依然没有做出变化。他们缺少一定的反思,导致了价值层面的迷惘。更为致命的是,中国媒体人的新闻理想是基于西方新闻专业主义而产生的。这种价值理念下的新闻存在感依然落在了商业、媒体、政府三方,是基于传统媒体视角下的传统新闻理想。而在新媒体时代,当信息极大丰富以后,在政务媒体、专业媒体、商业媒体以及个人自媒体多渠道并存的状态下,传统新闻专业主义的存在价值和合法性必然受到挑战,必然需要进行自我改变。

现阶段媒体及媒体人出现的种种价值失序都和其跟不上社会现实发展有关,通过这些文本不难看出,媒体人试图以这样的文本解释、解决或是坚守传统的新闻理想,这实际上是一种错位。

新闻专业主义从来就不是作为一种理想而存在的,它是社会现实的一种再现,这种再现的图景是商业与政治的博弈,是新闻机构商业化发展之后,为自己添加政治砝码的一种表现,它实质上是媒体在市场竞争困境中的一种媒体自救行为。如果仅将其作为"理想"来看,则这种理想永远也无法找到出路,并且很可能使自身在新媒体发展之中丧失发展的目标和志向,或庸俗,或高远,最终忘掉现实,忘掉中国情境,这不仅对新闻媒体有害,对整个社会发展亦是极其不利的。目前中国面临的现实是技术与思想间的竞争以及大众与专业间的竞争,两种竞争的核心都是现实与理想的竞争。新闻专业主义产生于理想与现实的妥协与调和,而目前人们在运用新闻理想话语时,却忽视了理想话语产生的社会环境。

六、转型期媒体人价值困境的实质：政治理想的媒介化

自媒体时代，人们都认为新闻专业主义已经消失，但是真正的新闻专业主义，理论上来说是不会轻易消失的。目前很多人心目中的新闻专业主义并不是真的新闻专业主义，它缺少核心价值理念的支撑，它只是一种话语表达的方式，或是诉求的表达，更多的是为了利益、权力或者为了组织的合群性而阐发的"理想话语"。我们也不能把它称为新闻理想，它更类似于组织生活理想或是群体生活理想，在这种理想的驱动下，组织出这样的一批人员，从事新闻事业。

新闻专业主义的形成有其形成的文化、经济及政治环境。从文化的视角看新闻专业主义的形成，西方在价值观上主张人性本恶，因此强调新闻自由和新闻独立，而中国文化则主张人性本善，强调内敛式"克己"。在两种不同的逻辑作用下，形成了截然不同的新闻价值观，西方慢慢生成一种自由主义的价值观，形成了新闻自由主义。在人性本善的价值观作用下，往往在一开始没有设立太多的规制，但现实出现的问题却需要一定的规制，于是中国偏向于运用另外一套规则——"潜规则"来控制新闻，形成新闻专业主义言语下的"新闻管制"。

在不同的文化及经济环境作用下，中西方的新闻专业主义具有不同的内涵，在新闻理想上也应该有所差别，但国内的媒体人并没有意识到这样的区别，错拿西方的理想去面对中国的现实，从而形成了中国式的新闻理想，这并非真正的新闻理想。国内所谓的新闻理想，追求的是"组织生活"里面的一个理想，而不是真正新闻本身的理想，这一点我们可以从媒体人告白话语以及节日话语中看出，它带有特别明显的"组织"特征，这实际上是对"新闻理想隐喻的误读"。

七、媒体人价值困境的突破：从求真到求同

目前，很多记者口中的新闻理想实际上是紧紧跟随着美国以"独立""客观""公正"为主要内涵的新闻专业主义。国内记者一旦谈专业主义，就默认为西方新闻专业主义，有时甚至将其简化为"独立"，而实际上全世界只有美国以及欧洲部分国家沿用这一套理念。《南方周末》前主编左方在其口述自

传《钢铁是怎么样炼不成的》中认为专业主义有很多不同的形态,不是只有美国那一套专业主义。这就需要对媒体人的理想以及价值出路进行反思,反思应该建立何种新闻专业主义,构建什么样的新闻存在感。

传统媒体理想的三个基点:事实提供、价值独立以及职业尊严,而新媒体的出现彻底改变了这三个基点:事实丰富多元、价值存在消解并重构、职业存在难以为继。在过去的媒体环境下,专业媒体及媒体人强调自己是事实和真相的唯一提供方,强调的是在新闻多方中寻求一个新闻事实的过程。而当下,事实和新闻的提供方不再只有媒体本身,普通公众往往是新闻的第一见证者和发布者,同时事实已经多元了,它不再只是新闻本身,它还包括情绪以及各种观点。基于事实追求、真相追求的新闻理想带有了更多反权威的特点,变成了与权利和经济作斗争的过程。

基于价值独立的传统媒体理想也在自媒体环境下逐渐失去意义,过去,以"独立""客观"和"公正"为内涵的新闻存在感强调媒体在政治和经济之间的独立,但信息极大丰富以后,在政务媒体、专业媒体、商业媒体三足鼎立的状态下,传统新闻专业主义存在价值是否应该有所转变?同时传统媒体在转型过程中,相当一部分的媒体往舆情服务和智库服务方向转型,基于政府和市场之间的价值存在或将消解。就职业尊严而言,目前的记者存在基于用户而存在,记者和受众的关系在改变,职业存在也在改变。

从挖事实到选事实,从价值主导到价值多元,从基于受众到基于用户存在,"后真相时代"已经到来。这是一个没有事实,只有事实拼图的年代,每个事实都有当事人,每个事实都有发布者,基于静态、对立思维的新闻追求在新媒体时代应该有所转变。此时,对事实或观点进行验证和整合才是出路,媒体人必然走向一个提供拼图、把握趋势、进行分析的道路。此时,如果说新闻从业者要走向专业之路的话,那么这种专业之路不再仅仅是理念上的"专业",而是技能上的"专业",是对生活、事实和观点的"求同",是对"命运共同体"的关注和构建,新闻的从业门槛不再是理念差别,而是技术和人生境界的差别。

第三节　离职情境①

媒介技术的发展使得媒体成为被报道对象，不少媒体人也成为人们关注的对象，他们顺理成章地成为媒体报道内容的重要组成部分。与此同时，互联网与移动终端的迅猛发展不仅为媒体人职业选择提供了更多的空间，也为他们的发言和与民众交往提供了更大的空间。正因为如此，媒体人的职业变动成为一个必须交代的话题，于是离职告白大规模出现。这种形式既可以作为最后的离别仪式，也可以完成媒体人的身份过渡。

媒体人是一种特殊身份的集合，具有极大的公共性，他们的告别话语不仅是他们最后表达共同价值、意义和信仰的工具，展现自我身份过渡的工具，更成为社会变迁和价值变迁的表征。探讨媒体人离职告白的身份过渡意义及其所带来的影响具有较大的现实价值和理论价值。

一、相关研究

对于媒体人转型的相关研究，所见不多。美国学者尼基·厄舍从新媒体对传统媒体记者冲击的角度分析了记者离职告白的文本，认为记者们将困境主要归因于"华尔街"的贪婪，而没有从新媒体环境对个体新闻实践和职业价值观的影响上来考察。② 斯泰茜·斯波尔丁则考察了被辞退的媒体人离职之后对工作或职业的依恋与怀念之情。③ 张志安通过调研发现，记者的生存状态并不理想，建议既要改善其职业待遇，更要优化其报道环境，保障采访权利、扩大报道空间；④胡舒立从媒体转型角度出发，认为媒体转型是

---

① 胡沈明，胡琪萍. 个体身份转换与行业规则的塌陷：以 2003—2016 年媒体人离职告白为例[J]. 编辑之友，2016(12)：63-69.
② USHER N. Goodbye to the news: how out-of-work journalists assess enduring news values and the new media landscape[J]. New media & society, 2010(6): 911-928.
③ SPAULDING S. The poetics of goodbye: change and nostalgia in goodbye narratives penned by ex-Baltimore Sun employees[J]. Journalism, 2014(2): 208-226.
④ 张志安. 深度报道从业者的职业意识特征研究[J]. 现代传播(中国传媒大学学报), 2008(5)：50-53, 56.

一次"生死挑战",创业与专业是现在媒体人思考较多的问题;①白红义认为,告别话语的出现与当下新闻业的剧烈变动有关,是对现有问题的一种反思;②陈敏、张晓纯对告别话语文本进行了较为全面的梳理,得出媒体人转型的四大主要原因是体制禁锢、技术冲击、营收压力和个人选择。③

从研究方法来看,已有的研究主要运用文本分析和思辨的方法来研究记者的离职行为;从研究的出发点来看,多从媒体发展、行业发展以及个人离职原因等角度对记者离职告白文本加以分析探究。虽然斯泰茜·斯波尔丁利用文本分析探讨了记者离职告白内容,发现记者们对职业具有较大的依恋感,并形成社区,但是学者们并未对记者发表离职告白这一行为本身进行阐释,亦未发掘离职告白对于媒体人自身的意义。

从一个单位跨向另外一个单位,从一种行业转向另外一种行业,离职告白对于记者的现实意义大为减少,象征性符号意义和心理意义大为增加。当然,我们不排除从离职告白中能窥见传统媒体和新媒体的发展态势,发现媒体人的依恋与不满、无奈与改变。但是从仪式的视角,我们发现这种告白对于个体身份过渡的价值以及对既有社会框架的突破,同时也不难发现其中的问题所在,即在媒体格局出现巨变之时,媒体人的生存状态也发生了急剧改变,这种改变与记者的价值观和追求稳定的心理产生矛盾,最终导致记者以一种公开的方式展示自己的内心状态,以获得社会意义上的过渡。

二、样本采集与分析方法

截至 2016 年 4 月 11 日,通过各种方式在网络上共搜集到 131 个具体的离职媒体人的名单。根据观察及跟踪,去掉部分缺少有效内容支持、关键信息缺失、没有留下离职话语的人员,最终确定有效样本 77 份。这些样本主要来源于离职人员的微博、微信、离职信、各大新闻网站对离职人员的访谈、博客、论坛的转载、离职人员圈内好友的曝光证实。除此之外,还参考了几篇流传广泛的汇总性质文章:《那些从〈南方周末〉出走的人》《那些从纸媒离

---

① 苏琦.胡舒立:十字路口的中国新闻人[J].记者观察,2014(7):28-30.
② 白红义."下个路口见":中国离职新闻人的告别话语研究[R]//强荧,焦雨虹.上海传媒发展报告:2015.北京:社会科学文献出版社,2015:280-291.
③ 陈敏,张晓纯.告别"黄金时代":对 52 位传统媒体人离职告白的内容分析[J].新闻记者,2016(2):16-28.

职的主编们,现在都在做什么?》《〈经济观察报〉辞职编辑记者离别文章》,这3篇文章中提到的离职人员大部分没有收录到77份样本之中。部分在网络流传的匿名告别话语也未录入样本,比如《都市报离职记者手记:一个吃青春饭的行业》《一个离职记者的深度总结:是什么毁了一张报纸》《珍惜我是庞麦郎的日子》以及《山西29岁记者离职前最后一篇稿件 我要养一家四口 先走了》等,但是此类文章会用作重要的参考资料和补充文本。

在选择样本的过程中,我们遇到了几个问题:第一,主体定位。到底是媒体人自己主动写的才算,还是只要媒体人说了就算。这个问题探讨的结果是"只要说了就算",话语不应该仅仅停留于主动表达,在他人的询问和与他人互动过程中透漏的信息,也算是自我意愿的间接表达。比如《第一财经日报》秦朔,他在离职之际没有发表太多言论,但他的好友吴晓波发表了《最后一个"看门狗"也走了》回顾秦朔的从业经历,引起了较大的轰动,秦朔本人对此没有否认。第二,一个人多个文本。媒体人可能在多家媒体之间流动,出现多个告别话语,呈现出反复性。我们认为这种情况的文本很有价值,媒体从业者的工作变动本身就体现了行业的一种动态,从业者在多个媒体之中选择适合自己的岗位,也是一种职业探索。比如著名媒体人刘炳路,他在一年的时间内,先从《新京报》离职创办"热门话题",又决定离开"热门话题"再次创业,这两次离开他都有告别话语,体现了他艰难选择的过程。第三,主体携带光环太多。胡舒立、杨澜、崔永元等人的离开很难通过告别话语来清晰定义,他们的离开引起了多方猜测和讨论,导致话语非常复杂和不明确,无法一次性概括清楚,因此并未列入样本之中,但是他们的相关话语会作为我们的重要参考资料加以研究和引用。

总体而言,因各项条件所限,本研究无法做到面面俱到,样本的选择无法实现全面覆盖,只能尽量选取清晰、有代表性的文本作为研究主体,再结合其他进行综合考量,争取做到完整、合理。

本研究主要采用了定量分析与定性分析相结合的方法,对媒体从业者的离职文本进行了内容分析和话语分析,试图从个体层面阐述其意义,进而分析其社会影响。

三、媒体人告别话语的文本描述

本研究搜集的告别话语大部分是媒体人在离职之际发布的,但也有一部分是媒体人在离职较长之后的回顾，多出现在事后的访谈和回忆中。部分媒体人的离职时间和信息公开方式在多方转载过程中已难以确认，此类情况本研究采用网络信源提供的时间和网址；也有部分媒体人是在离职一段时间之后才发布只言片语，这类情况本研究尽量还原离职时间；具体公布的离职时间和告别话语撰写的时间之间可能有一定的时间差，本研究默认告别话语的撰写时间为离职时间；媒体人在多个岗位流动的情况出现，本研究默认最开始离开的岗位为原任职单位。详见表4-7。

表4-7 媒体人告别话语公开细节一览表

序号	离职时间	姓名	性别	原就职单位	文本标题	文本获得渠道
1	2003年8月17日	翟明磊	男	《南方周末》		新华网安徽频道
2	2004年4月28日	高改芳	女	《21世纪经济报道》		博客中国华硕事件
3	2005年10月2日	边××	不详	《新城市报》	一个河南新闻记者的辞职报告	杨一的博客
4	2006年9月26日	许金晶	男	《第一财经日报》		博客中国
5	2006年11月17日	黄健翔	男	中央电视台	央视岗位神圣 我崩溃所以我离开	《辽宁晚报》
6	2008年10月18日	李勇	男	《法制日报》	告别圈养的记者生涯	新浪博客
7	2009年11月11日	付涛	男	《财经》金融组		新浪博客
8	2010年3月17日	王利芬	女	中央电视台	人生转型 服务社会依旧	新浪博客
9	2010年8月26日	杨桐	男	《东方今报》	而立感言：把河南的八年记者生涯画句号！	商都网
10	2010年12月13日	黄哲斌	男	《中国时报》	乘着喷射机，我离开《中国时报》	新浪博客
11	2010年12月18日	刘东华	男	《中国企业家》		新浪传媒
12	2011年11月14日	杨海鹏	男	《财经》		论坛
13	2011年12月9日	于威	男	搜狐总编辑	说再见的时候到了	新浪科技(离职邮件)
14	2012年3月23日	邱启明	男	中央电视台		凤凰网娱乐(微博被删)
15	2012年7月	刘建锋	男	《经济观察报》		白杨河的博客(乌坎事件)

续表

序号	离职时间	姓名	性别	原就职单位	文本标题	文本获得渠道
16	2012年7月31日	杨斌	男	网易		《中国青年报》
17	2012年9月3日	简光洲	男	《东方早报》	我的离开很痛苦,希望资助社会独立记者	搜狐
18	2012年9月	马东	男	中央电视台	我离开央视不是出事儿了	《新京报》
19	2013年2月28日	王克勤	男	《经济观察报》	我为什么要离开记者行业	微博
20	2013年3月4日	朗朗	男	《21世纪经济报道》		天涯社区
21	2013年3月14日	王凯	男	中央电视台		微博
22	2013年3月20日	李咏	男	中央电视台	不想干什么就不干才是真的自由	腾讯娱乐
23	2013年3月	白燕升	男	中央电视台	不怨领导 遵从内心	《北京青年报》
24	2013年4月	黄章晋	男	《凤凰周刊》执行主编	我就是来参与洗牌的	微口网
25	2013年7月10日	江雪	女	《华商报》评论部主任	每个自己 都是未来的一个起点	新浪博客
26	2013年8月2日	方可成	男	《南方周末》	再见,《南方周末》;你好,博士生活	新浪微博
27	2013年8月7日	刘洲伟	男	21世纪传媒执行总裁		新浪微博
28	2013年8月9日	杨琼文	男	《南岛晚报》		腾讯微博(海南校长开房)
29	2013年9月23日	孙礼	男	《解放军报》	我们也该在大变革中说再见了	钛媒体
30	2013年9月	王晓亮	男	《华商报》	我为什么离开《华商报》	传媒圈
31	2013年11月27日	王青雷	男	中央电视台	告别央视:留给这个时代的一些"真话"	博客中国
32	2013年12月16日	庞皎明	男	《新世纪》周刊	邵氏"弃儿"采写记者离职幕后:曾三换姓名	《新世纪》周刊
33	2014年1月22日	朱学东	男	《中国周刊》		微博
34	2014年3月10日	李铁	男	《财经天下》		《中国青年报》
35	2014年4月1日	曹筠武	男	《南方周末》		微博

续表

序号	离职时间	姓名	性别	原就职单位	文本标题	文本获得渠道
36	2014 年	张俊彦	男	《南方周末》		记者网
37	2014 年 6 月 22 日	何超	男	《华商报》	"我们最大的敌人是自己"	博客
38	2014 年 8 月 6 日	赵莹	女	网易总编辑	告别感恩与感谢	内部邮件
39	2014 年 8 月 9 日	刘建宏	男	中央电视台		微博
40	2014 年 8 月 12 日	王涛	男	中央电视台		微博
41	2014 年 8 月 19 日	麻宁	女	中央电视台		微博
42	2014 年 9 月 19 日	田颖	女	《新京报》	这个社会制度不配有优秀的记者	微口网
43	2014 年 10 月 17 日	张国栋	男	《南方都市报》	和泪埋葬理想	腾讯微博
44	2014 年 11 月 8 日	罗昌平	男	《财经》副主编	再不创业,就要老了	个人微信公众号
45	2014 年 12 月 21 日	朱伟	男	《三联生活周刊》		微博
46	2015 年 1 月 8 日	陈朝华	男	《南方都市报》		微博
47	2015 年 1 月 14 日	张力奋	男	FT 中文网		微博
48	2015 年 3 月 24 日	罗勇	男	《中国远程教育》	6 年记者生涯有我最美好的青春	微信公众号
49	2015 年 4 月 28 日	岳淼	男	《环球企业家》执行主编		微博及朋友圈
50	2015 年 5 月 22 日	闾丘露薇	女	凤凰卫视	告别一个自己	腾讯大家
51	2015 年 6 月 6 日	康少见	男	《京华时报》深度报道部主任	又一个深度部分崩,一个深度部主任离职	刺猬公社
52	2015 年 6 月 7 日	秦朔	男	《第一财经日报》	总编辑最后一个"看门狗"也走了(吴晓波写)	百度百家
53	2015 年 6 月 18 日	封新城	男	《新周刊》执行主编		微博
54	2015 年 7 月 24 日	杨柳	男	中央电视台		微博
55	2015 年 7 月 31 日	郭光东	男	博雅天下		凤凰财经
56	2015 年 8 月 5 日	李小萌	女	中央电视台		微博
57	2015 年 8 月 6 日	康钊	男	新浪	奔跑吧,兄弟	公众号"康钊耍刀"
58	2015 年 8 月 10 日	张寒	女	《新京报》深度报道部副主编		朋友圈

续表

序号	离职时间	姓名	性别	原就职单位	文本标题	文本获得渠道
59	2015年8月28日	申方剑	男	中央电视台		微博
60	2015年9月10日	朱建	男	《都市快报》总编辑	告白	公开声明
61	2015年9月23日	胡赳赳	男	《新周刊》主笔	我为什么离开《新周刊》?	搜狐文化
62	2015年10月8日	姚长盛	男	北京电视台财经主持人		朋友圈
63	2015年11月9日	范卫锋	男	《证券时报》	我是"范奔跑",不是"范跑跑"	高樟资本的公众号
64	2015年11月10日	曾湉	女	中央电视台	告别央视,做个有情怀的疯子	微博
65	2015年11月12日	刘炳路	男	《新京报》副总编辑	来自炳路的告别信	内部告别信
66	2015年11月17日	彭玲玲	女	九派新闻	告别武汉:不畏将来 不念过往	辞职报告
67	2015年11月27日	龙志	男	网易新媒体		朋友圈
68	2015年11月	李洪洋	男	《北京日报》副社长	我的离开是自然	爱微帮
69	2015年12月2日	徐列	男	《南方人物周刊》		澎湃新闻
70	2015年12月23日	青音	女	中央人民广播电台	再见,中央台!再见,广播!	朋友圈
71	2015年12月25日	卞君君	男	新华社	Goodbye 新华社,再不走我就老了	传媒圈
72	2015年9月2日	郎永淳	男	中央电视台		微博
74	2015年9月14日	武卿	女	中央电视台	告别《焦点访谈》我创业了,临了有些真话想说	蓝鲸微信公众号
75	2015年9月9日	张泉灵	女	中央电视台	生命的后半段	微博
76	2015年11月1日	赵普	男	中央电视台		微博
77	2016年1月1日	张洁	男	中央电视台		微博

(一) 文本发布者身份特征:知名记者告白更多

77 份样本中男女比例较为悬殊,其中只有 14 位是女性。较为熟悉媒体行业的人可以发现,这些文本发布者本身就有一定的知名度,在行业内取得了一定的地位和成就。只有极个别因为偶然因素爆红,比如:九派新闻的彭玲玲,一句"我的胸太大,这里装不下"成为网络热词,使这个名不见经传的媒体人成为"离职记者"的代表。通过表4-7还可以发现,中央电视台、南方报业中离职人员较多,媒体人出走的单位既有传统报社、电视台、杂志社,也包括搜狐、网易等较为知名的网络媒体。以上几点呈现出一种表象,即越是有名的记者,越是公众形象良好的媒体,出走的媒体人越多。但是根据对江西以及广东等地的媒体从业人员的不完全统计,现实并不支持上述结论,从这点来看,似乎知名媒体人更具备发表离职告白的动机与可能性,一个可能的解释就是,他们需要离职告白来解释他们离职的行为和动机,他们更需要人们从社会上对他们的离职行为加以承认,离职告白作为一种仪式表达,其出现并非偶然。

(二)文本发布的时间趋势:自媒体产生后急剧增多

从时间来看,2003—2009年,离职人员较少;2010年始,离职人员数量开始呈增加趋势,2011、2013年略有起伏,仅2015年就多达31人,接近样本的百分之四十。这种现象的出现与互联网发展趋势呈正相关关系。随着自媒体的发展壮大,媒体人离开时不再沉默,社交媒体的信息快速传播使得知名媒体人无法回避离职行为。如果说此前媒体人离职告白(如翟明磊的辞职信等)更多的是一种抗争,那么社交媒体发达之后的媒体人离职告白更多的是对关注的一种回应。见图4-15。

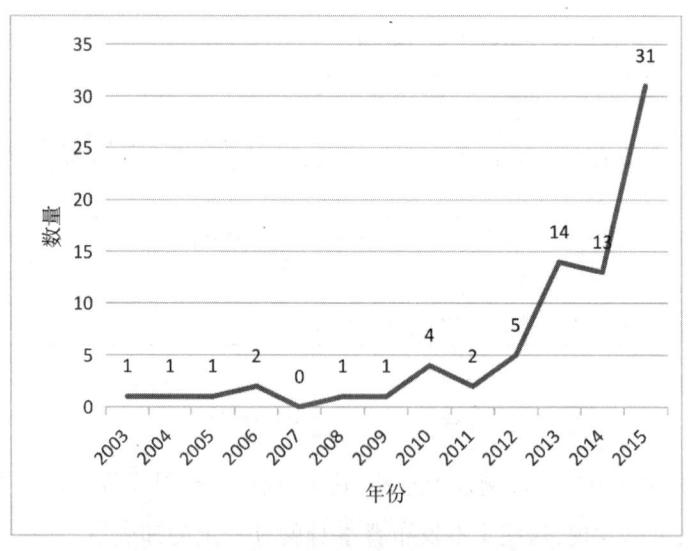

图4-15 媒体人离职告白发布时间分布图

媒体人离职告白之所以于2015年呈现出"集中爆发"的特点，与我国社会经济发展转型、媒体转型以及人们从业心态浮躁密切相关。两种转型既冲击了媒体行业，亦为媒体从业人员提供了更大的发展空间，浮躁的心态让媒体人的转型更加频繁，也让媒体人从进入媒体行业到离开媒体行业的时间更短，作为一种具有公共性特征的离职文本便出现了。事实上，任何行业群体正常的工作流动和行业调换均较为多见，只不过在传统媒体向新媒体转型的过程中，相较于过去，媒体人的行业转换变多，这与媒体人的职业认知、新闻操作与商业运作之间巨大的差距不无关系。

(三) 文本获得渠道分布：网站与微博最多

从获得离职告白文本的渠道来看，网站、微博、博客排前三名，朋友圈可能因私密性没有大范围流传于网络。众多网站的紧密采访和积极跟进体现出媒体人自身已成为重要的媒体内容，也反映出传媒对此类问题的关注。通过文本分析，我们发现一个重要新特征，有媒体人将告别话语首发于自己即将经营的个人微信公众号之中，试图通过这种方式带动个人公众号人气，借此希望人们以一种全新的眼光来看待自己，实现自我的职业转换。见图4-16。

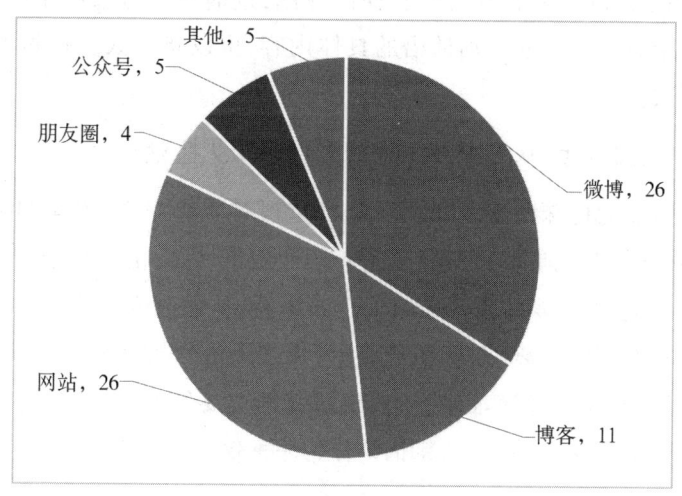

图4-16 媒体人告白发布载体分布图

四、媒体人告别话语仪式过渡的特征

特纳认为仪式具有过渡的作用，通过仪式，人们能从一种身份过渡到另外一种身份，"把自己从固有的社会角色中分离出来，在过渡中打破结构与规则、调整自身"①。记者的离职告别话语实际上就是这样的一种仪式过程，媒体人通过这种形式将自己从原有单位、原有角色和角色期待中分离出来，利用告白调整自身社会角色，摆脱了传统的单位管理和形象束缚，以此为开端，准备进行下一阶段的社会活动。

范·杰内普认为典型的仪式可以分为分离、过渡和整合三个阶段。② 虽然记者简短的告别话语并未呈现出固定特征，但是内容翔实和文本细腻的告别话语通常呈现"感谢—反思—期待"三段式结构，将记者的心理活动呈现出来。作为一种象征性表达，离职告白只是融入新单位、新行业的一种手段而已，它们并不具备完整的"分离、过渡和聚合"过程，但记者们在话语中却体现出自己对媒体的认知和价值观，将自己与过去工作的某些内容分离开来，又将自己的某些经验与感知保留下来，从这个意义上来看，记者们更多的是一种身份告别而非理念告别：感谢过去是为了更好地与原有身份告别；反思当下的问题来解释身份转换的原因，进而获得过渡的空间；期待用来开启下个身份。根据告别话语的具体内容，可以将个人身份过渡分为以下几个层次：

(一)认知过渡：从追求新闻理想到追求个人生活

传媒行业的特殊性导致从业者非常重视对职业操守、团体和组织的认同，表现在认知上就是以"理想"来进行职业叙事，然而由于社会转型和媒体内容出现冲突，部分媒体人开始追求个人生活，从而改变自我的认知。认知过渡是一种剧烈的过渡，表现在言辞上，媒体人的告别话语呈现两种极端，要么言辞激烈，要么隐晦难懂。"仪式研究的首要任务，是掌握仪式中每一个象征或隐喻的含义"③，将告别话语作为一种仪式来认知，要求我们掌握这

---

① 韦冬妮.维克多·特纳及其仪式理论[D].中央民族大学,2010.
② 特纳.仪式过程：结构与反结构[M].黄剑波,柳博赟,译.北京：中国人民大学出版社,2007:95.
③ 吴乔.仪式的要素与仪式研究：以国内个案对国外人类学仪式理论的再探讨[J].世界民族,2013(5):20-31.

些话语背后的象征和隐喻。任何问题的产生均源自矛盾,媒体人的改变亦是如此。从离职告白文本来看,矛盾有两种:一种是观念层面的矛盾,另一种是利益层面的矛盾。在离职文本中,观念层面的矛盾往往呈现得较为明显,利益层面的矛盾相对较为隐讳。原因亦可想象,利益具有明显的私人性,而观念则具有公共性,因此公共表达中观念层面的内容较多,而私人表达中则利益层面的内容较多。

从离职告白文本发布的原因来看,媒体人与机构冲突越激烈,其话语的公共性特征便越明显,此时追求新闻理想、抨击新闻机构的话语便多,其语言中愤怒与怀旧并行,怀旧具有明显代替愤怒的特征。在新旧媒体碰撞激烈之时,传统媒体经营出现困难之时,媒体人的告别便显得无奈,此时利益性话语便成为公共性话语,在离职告白文本中所见较多。无论如何,对于新闻人而言,放弃新闻理想,选择其他职业是一个改变认知、内心痛苦的过程,个体选择一定的外在因素进行归因亦在情理之中。

(二)情感过渡:从认同新闻职业到疏远新闻职业

媒体人对媒体事业的感知存在一个从陌生到熟悉的过程,陌生是一种期待,而熟悉则是期待破灭的过程。不少媒体人在熟悉媒体操作之后,虽有期待破灭,但视其为正常的新闻规范,只是个体生活方式不适应而已,此时意识就会指导个人做出相应行动。这种意识指导下的告别话语整体呈现温和理性的基调,因为人的思想会随着社会经历不断变化,媒体人在长期的实践中逐渐建立新的职业观、人生观和价值观。这种过渡的实质是一段正常的成长,媒体人往往选择告别媒体舞台,明确表明不再从事媒体工作,一般选择回归家庭、从事新闻教育、转型为其他行业。

方可成在微博中写道,"这个选择基本等于告别职业媒体人的生涯,转而投身学界。不过,这不是一次凭空的跳跃,而是一次自然的转向"[1],在解释离职原因的同时,明确向公众传达了即将赴美读博,由媒体人转为学习者;李小萌微博写着"我现在就是把重心放在家和孩子上",回应了网络众多猜测,这种广而告之的话语减少了信息的不稳定性;郎永淳以"历史永远要铭记"彻底告别中央电视台。这些媒体人的告别话语首要功能是平复网络谣言,其次是让大众看到了不一样和更真实的媒体人,传达出媒体人作为普

---

[1] 微博中的引用只标明作者来源,未标明具体引用来源,下同。

通人的正常情感。

(三)行为过渡:从新闻话语到商业话语

在众多的离职者中,可以发现很大一部分人选择了加入新媒体或开创属于自己的事业。在这些人的告别话语中,既会对自己的过往进行诀别以实现身份过渡,也会对新的身份进行宣传。行为过渡的媒体人通常依靠在原有身份中积累的社会关系重新开启一段职业生涯,这种过渡立足于媒体人自身思维与想法的改变,并未彻底离开媒体行业,仅仅是转换了地方和方式而已。它的形式一般是从传统转型到新媒体领域,或者是从央视转到其他媒体工作,前者是大势所趋,后者是普遍形态。

走在信息前沿的媒体人往往能看到社会发展的大方向,他们敏锐的判断力会促使他们尝试新的事物。杨斌在谈及离职原因时直白表达"就职业经理人这一行来说已经基本触到了天花板,再往上走的可能性很小;即便提升了,工作也是同质的、重复的——这时候,创业就成为必然选择"①,这种流动是基于正常的职业变动;何超直言"大势已去,平媒必死",他的离别赠言立足于对媒体经营的理智分析,明确表达"彻底离开传媒圈,踏上自己的转型之路"②;张泉灵"跳出鱼缸去冒险"③,从主持人转为基金合伙人。行为过渡的关键要素是告白话语的公共化,不同于此前的私下和默默离开,媒体人公开且高调地谈论离职计划和去向,至此过渡仪式已经完成,通常情况下仪式主体已经无法再回到从前。

五、记者个体身份转换对媒体行业规则的冲击

每个人离开原有媒体行业的原因各不相同,但基本可以归为以下几种:第一,精神得不到满足:个人新闻理想得不到实现,职业信念受到冲击;第二,生存得不到保障:薪酬难以满足自身生存,所处工作环境对自身产生危害;第三,发展前景不明朗:体制禁锢下举步维艰,现有地位难有上升空间;

---

① 记者节,看看那些辞职创了业的名记们[EB/OL]. (2015-11-08)[2016-04-11]. http://www.managershare.com/post/216648.
② 最大的敌人是自己:谈十字路口处平媒的出路[EB/OL]. (2014-06-22)[2016-04-11]. https://www.36kr.com/p/1641890955265.
③ 张泉灵. 生命的后半段[EB/OL]. (2015-09-09)[2016-04-11]. http://weibo.com/p/1001603885072209044487.

第四,自身家庭、身体健康问题影响工作,意外事件使形象尽毁。这些因素导致媒体人的告别话语既有撕心裂肺,也有温情脉脉。告别话语作为一种个人情感的表达原本应当是媒体人的私人信息,但由于媒体行业的特殊性以及社交媒体的发达,这些文本在公众场合被解读,获得了大量的公共注意力,进而由私人文本转化成了公共文本。内容上的私密性和渠道的公开性使媒体人的身份转换对社会造成了冲击。

(一)颠覆媒体人在大众心目中的形象

传统媒体是党和政府的耳目喉舌,为社会发展提供镜鉴作用,媒体人担负着连接上下、沟通有无、进行宣传和舆论监督的功能,新闻成为真实、客观和公正的代名词,拥有极大的公信力。诚然,媒体人可以因经济利益离开新闻行业,但是媒体人大量选择"这个夏天我依然会做出改变,因为我饿"[1]"我的名声和收入完全不成正比,我连一个三流歌手、一个三流的文艺主持人都比不上"[2]"媒体人迷茫和焦虑与日俱增,逃离或许是多数人不得不选择的一条道路"(卞君君语)时,这些表达会影响公众对新闻业和媒体行业的认知。在社会差距明显扩大之时,记者们选择生活,而非理想和信念,普通公众可能并不知道的是新媒体以及其他行业对成熟新闻人才的需要,从而使得成熟新闻人有了跳槽的可能。记者的离职告白会给公众这样一个印象:新闻行业是最苦、最累而且是最危险的,以至于每年高考之后,要不要报考新闻专业成为准大学生的艰难选择。实际上各行各业的辛苦程度并未相差很多,但是经过拥有表达能力和掌握表达工具的记者们(或前记者们)的无意表达,新闻行业被妖魔化了,媒体被妖魔化了。

(二)印证人们对新闻职业道德沦丧的偏见

在媒体行业市场化进程中,社会新闻增多、严肃新闻减少以及新闻娱乐化是不争的事实,与此同时新闻人职务犯罪现象明显增多、新闻敲诈屡见报端、不断出现的假新闻,让公众从"唯媒体是听"变成了批判性地接受媒体的内容,媒体公信力略有降低,同时公众逐渐形成新闻职业道德沦丧的偏见。

---

[1] 一位揭黑穷记者的自白:如今,我们的新闻理想满目疮痍[EB/OL].(2015-10-27)[2016-04-11]. http://www.mycaijing.com.cn/news/2015/10/27/140469.html.
[2] 央视解说员申方剑辞职背后:新媒体为争夺市场死掐[EB/OL].(2015-08-30)[2016-04-11]. https://www.thepaper.cn/newsDetail_forward_1370033.

媒体人告别文本中的重要内容包括反思自身角色的定位、对媒体功能的质疑、抱怨从业过程中面临的职业困境,这些话语不但引起在职媒体人的共鸣,使在职者不再以崇高为理想,整体降低了媒体品格,而且也会给民众以印象,认为媒体人理想不再,新闻职业道德沦丧,因为"新闻从业者的观念体系和新闻价值观,是影响乃至决定其新闻生产的内在因素"①。媒体人在公开高调地离职时往往在告别话语中以"社会地位低""收入微薄""饿"作为主要原因,这些或多或少与健康的职业意识相违背,不可避免地对新闻生产造成负面影响,一片唱衰之声让更多的人对媒体丧失信心。

(三) 挑战传统媒体行业的经营

媒体行业与其他行业的重要差别在于自身的双重属性,它既是事业单位又是企业单位,传统媒体在新媒体的冲击下正在艰难地寻找自己的位置。越来越多的媒体人出走,出走的这些人往往是行业精英,具有一定的话语权或已经取得了较高的行业地位。他们的告别话语不仅是离别情感的纯粹表达,还有对传统经营模式的反思,对媒体行业走向的关切。对以央视为代表的传统媒体而言,频繁的告别意味着大量的人才流失,对以互联网为基础的新媒体而言,却是人才的大量涌入。

武卿②在离别"真话"中包括一份"央视转型研究报告",不过也有离开者从对其他行业的影响来看离职创业问题,比如江雪③认为"一个真正的媒体人,也会带着他的价值观、他对中国问题的认识,到其他行业,开枝散叶"。媒体行业运营中的问题从媒体人自我揭露的角度来看显得更沉重,行业精英纷纷走向新媒体的怀抱,打算在互联网大潮中大展身手。与此同时,对于传统媒体的贬低使得传统媒体对人才的吸引力下降,最终使得精英人才进入传统媒体的可能性减小。人才的一进一出中,压缩了传统媒体的存活空间,也造成了新媒体行业的过度开发。

离职现象在媒体行业一直存在,但随着自媒体的兴盛,记者的告别话语

---

① 张志安. 深度报道从业者的职业意识特征研究[J]. 现代传播(中国传媒大学学报),2008(5): 50-53,56.
② 武卿:告别《焦点访谈》我创业了,临了有些真话想说[EB/OL].(2015-09-11)[2016-04-11]. https://www.sohu.com/a/31540117_204852.
③ 记录者江雪:离开媒体不为创业 为了独立[EB/OL].(2015-12-22)[2016-04-11].https://news.ifeng.com/a/20151222/46786398_0.shtml.

以一种更吸引人的方式进入大众视野,这种方式较其他辞职方式更激烈、更残酷,在某种意义上斩断了媒体人的后路。通过这样一次公开的仪式,媒体人彻底告别了过去,走向了新的人生道路,实现了自我的身份转换与过渡。在另一层面上,离职记者们将这个行业和自身置于公共空间之中,一定程度上颠覆了媒体和记者在公众心目中的神圣形象。从这个意义上来看,离职记者完成了个人的身份转换,却将负面的评价留给了整个媒体行业,在一定程度上导致行业形象变差,行业规则塌陷。

传统媒体目前正处于转型和融合的阵痛之中,媒体人和传统媒体行业一时迷失,找不到发展的方向,发现不了出路,亦在情理之中,然而一旦支撑行业发展的规则塌陷,则媒体行业发展之路势难平顺。此时强化新闻价值观建设,强化新媒体时代职业伦理道德的建设便显得尤为重要。就记者价值定位而言,进行"信息校正和关系校正"[①]是其职责;就媒体圈而言,其中的一个重要方式便是增强文化自信,不至于长期以来形成的社会文化以及新闻文化轻而易举地被新媒体冲垮,从而建立符合我国当前发展阶段的新闻价值观;就整个社会而言,目前自媒体相当发达,关于新闻行业内部的相关信息不时出现,却缺乏相应的媒介批判,从而导致部分信息单向传播,使得民众丧失批判性,因而建构符合新媒体信息传播特征的媒介批判文化亦能有效阻止此类信息的侵袭。

---

① 刘枫.自媒体时代记者的价值定位:信息校正和关系校正[J].编辑之友,2016(5):47-49,69.

第五章 传统媒体评论员的职业状态与评论认知

传统媒体新闻评论表达者是当前新闻评论表达的主要力量,也是坚守传统新闻评论表达模式的重要力量,对这类群体进行分析,可以了解其生存现状和思想现状等多方面内容。本部分主要采用三种方式获知相关信息,一是通过资料搜集,了解当前传统媒体新闻评论主体的基本构成;二是通过微博分析当前传统媒体新闻评论表达主体的新媒体使用状况;三是通过深度访谈,了解传统媒体新闻评论员的社会环境感知、新闻评论认知以及价值观念。

第一节 新闻评论表达者基本情况[①]

目前,传统媒体在新闻评论方面有较大影响力的主要是《人民日报》《中国青年报》《新京报》《南方都市报》《光明日报》《北京青年报》和新华社、凤凰评论、搜狐评论、网易评论、红辣椒评论、腾讯大家、澎湃评论、沸腾、侠客岛、浪潮工作室、团结湖参考等。

为了解传统媒体评论员的基本情况、分布状况及其将来的转向趋势,我们从全国选取知名纸媒的评论版,以及电视媒体中的评论节目,于全国范围内各大新闻评论赛事中挑选符合我们研究要求的评论员,并收集评论员的个人经历、所在单位、评论领域、评论取向等资料。在剔除以集体名称命名的评论员后,筛选出121位评论员作为研究样本。通过内容分析法了解他们的行业领域经历、评论工作经历、评论领域、评论取向、是否有自媒体转向、是否(曾)任评论部主任/(副主任)6个类目。其中,是否(曾)任评论部主任/(副主任)类目和其他类合并分析,不单独列出。

[①] 胡沈明,罗祎文.转型期新闻评论员的职业理念与职业流动状态:基于121位评论员经历的计量统计分析[J].西部学刊,2019(1):36-40.

在完成了对 121 个样本的编码后,得到 121 条数据,共计 726 个数据项,通过使用 SPSS for Windows 22.0 对相关数据进行分析总结,获得以下资料。

一、行业领域经历

统计结果显示,在样本数据中,始终在新闻评论领域中的评论员占73.6%,从其他行业转到评论领域的评论员占 26.4%。前者在评论员中占绝大多数,这反映了新闻评论员在成为评论员之前,近三成具有其他行业的经历,也就是说,是从其他行业转到新闻评论领域的。在这 32 位从其他行业转到新闻评论领域的评论员中,有 9 位(28%)是从新闻采写记者转到新闻评论领域的;来自国企、公务员行业,占比达 22%;有文学出版创作背景的评论员比例达 13%;高校、科研机构行业的评论员比例占 10%;来自中小学教师、公司的评论员均占 9%;此外,还有来自军队和编导行业的传统媒体评论员。见表5-1、图 5-1。

表 5-1 评论员行业领域经历

		次数	百分比(%)	有效的百分比(%)	累计百分比(%)
有效	始终在新闻评论领域	89	73.6	73.6	73.6
	从其他行业转到评论领域	32	26.4	26.4	100.0
	总计	121	100.0	100.0	

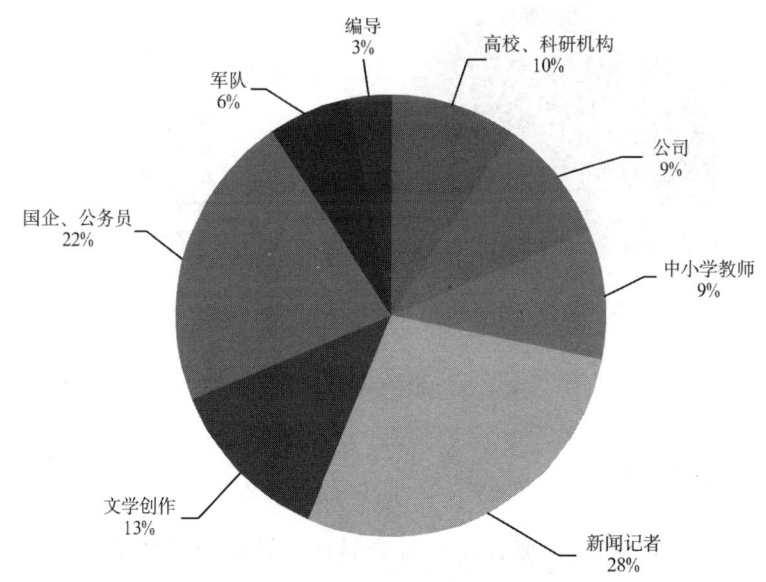

图 5-1 评论员行业背景分布图

二、评论工作经历

在评论工作经历方面,仅从事新闻评论(包括后期各种媒体形态中的评论)评论员的占比达到66.1%,他们以新闻评论作为主业。从事其他工作,将新闻评论工作当作副业,或拥有其他副业的评论员占33.9%。其中,同时担任新闻采写(记者)、媒体策划的评论员居多,占比29%;转向互联网公司的评论员比例达到22%。但从评论员的个人经历来看,从新闻评论领域转到互联网公司后不再进行评论工作的居多。此外,转到文学、出版行业的评论员达到17%,到媒体公司当总编或总裁的评论员也有15%,他们从事着媒介经营管理工作。还有10%的传统媒体评论员创业成功,7%的评论员走进了教师行业。见表5-2、图5-2。

表 5-2 评论工作经历

		次数	百分比(%)	有效的百分比(%)	累计百分比(%)
有效	仅从事新闻评论工作	80	66.1	66.1	66.1
	同时从事其他工作	41	33.9	33.9	100.0
	总计	121	100.0	100.0	

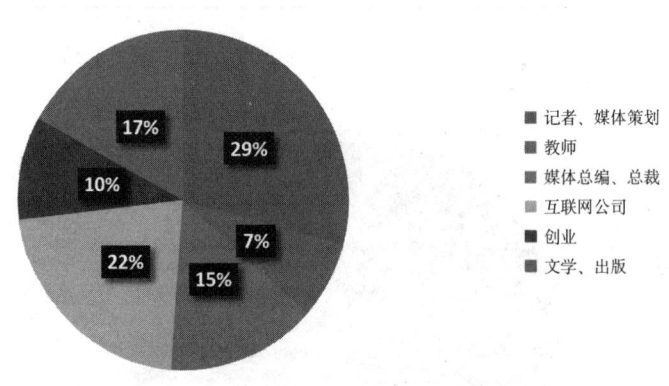

图 5-2 评论员专业分布图

三、评论领域

在评论领域方面,主要评论领域为时评的评论员数量最多,占比达到61.2%,高于其余三个领域的总和。主要评论领域为政论、财经新闻评论、科技教育文化类评论的评论员数量相差不多,分别为 14.9%、13.2% 和 10.7%。见表 5-3。

表 5-3 评论领域

		次数	百分比(%)	有效的百分比(%)	累计百分比(%)
有效	时评	74	61.2	61.2	61.2
	政论	18	14.9	14.9	76.0
	财经新闻评论	16	13.2	13.2	89.3
	科技教育文化类评论	13	10.7	10.7	100.0
	总计	121	100.0	100.0	

科技教育文化类评论多为提供知识类的新闻评论员,政论中鲜有提供知识的新闻评论员。思想宣传取向的新闻评论员很少涉及财经新闻和科技教育文化类评论领域。评论取向为批判的新闻评论员同样较少涉及财经新闻和科技教育文化类评论领域。见图 5-3。

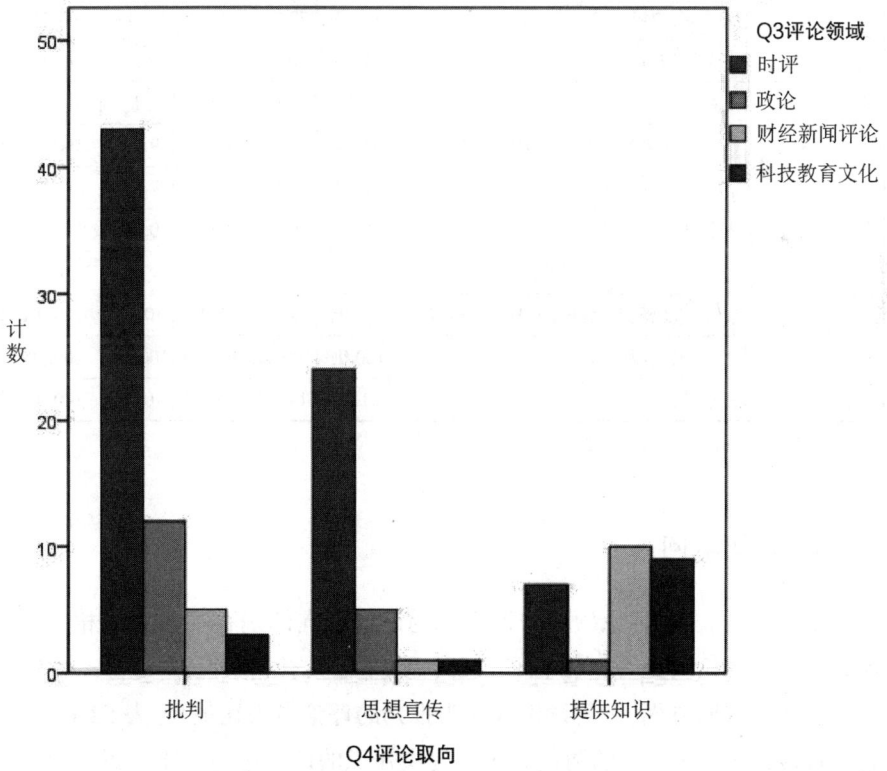

图 5-3 评论员评论取向分布图

根据卡方检验结果得出,评论领域与评论员是否(曾)任评论部(副)主任具有相关性。在数据样本中,财经新闻领域没有评论员从事新闻评论主任的工作。时评和政论领域的评论员当评论部主任或副主任的较多,科技教育文化领域任评论部主任或副主任的较少。此外,从总量上看,尽管当评论部主任或副主任的主要为时评领域的评论员,但绝大部分时评领域的评论员都没有任此职位。值得一提的是,政论类领域的评论员虽然数量相对不多,但任职评论部主任或副主任的比例最大。见表5-4。

表5-4 评论领域与评论员是否(曾)任评论部(副)主任交叉表

			Q3 评论领域				总计
			时评	政论	财经新闻评论	科技教育文化文类评论	
Q6 是否(曾)任评论部(副)主任	否	计数	69	13	16	12	110
		Q6 是否(曾)任评论部(副)主任(%)	62.7%	11.8%	14.5%	10.9%	100.0%
		Q3 评论领域(%)	93.2%	72.2%	100.0%	92.3%	90.9%
		占总计的百分比	57.0%	10.7%	13.2%	9.9%	90.9%
	是	计数	5	5	0	1	11
		Q6 是否(曾)任评论部(副)主任(%)	45.5%	45.5%	0.0%	9.1%	100.0%
		Q3 评论领域(%)	6.8%	27.8%	0.0%	7.7%	9.1%
		占总计的百分比	4.1%	4.1%	0.0%	0.8%	9.1%
总计		计数	74	18	16	13	121
		Q6 是否(曾)任评论部(副)主任(%)	61.2%	14.9%	13.2%	10.7%	100.0%
		Q3 评论领域(%)	100.0%	100.0%	100.0%	100.0%	100.0%
		占总计的百分比	61.2%	14.9%	13.2%	10.7%	100.0%

$\chi^2 = 9.724$　d.f. $= 3$　p. $= 0.021$

四、评论取向

相关数据表明,评论领域与评论员的评论取向的确存在显著的相关性;评论领域与评论员是否(曾)任评论部(副)主任具有相关性。

在评论取向方面,主要评论取向为批判的评论员占比最高,为52.1%,是思想宣传评论(25.6%)的两倍。主要提供知识的评论包括法律知识、金融财经知识、科技知识等评论的评论员比例为22.3%。见表5-5。

表5-5 评论取向

		次数	百分比(%)	有效的百分比(%)	累计百分比(%)
有效	批判	63	52.1	52.1	52.1
	思想宣传	31	25.6	25.6	77.7
	提供知识	27	22.3	22.3	100.0
	总计	121	100.0	100.0	

通过卡方检测结果得出,评论领域与评论员的评论取向的确存在显著相关性。见表5-6。其中,评论取向为批判的评论员,多关注时评,评论取向为思想宣传的评论员所在领域也多为时评。以提供知识为评论取向的评论员,多分布在财经新闻评论领域。而工作经历与评论取向没有相关性。通过交叉表卡方检验结果得出,行业领域经历与评论员的评论取向 sig 值为 0.376,两者无相关性。评论工作经历与评论员的评论取向 sig 值为 0.182,两者无相关性。见表5-6。

表5-6 评论领域与评论取向交叉表

			Q3 评论领域				总计
			时评	政论	财经新闻评论	科技教育文化类评论	
Q4 评论取向	提供知识	计数	7	1	10	9	27
		Q4 评论取向内的百分比	25.9%	3.7%	37.0%	33.3%	100.0%
		Q3 评论领域内的百分比	9.5%	5.6%	62.5%	69.2%	22.3%
		占总计的百分比	5.8%	0.8%	8.3%	7.4%	22.3%
	思想宣传	计数	24	5	1	1	31
		Q4 评论取向内的百分比	77.4%	16.1%	3.2%	3.2%	100.0%
		Q3 评论领域内的百分比	32.4%	27.8%	6.3%	7.7%	25.6%
		占总计的百分比	19.8%	4.1%	0.8%	0.8%	25.6%
	批判	计数	43	12	5	3	63
		Q4 评论取向内的百分比	68.3%	19.0%	7.9%	4.8%	100.0%
		Q3 评论领域内的百分比	58.1%	66.7%	31.3%	23.1%	52.1%
		占总计的百分比	35.5%	9.9%	4.1%	2.5%	52.1%

续表

		Q3 评论领域				总计
		时评	政论	财经新闻评论	科技教育文化类评论	
总计	计数	74	18	16	13	121
	Q4 评论取向内的百分比	61.2%	14.9%	13.2%	10.7%	100.0%
	Q3 评论领域内的百分比	100.0%	100.0%	100.0%	100.0%	100.0%
	占总计的百分比	61.2%	14.9%	13.2%	10.7%	100.0%

$\chi^2 = 42.182 \quad d.f. = 6 \quad p. = 0.000$

五、自媒体转向

在是否有自媒体转向上，评论员将主要精力转向自媒体，即有属于自己且被公众知晓的自媒体平台发表评论的状况。在样本数据中，66.9%的传统媒体评论员没有自媒体转向，只有33.1%的评论员有自媒体转向。见表5-7。

表5-7　是否有自媒体转向

		次数	百分比(%)	有效的百分比(%)	累计百分比(%)
有效	否	81	66.9	66.9	66.9
	是	40	33.1	33.1	100.0
	总计	121	100.0	100.0	

通过对比传统媒体评论员的行业背景和专业程度，我们发现，在这个群体中，从参加工作以来一直在新闻评论领域，只从事新闻评论工作，且没有自媒体转向的传统媒体新闻评论员只有33%，我们将之称为"纯粹新闻评论员"。由此可见，纯粹新闻评论员的数量不多。新闻表达的主体流动性大，67%的传统媒体评论员在其他行业和评论员行业之间流动，且不稳定。见图5-4。

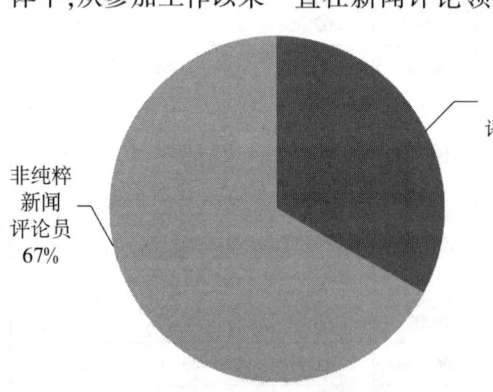

图5-4　评论员专业化程度分布图

评论工作经历与评论员的自媒体转向无相关性。通过检验结果得出，行业领域经历与评论员的自媒体转向 sig 值为 0.853，两者无相关性。评论工作经历与评论员的自媒体转向 sig 值为 0.855，两者无相关性。见表 5-8。

表 5-8　行业领域经历与是否有自媒体转向交叉列表

				Q2 评论工作经历		总计
	Q5 是否有自媒体转向			仅从事新闻评论工作	同时从事其他工作	
是	Q1 行业领域经历	始终在新闻评论领域	计数	21	8	29
			Q1 行业领域经历内的百分比	72.4%	27.6%	100.0%
			Q2 评论工作经历内的百分比	80.8%	57.1%	72.5%
			占总计的百分比	52.5%	20.0%	72.5%
		从其他行业转到评论领域	计数	5	6	11
			Q1 行业领域经历内的百分比	45.5%	54.5%	100.0%
			Q2 评论工作经历内的百分比	19.2%	42.9%	27.5%
			占总计的百分比	12.5%	15.0%	27.5%
	总计		计数	26	14	40
			Q1 行业领域经历内的百分比	65.0%	35.0%	100.0%
			Q2 评论工作经历内的百分比	100.0%	100.0%	100.0%
			占总计的百分比	65.0%	35.0%	100.0%
否	Q1 行业领域经历	始终在新闻评论领域	计数	41	19	60
			Q1 行业领域经历内的百分比	68.3%	31.7%	100.0%
			Q2 评论工作经历内的百分比	75.9%	70.4%	74.1%
			占总计的百分比	50.6%	23.5%	74.1%
		从其他行业转到评论领域	计数	13	8	21
			Q1 行业领域经历内的百分比	61.9%	38.1%	100.0%
			Q2 评论工作经历内的百分比	24.1%	29.6%	25.9%
			占总计的百分比	16.0%	9.9%	25.9%
	总计		计数	54	27	81
			Q1 行业领域经历内的百分比	66.7%	33.3%	100.0%
			Q2 评论工作经历内的百分比	100.0%	100.0%	100.0%
			占总计的百分比	66.7%	33.3%	100.0%

续表

Q5 是否有自媒体转向			Q2 评论工作经历		总计
			仅从事新闻评论工作	同时从事其他工作	
总计	Q1 行业领域经历	始终在新闻评论领域	计数	62	27	89
			Q1 行业领域经历内的百分比	69.7%	30.3%	100.0%
			Q2 评论工作经历内的百分比	77.5%	65.9%	73.6%
			占总计的百分比	51.2%	22.3%	73.6%
		从其他行业转到评论领域	计数	18	14	32
			Q1 行业领域经历内的百分比	56.3%	43.8%	100.0%
			Q2 评论工作经历内的百分比	22.5%	34.1%	26.4%
			占总计的百分比	14.9%	11.6%	26.4%
	总计		计数	80	41	121
			Q1 行业领域经历内的百分比	66.1%	33.9%	100.0%
			Q2 评论工作经历内的百分比	100.0%	100.0%	100.0%
			占总计的百分比	66.1%	33.9%	100.0%

传统媒体评论员的整体特征为：始终在新闻评论领域、仅从事评论工作、评论取向为批判、评论领域多为时评、仅少数评论员没有自媒体转向[①]、没有评论部主任或副主任任职经历的传统媒体评论员占绝大多数。从传统媒体评论员的分布状态来看，行业背景中多为采写新闻的记者出身，其次为国企和公务员单位。但也有部分评论员从事若干年新闻评论的同时还担任采写任务，且不少媒体人转向了互联网公司和媒体公司，其中有部分担任总裁或总编一职。也有少数传统媒体评论人员创业成功。一直有新闻评论领域背景且专职从事评论工作，还没有自媒体转向的纯粹的传统媒体评论员只占所有评论员的三分之一，他们始终坚守在新闻评论领域，但总体而言，传统媒体评论主体的流动性相对较大。

---

① 进一步分析表明，没有自媒体转向的评论员主要是《人民日报》等大型党政机关类媒体评论员。

第二节　新闻评论表达者微博使用状况

作为重要的自媒体平台,新浪微博相对于微信公众号、百度百家号、头条号等媒体发布平台,具有发布次数不受限制、互动自由便捷等特点,这使新浪微博的社交媒体属性明显,成为重要的舆论表达和反馈场所。自媒体时代到来之前,新闻评论员针对新闻事件发表的评论文章是社会舆论的重要体现。自媒体时代,新闻评论员理论上可以接近所有的媒体平台,可以做到一篇文章多种形式、多次分发。相对而言,微博的内容发布不受限制,成为大多数评论员采用的媒体发布路径,因此微博成为传统媒体评论员转型的主要路径,评论员微博已成为微博意见的重要发源地和引导区,影响着当今微博内容生态的构建。研究发现,无论是微博主体、影响力构成、表达形式还是表达内容,都显示出商业化媒体评论员进一步向自媒体转型的趋势,在话语表达上也越来越具备表演性。

一、微博表达现状与表达规范

当前对微博话语表达的研究多集中于某个群体表达特征和新媒体话语表达自由与责任方面的探讨。

在微博表达现状方面,人们多研究某个群体在微博场域中的表达困境与出路,或是特殊群体利用微博发声的机制及微博在其中扮演的功能。杨凤娇、陈曦和锁菁认为,微博中的女性在公共话题中的表达一定程度上弥补了主流媒体在设置议题时的缺陷;[①]冯强和李孝祥研究记者在微博环境中的维权诉求时提出"意见领袖型"记者起到的是居间联络和组织动员的作用;[②]陈经超、万家驹和王忠彬发现,记者微博的身份角色会限制其话语表达;[③]胡

[①] 杨凤娇,陈曦,锁菁.微博视域下女性在社会公共话题中的话语表达:基于新浪微博对"全面二孩"的讨论[J].现代传播(中国传媒大学学报),2017(2):139-143.
[②] 冯强,李孝祥.微博动员、维权倡议与记者的利益表达机制:以"记者S被打事件"为个案[J].新闻界,2016(13):17-22,68.
[③] 陈经超,万家驹,王忠彬.认证与非认证记者微博的话语表达分析[J].广告大观(理论版),2014(1):64-74.

德平和赵静雯认为,2014年主流理论在微博场域中存在多个表达困境,需要通过形象再造、嵌入意见领袖、与受众构建关系等方式走出困境;[①]闻迪生认为《环球时报》社评融合主流话题与民间表达的实践十分珍贵;[②]罗以澄和王丹艺认为,在热点事件中,微博用户的参与行为有利于分化和重构现有的媒介权力,促进社会公平正义。[③]

然而也有一部分学者认为微博中的理性表达和严肃议题正在衰落,微博语言是一种非理性表达。张涛甫认为微博表达是一种浅性、即兴、感性的表达;[④]王君超认为,虽然微博努力构建"理想的传播情景",但是微博上仍然存在大量"扭曲的传播"阻碍表达权的实现;[⑤]张碧红认为,微博兴起于社会化的无序传播;[⑥]张梅认为,尽管微博用户在经济议题上努力实现语言上的翻转,但在多种因素的影响下,微博上经济议题仍呈现出滞留的集体主义特征;[⑦]姜利标发现,现实事件进入微博话题后,会演变成现实与虚拟话语的双重表达。[⑧]

随着使用率的不断提高,微博已经成为精英与大众、特殊群体与主流人群共同的表达空间。在传统媒体时代,评论员通过媒体本身就能获得话语优势,但在微博上,评论员获得影响力的方式更加倾向于通过特殊的表达和展示个人魅力的方式来吸引关注。

在微博表达规范方面,微博推出不久后人们便开始探讨微博表达自由的限度。王君超和郑恩在微博表达自由的初期狂欢中提出了内容把关、删除账号、内容举报等现在常用的控制方式;[⑨]李彪和郑满宁则提出微博上所

---

① 胡德平,赵静雯.主流理论在微博场域的生长空间、表达困境与发展策略[J].思想理论教育,2014(2):78-82.
② 闻迪生.《环球时报》社评:主流话题与民间表达[J].现代传播(中国传媒大学学报),2014(6):44-47.
③ 罗以澄,王丹艺.新媒体赋权语境下网民的言论表达与行动研究:以"哈尔滨天价鱼"事件为例[J].当代传播,2016(2):4-7,12.
④ 张涛甫.微博的功能限度[J].新闻记者,2011(3):54-57.
⑤ 王君超.微博的表达权及"理想传播情景"的构建[J].中国出版,2011(6):10-12.
⑥ 张碧红.从媒介工具化到媒介社会化:微博的个体表达与社会影响[J].学术研究,2012(6):49-54.
⑦ 张梅.滞留的集体主义:微博场域经济议题的社会共识现状与表达[J].新闻大学,2017(1):32-40,101,146.
⑧ 姜利标.现实事件、网络话语和双重表达:以庆安事件微博传播为个案[J].青年研究,2017(5):59-70,96.
⑨ 王君超,郑恩."微传播"与表达权:试论微博时代的表达自由[J].现代传播(中国传媒大学学报),2011(4):80-85.

谓的平等实际不是话语权平等,而是话语机会的平等;①黄朝钦和彭芳将微博用户的表达责任分为责任底线和责任愿景两个层次,认为微博用户应低调律人,高调律己。②

总的来说,在评论员微博话语表达方面,相关研究并不多见。对此加以研究,有利于我们了解其表达现状和表达问题所在,并及时做好引导。

二、样本收集与分布

本研究通过使用微博账号搜索功能查找已有的供职于传统媒体的评论员姓名,并根据已找到的评论员微博关注列表获得其他时评人的微博账号,以滚雪球方式收集一批传统媒体评论员的微博。通过筛选微博榜单2018年5月媒体博主排行榜前100中的时评博主,找到一批具有相当影响力的时评人。以这二者作为样本,共计收录117名评论员微博。

样本涵盖微博时事博主和媒体传播博主两类,主要包含正供职于媒体的评论员账号50个,具有较大影响的高校等研究机构从业者7个、其他机构9人,其中,有62个账号选择认证为个人账号,不涉及供职机构,45个账号认证所供职媒体机构,还有10人账号认证为其他非媒体机构。见图5-5。

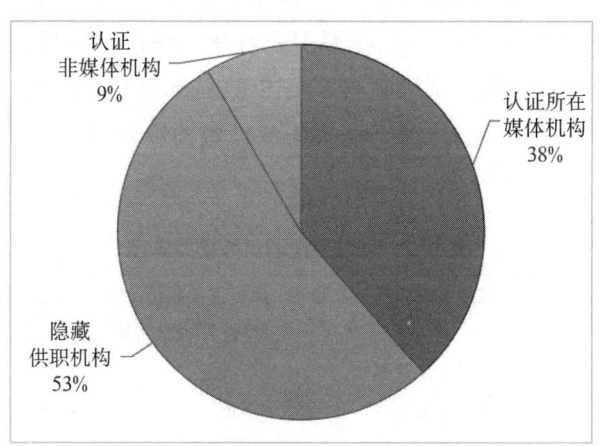

图 5-5 评论员微博供职机构认证分布图

---

① 李彪,郑满宁.从话语平权到话语再集权:社会热点事件的微博传播机制研究[J].国际新闻界,2013(7):6-15.
② 黄朝钦,彭芳.网众传播时代的表达自由与社会责任[J].当代传播,2016(2):78-82.

通过分析账号主体所供职机构可以看出，传统媒体评论员尤其是党报评论员较少以媒体身份和真实姓名开设微博账号，但商业化媒体评论员较多开设自己的账号并将其作为自媒体业务的一部分。见图5-6。

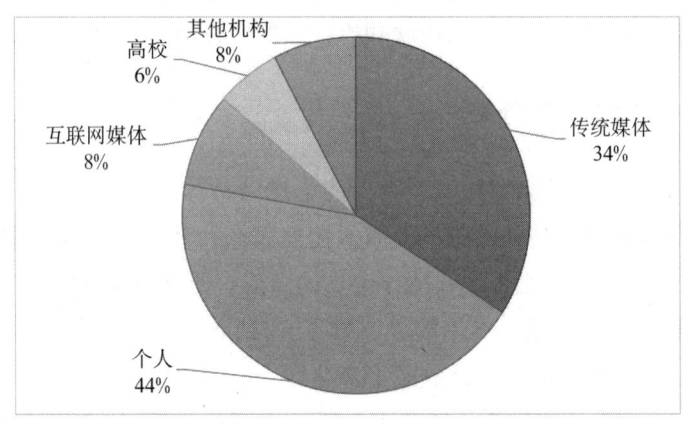

图5-6　评论员微博博主所在机构分布图

在党媒中，有迹可循的在职人民日报社评论员微博只有王石川1人，但已退休或其他部门的人员有3人。在商业化媒体中，以凤凰卫视为例，包括评论员、记者、编导等在职人员，凤凰卫视有90个粉丝数量超过1万的认证职员微博账号，34个栏目或频道官方微博，这些账号相互转发，相互补充，形成凤凰卫视庞大的微博运营矩阵，媒体成员微博账号也成为其媒体融合进程的一部分。见表5-9。

表5-9　凤凰卫视职员微博矩阵图

凤凰卫视栏目官方账号	凤凰卫视职员认证账号（万级粉丝量）	凤凰卫视职员认证账号（万级粉丝量）	凤凰卫视职员认证账号（万级粉丝量）
凤凰卫视	凤凰卫视欧洲台	杨小舒舒	曾瀞漪
凤凰卫视中文台	凤凰卫视胡玲	宋忠平	军情刘子军
时事-辩论会	凤凰卫视刘珊玲	黄海波	凤凰台北站掌门人
凤凰微新闻	凤凰卫视吕宁思	程鹤麟	宋一丹导演媒体投资人
凤凰书品	沈星	小肥杨杨娟	解解明珠
凤凰资讯榜	凤凰李淼	胡一虎	李亚蒨
走读大中华	尉迟琳嘉	判答	凤凰戚捷

续表

凤凰卫视栏目官方账号	凤凰卫视职员认证账号（万级粉丝量）	凤凰卫视职员认证账号（万级粉丝量）	凤凰卫视职员认证账号（万级粉丝量）
凤凰卫视筑梦天下	曾子墨	谢亚芳	潘玥0109
凤凰卫视名人面对面	马鼎盛	凤凰姜声扬	秦大玥童鞋
凤凰卫视美女私房菜	邱震海	worldgracefull	我叫李乐乐
中华小姐环球大赛	说吧文涛	袁一诺vivian	刘睿Crystal_
新财富报告微博	张乐Cameron	雷宇雷宇	黄庆BG4EXP
凤凰卫视文化大观园	竹幼婷IvyChu	蒋晓峰Terry	pstv徐志勋
金石财经	刘庆东	王冰汝	王菀晨
开卷八分钟	凤凰纽约庞哲	李学鹏	简福疆Jason
环球人物周刊	新闻主播李科夫	尤志东Anthony	牟洋洋
凤凰小资	凤凰卫视杜平	任韧	是张婷呀
凤凰卫视大家书斋	仝潇华	凤凰卫视张妙阳	赵妍学姐
凤凰卫视完全时尚手册	詹晟	凤凰卫视田桐	志江啊
凤凰大视野官方微博	东京小沈洋	胡野秋	LindsayLiu旭佳
凤凰全媒体全时空	许戈辉	卢琛落脚地儿	杨晨艺Heidi
凤凰卫视-中国深度财经	凤凰卫视彭诗婷	安东zaragoza	
凤凰华闻大直播	李辉	李鑫淼lixinmiao	
凤凰名人馆	东方尔雅	凤凰一木	
寰宇大战略	凤凰卫视周延	凤凰卫视黄家腾	
凤凰卫视欧洲法兰克福	黄芷渊	朱梓橦	
凤凰时事直通车微博	我是陈琳	万俊wanjun	
世纪大讲堂2012	全荃1020	凤凰顾瑷妮	
凤凰卫视健康大百科	凤凰林秀芹	田川_Lany	
凤凰卫视美洲台	凤凰李睿	凤凰图图	
凤凰卫视大地寻梦	我是叶扬	赵情晴	
凤凰卫视香港台	王纪言	陈玉佳kaka	

党媒和市场化媒体的微博认证人员差异表明，不少党媒至今尚未透彻理解新媒体的要义所在。新媒体是一个平台，在平台上各类传播主体所传播的内容都带有典型的碎片化特征，但是这些碎片合而为一又聚拢成一个庞大的媒体矩阵。有媒体曝光"量子云公司50人运营981个微信公众号，形

成了庞大的微信公众号矩阵,粉丝数量合计2.46亿,价值近38亿"①,其收益之大和员工之少令人瞠目。理论上来说,传统媒体拥有巨大的内容生产潜力,但是一般意义上,传统媒体生产的都是完整的、成体系的内容,而非碎片化的内容,最终导致其与用户的需求不相适应,进而难以赢利,也无法完成舆论引导之效。2018年,江西电视台整体运营艰难,但它的二套运行相对较好。二套的一个做法是将已有的新闻进行碎片化传播,获得了极大的收益。② 这也从另一方面证明,即便是同一内容,完整与碎片化,其传播力存在巨大差异。实际上,一个产品至少包含三个层面的要素:一是精神层面的,二是内容层面的,三是形式层面的。在某种意义上,三个层面既有相关性,又相互独立,互不干扰,即高尚、正能量的内容也可通过一般形式予以表达。正因为如此,传统媒体应鼓励从业人员开设自媒体,统一管理,实现共赢,并壮大整个专业从业人员在新媒体平台上的力量。只要媒体从业人员心态端正,时刻牢记"党媒姓党"的理念,其内容操作和形式创新便不会脱离社会主义思想舆论。

三、使用目的

在使用微博的目的上,评论员微博分为两种倾向。一种是将微博作为营销自己的一种手段和平台,这种评论员微博中常见鼓励互动的话语(如:你们觉得怎么样?为你们做了……即将去某地,有什么好吃/好玩的地方吗?或直接转发评论以激励粉丝留言)、较为偏激引起争执的话语、营销推介自己或他人产品的广告;另一种倾向则是将微博作为自留地,通常与相互关注的好友互动,相互艾特相互转发,分享生活趣事,而不注重经营微博粉丝。这两种倾向并不冲突,有时同一个账号既有紧跟时事、发布观点、吸引关注的内容,也有与好友相互转发、互动闲聊的内容。

四、影响力构成因素

在影响力上,以关注量10万,微博平均互动(转发、评论、点赞平均量)

---

① 50个编辑运营的981个公众号,38亿天价卖给一家农药企业[EB/OL]. (2018-06-08)[2018-05-25].https://www.sohu.com/a/234709702_632979.
② 此部分内容源自对江西电视台二套总监的私下交流

不低于两位数为"有影响力"的标准,在 54 个有影响力的微博账号中,有 24 人正在或曾在媒体任职,6 人为曾在传统媒体发表过评论的高校教授或研究员,有 5 人为其他职业,19 人为自媒体人。见图 5-7。

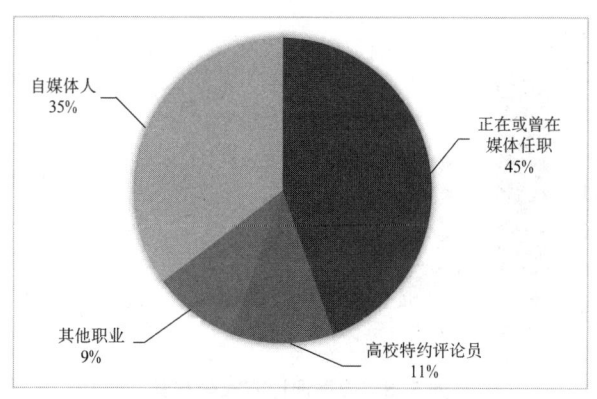

图 5-7 影响力较大评论员微博所在机构分布图

但关注量达到百万级的微博账号主体都曾在传统媒体上发表过作品或正在媒体中任职。这说明作为自媒体平台的微博账号在关注度和影响力上仍然与传统媒体勾连,评论员在传统媒体工作时的经验和积累的声誉能够提高评论员个人的社会关注度,从而提升个人微博账号的影响力。但评论员所在的媒体机构对其影响不大,如凤凰卫视评论员之间的微博关注量差距从 8 万(杜平)到 339 万(曹景行)。

影响力较大的评论员微博往往具备一个或几个以下特征:第一,评论界已经成名多年且在微博比较活跃的评论名人,如熊培云、五岳散人、盛大林、胡锡进等;第二,财经、体育、军事评论员;第三,个人存在较大争议的评论者,如陶短房、一个有点理想的记者、袁莉 wsj 等。这表明评论员微博依旧遵循"要么有用,要么有趣"的社交媒体发布规则,受所在媒体机构的影响不大。

五、表达形式

在表达形式上,评论员微博中直接发布长篇评论文章的例子并不多,多数评论员选择转载他人文章随后加以讨论,或以链接的形式发布自己的微信公众号文章、网站作品。在微博中有 30 个账号采用闲聊的方式进行评论，20 个账号以转发信息为主，5 个账号以互动评论为主，还有 2 个账号主要宣传营销，只有 1 个账号坚持发长篇评论。见图 5-8。

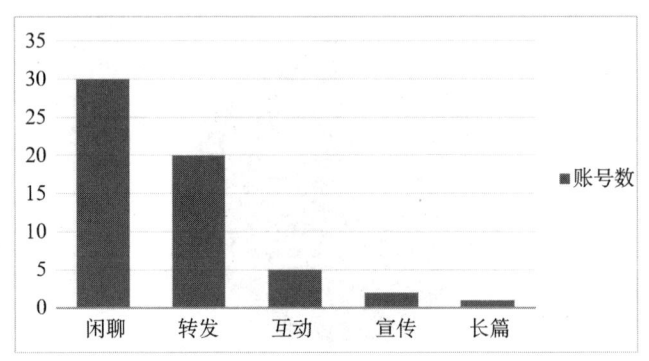

图 5-8　微博评论方式分布图

常用的微博发布形式是新闻转载+百字以内情绪化评论和一些带有补充性信息的评论微博，还有一种是将微博带上某个热点的标签，直接对热点做出精练的评论。

同时，评论员在微博中的表达还具有浓厚的表演意识。在电视评论兴起的时候，电视评论员便已经具备了表演意识，同时负载主流话语和大众话语两种语言。在微博上，评论员更加注意与微博粉丝的平等交流，较少使用权威语言，更多采用逻辑、趣味等符合社交语境的方式进行说服，有的则直接用夸张的情绪引起受众的共鸣从而达到说服效果。评论员在微博上的表达比在传统媒体上的表达情绪化和夸张。

六、表达内容

评论员微博评论主要集中在热点、时事、政治、财经领域，此外还涉及国际、舆论监督等领域。有 13 个账号主要针对政治领域进行评论，还有 13 个主要发表财经评论，监督公权力也是微博评论员的偏好。见图 5-9。

在评论情绪上，有 22 个账号以批评为主，包含社会批评、政治批评等；也有 17 个账号的评论情绪是跟随主流情绪波动的，没有特别鲜明的立场；有 9 个账号选择了调侃型的话语来柔和批判的尖锐性。不像传统新闻评论会有

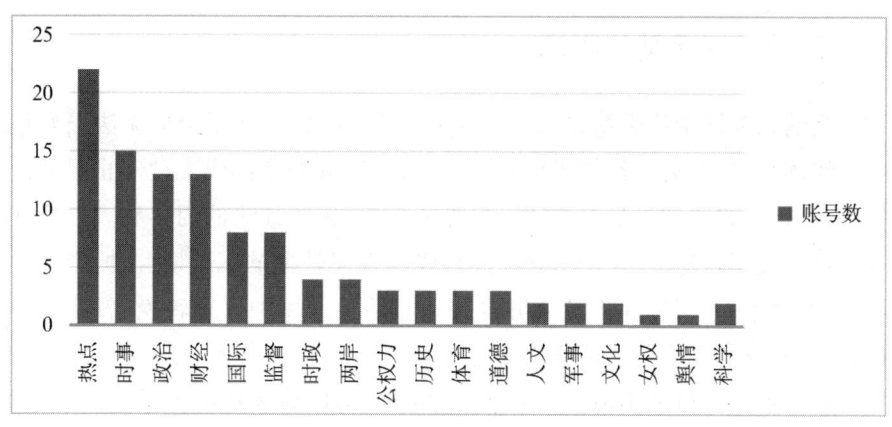

图 5-9 微博评论主题分布图

鲜明的价值取向,微博表达的价值取向较为模糊。见图 5-10。字数的限制也使得转发评论中观点与价值表达的空间缩小,微博表达的创新更多体现在语言形式和补充性内容或分析性话语中。

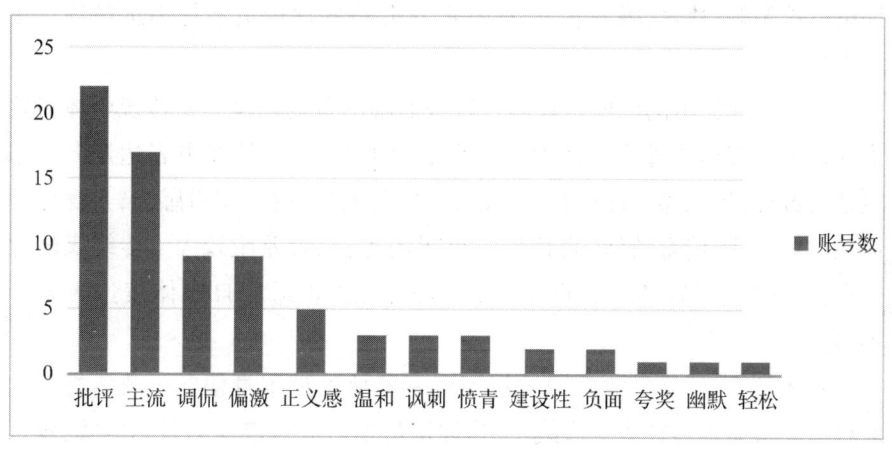

图 5-10 微博表达者评论情绪分布图

值得注意的是,微博表达虽然是观点与信息的结合,但在社会主义核心价值观上并没有突破已有的价值体系。评论员在微博上更多是表达方式的创新,在发布独家信息时往往会选择趣味、创新、突出的表达方式,以获得观者的好感。微博表达往往包含补充性信息或事件分析,并结合评论员批判或支持的观点。

七、评论员微博的困境

目前媒体评论员微博账号主要存在三种情况：一是评论员无法很好地把控媒体身份，会对工作造成负面影响，从而被关停微博或主动停止更新微博；二是传统媒体评论员没有适应自媒体环境，传统评论的内容和表达形式与微博语境不相适应，评论员处在向自媒体发展转型的瓶颈期，微博影响力不大，互动不多；三是评论员能够自如地在两种语境中进行转换，融合两种语境，在自媒体环境中依然能够成为舆论的引导者。

第一种评论员的困境主要在于无法把握自媒体表达的界限，并没有意识到写微博是一个自我暴露的过程，同时也是参与建造舆论环境的过程。评论员表达往往偏向于批判，这种倾向在传统媒体时代受到媒体编辑等把关人的限制，在社会接受的范围内进行表达。自媒体时代更倾向于自我把关，评论员在知识量、说理性等方面具有较大的优势，若无法掌握表达的限度，便容易触犯互联网表达的底线。在强化互联网言论表达管理之后，一些评论员被删帖、禁言、限制转发评论等，对此一些评论员不得不选择停止更新微博。

第二种评论员的困境是媒体人转型面临的普遍困境。从传统媒体表达走向自媒体表达的过程是从说服教育走向平等交流、从严肃表达走向娱乐表达的过程，传统媒体评论有文体范式、偏重说理、内容逻辑感强，自媒体评论无文体范式、偏重情绪、表达形式重于内容，二者差距较大。传统媒体评论员往往感叹自媒体时代严肃阅读的丧失，真正适应自媒体表达方式者不多。

总体而言，评论员的微博发展困境一是评论员本身偏向于政治批判的风格容易触及自媒体表达底线，二是评论员不适应自媒体的表达方式，难以转变表达风格使得影响力锐减。

第三节 评论主体的评论认知

通过研究新闻评论表达主体表达出来的内容，我们能大体获知其表达方法、表达内容、基本表达理念，但是我们无法获知他们在表达过程中的所思所想,对此我们选择了 20 位来自不同媒体和职业的评论写作者进行深度访谈,以期较为深入地了解他们对当前新闻评论的认知及其写作心态。访谈执行时间自 2017 年 4 月起至 2018 年 5 月结束,访谈实施人员共计 3 人。访谈包括 1 次集中访谈(2017 年召开第七届新闻评论高层论坛期间,共计访谈 10 人),1 次进入媒体实践长期观察和访谈(共计访谈 3 人,2017 年暑期完成),5 次面对面深入访谈(共计访谈 7 人,2017 年至 2018 年 5 月完成)。深度访谈对象单位及编号见表 5-10。

表 5-10 深度访谈对象单位及编号表

评论主体	媒体	编号	媒体	编号	媒体	编号
党报评论员	《人民日报》	A	《深圳特区报》	B	《潮州日报》	C
都市报评论员	《深圳晚报》	D	《新京报》	E、F	《楚天都市报》	G
评论教师	华中科技大学	H	长安大学	I	中国地质大学	J
大学生评论主体	华中科技大学	K	湖南理工学院	L	江西师范大学	M
自媒体与商业网站	凤凰网	N、O、P	微博大 V	Q、R	微信公众号	S、T
总计(20)人		7		7		6

一、新闻评论概念与表达方式认知

学者对新闻评论的概念界定大体经历了文体说、工具说和表达说三个阶段。在发展演变过程中,新闻评论逐步由政论过渡到时评,公共领域属性逐渐减弱,[1]离社会生活越来越近,与媒体相关渐弱,表达的特征日渐明显。文体说认为新闻评论是一种文体,持此论者主要有胡文龙、范荣康、丁法章、王振业等,多见于 20 世纪 80 年代传统媒体兴盛之际。持表达说的有郭步陶[2]、赵振宇、邵华泽等,除郭步陶外,此类观点多见于网络等新兴媒体盛行之际。除文体说、工具说和表达说之外,还有一种信息说。持信息说者仅见李法宝一人,他认为"新闻评论是各种大众传播媒体普遍运用的、面向受众

---

[1] 苏蕾. 从强公共性到弱公共性:我国媒体评论公共性话语建构[D].华中科技大学,2010.
[2] "把不平的事用言文的功能,使它得着公平的判断,便是评;遇着头绪纷繁的事情或问题,拿着言文的工具,把它整理得条理分明,使人不至是非倒置,便是论。"郭步陶.编辑与评论作法[M].上海:商务印书馆,1938:1.

传播的有关新近(或正在发生的)事实的意见性信息"①。文体说的主体多从新闻评论内容和新闻评论载体出发,此种论点认为新闻评论具有明确的边界和特征,对于新闻评论教学及研究者而言,此种概念认知较为恰当和方便。表达说的主体在于表达者,此种概念相应地扩充了文体说的界限,将广播电视等视听媒体纳入其中,但又以理性和效率对其加以限制,在新闻和评论二分法的传统媒体时代,这一分类亦较为清楚。表面上来看,表达说似乎是一种新的概念表述方式,但是表达说的核心依然是将评论作为一种区别于其他文体的方式。在传统媒体时代,信息说的概念界定稍显简单宽泛,从新闻评论写作教学的角度而言,不具备现实意义,但是从接受者的角度而言,它强化了新闻评论对受众的作用,避免了从表达者自我出发思考新闻评论。此外,在对新闻评论进行写作教学指导之时,王民、马少华、曹林等人不约而同地强调了新闻评论中"判断"的重要性。

从教学层面来看,在自媒体时代,无论是新闻还是新闻评论,其概念和边界均出现较大变化。不同的主体对于何为新闻评论呈现出不一样的认知。

在新闻评论教学群体中,教师认为评论的形式尽管变化很多,但实质内容并没有什么变化,新闻由头、思想、知识、论证永远是最主要的。

> 评论就是一种表达,至于表达什么,如何表达,取决于表达主体的素质,我们的评论教学就是要提高他们的这种表达素质。说到底,这种表达素质就是让别人相信他。(教师 H)

> 有时候,我们真的很困惑,我们也无法清晰地描述什么是新闻评论,因为现实变化太快了,我们在教学时的处理方式就是选择知名评论员,分析他们的作品和写作模式。为避免对学生造成负面影响,我们重点讲授评论伦理和评论者的责任,以期让学生明白评论是有价值底线的。如果非要问我什么是新闻评论,我认为就是根据新闻所做的有价值底线的公共表达。公共表达的含义有两点:一是表达必须符合基本的规范,二是表达必须有公共意识,不

---

① 李法宝.新闻评论:发现与表现[M].广州:中山大学出版社,2005:3.

能出自个人情感宣泄。总的来说,我是看重评论中的节制性因素的。(教师 I)

我一直在思考的就是评论的边界,没有边界就没有办法教学。我给它下的边界很简单,就是要有判断,要有新闻由头,表达要有效率和目的性,不能自说自话。(教师 J)

然而,在媒体中,人们的界定较多地关注新闻层面和社会层面两要素。但媒体属性也会对媒体从业人员的认知产生一定的影响。

新闻评论这个东西,很难说。新闻评论要有新闻,但是你看它只讲药酒的,是不是新闻评论呢?我也可以说它是,因为当前的这个舆论形势,大家都知道说的是什么,它省略了新闻由头,大家都知道它是根据这个由头发的评论。新闻评论既要有新闻又要有评论。新闻评论要用新闻的工具,风格要清晰,目标符合道德层面的东西,有准确的推理,能影响公众舆论并且价值观正确。(评论员 B)

我认为评论还是应该有边界的,我比较认可传统意义上的新闻评论概念,比较认可报纸上这样的新闻评论形式,其他的表达形式尽管有市场,但是我认为它们仅是产品,一种吸引人阅读的产品。新闻评论应该是一种在事实上、知识上、逻辑上有强烈论证性和建议性的文体。(评论员 C)

新闻评论是什么并不好说,我认为我们的工作就是在新闻、社会现象与公众间架起一道桥梁,当他们不理解、不认可、不知道的时候,我们通过评论将事实、问题和现象的意义揭示出来给他们看。从这个意义上来说,每篇新闻评论背后都是一个问题,而不是简单的表达。(评论员 A)

我原来也是教新闻评论的,讲了很多关于新闻评论的概念,但是实际上在现实运用中,这些概念基本上没什么用,反而是一些基本要求,如新闻性、观点性、论证性、表达效率性、做出明确判断等更加重要。至于自媒体中的新闻评论概念变化,我支持一种观点,即自媒体中的很多东西是一种融合,你如果非要去划分谁是谁的,其实是一种吃力不讨好,且没有用的努力。在新闻评论中,形式永远是次要的,关键的东西就是那么一两句话,最后体现出来的是一种思想。如果从国家主流价值观的角度来看,就是主流价值观能否切实运用到现实的新闻中,运用得好,文章就写得好,运用得不好,就变成很形式主义层面的东西了。(评论员 D)

大学生群体对何为新闻评论,往往并不是很重视,他们更关注的是什么样的文章有人接受,什么样的文章能带来收益。当然也有部分大学生表达了他们强烈的理想情绪。

新闻评论的概念,老师曾经讲过,但他们自己也说无法弄清,我们便不关注。我写作新闻评论是怀着理想而写的,我想用我的文字去改变社会,至今不变。当然,有时我也不知道我到底改变了什么,也许改变了自己吧。(大学生 K)

我不关心什么是新闻评论,我只关心我的稿子是不是符合编辑的需要,我是看着哪个媒体的稿子形式是什么样的,我就怎样写。(大学生 L)

我不知道我写的是不是新闻评论,我一般只是看到一件事情发生,心里感觉有话说,便稍做点评,顺带着讲点知识。(大学生 M)

自媒体从业者的表达相对随意,他们往往视评论为观点表达和观点交流,当作维系与粉丝间关系的一种手段。

现在的人都很浮躁,真正的新闻评论谁看呢?久而久之,大家也就不关心了。我理想中的新闻评论是具有强烈批判性的文章,无论是对社会现实、社会情绪、社会思潮还是对政府行为,都可以批判。但是现在大家都喜欢感情宣泄,我本来写别的东西的,有时某件事发生之后,有粉丝要求我发表看法,我便发表意见,没有其他的。(自媒体从业者 S)

我认为新闻评论就是那种能够强烈影响社会发展的观点性文章,至于这种观点性文章由头是什么,我想,只要我们有观点,总有一天会找到由头的。(网站评论员 P)

总体而言,对于新闻评论的概念,表达者所在单位和从业经历直接影响着他们对新闻评论的界定。在这些概念界定中,既体现出功利思维和工作思维,也体现出一定的理想思维和交流思维。有一点值得注意,大学生群体对于新闻评论概念的认知主要来源于媒体行业对形式的接受度和认可度,他们的表达更多的是一种即时功利性表达;自媒体运营者也呈现出这样一种特征,但是他们更多地从与用户交流的角度出发。

在表达方式上,随着新闻评论的媒体属性渐弱,与媒体和专业评论员表达相关的特性不再是新闻评论的核心特征,新闻评论与其他文体表达方式如杂文、点评、跟帖、留言、述评、舆情分析报告、知识分析、科普文章、理论文章甚至是学术文章的界限日渐模糊。由于主体众多,被访者也未明晰地阐述新闻评论的表达方式如何,但大体上被访者呈现出两种认知:一是严格按传统表达方式进行,强调论证;一种是依功能而行,能说服他人,传播观点、思想和情感均可。

二、新闻评论表达理想认知

新闻评论表达者的理想直接决定着其表达方式,我们了解新闻评论主体的理想对于了解他们的行为具有较大好处。媒体人的理想可以分为社会理想、职业理想和个人理想三个层面。在访谈中,大多数被访者较少谈及个人理想,他们主要谈职业理想和社会理想。总体而言,当前新闻评论表达者的表达倾向主要有三种:一是着眼于眼前的功利倾向,即表达有人关注;二是无目标的思想批判,以展现自我存在感;三是重视表达的建设性,强调改变细微之处。功利性表达多见于自媒体从业者和大学生;展现自我存在感的表达多见于基于案头工作而做的评论;而建设性表达则主要源自进行较多实地调研和采访的评论者。不过,此次调研的一个重大不足之处在于,评论表达主体在表述理想之时,往往谈及正面理想、实际操作较多,未谈及一些具有负面情绪的理想。即便有些评论主体在自媒体中表达的思想相对偏激,其在回答问题时依旧表现出不愿提及类似理想的愿望。总体而言,我们还是了解了一些理想,这些对于我们建构正确的新闻评论表达观具有较大的帮助。

> 以后达到什么样的更高的目标实际上没想过。我的经历较为复杂,种过田,做过宣传部干部,也批评过政府。但是我的批评是为了提醒。我们作为评论员也是从小事去推动,我自己首先是调研,每年都会去调研。不调研,坐在高层上看到的和实际是不相符的。现在大多数评论员都是站在高处,如果不到下面去调查,都是浮在表面的,脱离了实际。他们提不出一些解决问题的办法,就是没有去调查和研究。一次调研能够给评论带来第一手资料,能够带给大家扎实的、实实在在的东西。评论要接地气,现在评论员理想主义者太多了,务实主义者太少。要推动社会发展,批评是一种手段,更好的还是提出更多的待解决问题,或者亲自参与解决问题,写出来的建议人家乐意听,有亲切感,有可行性,切合实际,不是空谈,否则对推动实际没什么作用。调查过的观点是可以被基层干部借用的,站在我的高度帮他们(基层干部)总结,把他们做了的实事变成了我的观点。县里的有些干部,做了工作,没有去总结,我看得多,角度高,我能够总结他们的做法,也能形成自己的观点,这对他们而言是一种付出,对于我也是一种创新、一种积累,是一种双赢的良性循环。像我这样的,这么大年纪,这么久坚守下来的不多。我的经历和很多农民有相似之处,了解、问问题到位,能够入境。(评论员 C)

值得注意的是,评论员 C 的理想相对清晰,他力图通过发现、归纳、示范和推动问题的解决来体现自己的职业价值和人生价值。当然这样的理想实现起来成本较高,他坦言自己年龄已大,对钱财无所谓,他可以自费进行调研,同时他调研的对象就是他自己的家乡,他希望通过这样的一种方式,改变自己的家乡。

> 现在的评论员往往过于理想化,自己不知道要干什么,就瞎批判。因此,我常对部里的评论员说,多去调研,了解社会实际,这样写出来的文章才有实际价值。当然也不一定所有人都会听我的。我始终觉得我们写评论有两种:一是理论推演和阐释,一是社会调查。前者强调政治正确和舆论引导,后者则强调解决问题。新闻评论是要批判,但是如果为了批判而批判,批判就会丧失意义。(评论员 A)

评论员 A 强调意义的建构源自目标和问题,但实际上很多评论员树立了较为虚无的目标,从而使得新闻评论为批判而批判。就此而言,解决评论员思维问题的核心在于确立批判的目标,同时明确解决问题的具体思路和策略。

> 我觉得我是一个问题解决型评论员,评论员有这个优势——可以归纳一些东西出来,交给别人去做,有些能做到的有些不能做到的,但是不管怎么样,能够推动别人去做,就很好。写评论要考虑到如何去推动社会,哪怕是从一个社区、一件小事开始推动都是好的。做评论要心中有数,不是人云亦云。(评论员 F)

> 新闻评论总要写点意义出来,现在大家什么都知道,新闻留言区里充斥着各种言论,我们的评论如果无法超越留言区的内容,就很可能丧失意义。超越的方式有两种,一是比别人认识深刻,挖得更深,看得更远。二是提供更多信息,如果实在提供不了信息,那么可以提供更多思考问题的取向。写篇评论不容易,写篇别人关注的评论更难,没有哪一个人希望自己写的评论是没有人关注的。(评论员 D)

> 还真的没有什么理想。完成领导交代的任务,回家和家人团聚就是我最高的理想。如果非说点专业理想,那就是把自己的微

信公众号做好点,体现出自己的特色来。(评论员 G)

当前,社会存在很多问题,我觉得评论员的理想就是要独立地批判。(评论员 E)

实际上,大多数新闻评论员还是将自己的理想定位于解决问题。在媒体转型之际,亦有部分评论员将重心转移至自媒体公众号的经营,一方面展现出积极探索之意,另一方面则对传统媒体内容略有懈怠之心,容易使得传统媒体内容越来越弱。

现在的社会真的很复杂,很多事情,人们都搞不清楚,我们的责任就是为了让人们理解社会问题、社会现象,看看现实与理想的差距在哪里,哪些是认识上的差距,哪些是方法上的差距,哪些是行为上的差距。当然,在我们展现差距时,不可避免地会产生一些负面效果。但是我们真的把握不了会不会产生负面效果,如果因为有些事情容易产生负面效果我们就不讨论,很可能会导致出现更多的问题。(网站评论员 N)

理想状态的我,应该是和单位同事关系平等,能写一切领域的评论,评论能产生社会影响力。不过现实社会很难。至于个人,肯定是要换工作的,将来不会干评论的。(网站评论员 P)

理想的状态是改变人们的一点点认知。如果有人需要帮助的话,我能给予他们力所能及的帮助就好。有时对身处困境中的人给予一点帮助,我觉得也是实现了人生的一点小目标吧。(微博博主 Q)

网站评论员 N 关注点更细,而微博博主 Q 则将理想放在"一点小目标"上,体现出强烈的产品思维和人文关怀。这种特征的出现与自媒体的内容分享价值和社交特性相关。

> 写了两年的新闻评论,开始的时候只是出于写作的爱好,希望作品能发表,现在希望有多点人关注,当然能产生社会影响力更好,不过这点很难。(大学生 M)

> 渴望仗剑走天涯的感觉,评论就是我的剑。当初选择新闻专业就是因为看到记者能够在某种意义上改变社会。路见不平,我就要拿"剑"去削。当初老是随便在网站上发文章,后来老师教育之后,不再随便发文章,投稿也往传统媒体上投了。以后想成为一名知识丰富的评论员。(大学生 K)

大学评论主体的理想意味更浓,但大学教师明确将理想置于培养学生上,同时将重点放在培养理性表达上。

> 作为高校教师,我的理想就是把学生教好,让他们能够理性表达,写出好的文章来。希望他们的点滴表达慢慢改变社会中的一些不良现象,而不希望他们老虎吃天,那样伤人伤已。(教师 K)

> 希望新闻评论的理性表达能够改变当前社会的浮躁,希望表达者尽量避免情绪化表达。(教师 J)

> 我们培养的学生主要是做政治评论和社会评论的,我觉得理想状态就是培养一个在公共领域中健全的人,拥有独立的表达意识,同时能对社会和他人宽容,表达不是为了取胜。我觉得范正伟《公共辩论中求真比求胜更重要》那篇文章不错,我常将它作为教学中的范文让学生阅读、讨论。评论表达拥有一定的话语权力,用不好会害人的。(教师 I)

三、自身生存状态感知

在社会转型和媒体转型之际,快速变化的环境直接影响着人们对自身生存状态的感知。总体而言,大量新闻评论表达主体受到自身生存环境的影响而备感焦虑。相对而言,年纪较长的评论员个体焦虑感相对较轻。

搞了这么多年,生活是没有压力的,早的时候已经有房了,生活没有太大压力,现在一线城市的评论员生活压力比较大。有些评论员,尤其是独立评论员,生活是没有压力的。从事新闻评论尤其是时评者很少能生活得很好。就我所知,时评圈中,也就盛××和童××有钱一些,其他人都一般般。时评不像财经评论和艺术评论,时评评论员相对清贫些,即便略有收益,也不是靠评论本身得来的。你看曹林就是靠讲座和卖书获得一些收益的。我自我感觉还好,个人没有什么焦虑的,家和女孝,没有什么担心的。主要担心的就是所在媒体效益不好,但更担心的是中国的粮食问题,因为中国的耕地确实少了很多。(评论员 C)

我经常劝年轻的朋友不要再做新闻评论,这一行业确实很累。我有研究生同学为写作新闻评论经常晚上失眠,现在大家又不太喜欢看评论,觉得没有什么价值。我自己现在除写写评论外,就是写作一些其他的小文章,抒发一下自己的感受,要是这些发表在公众号的文章有人关注,有人跟我互动,我就很高兴了。至于生存压力,像我这个年龄,有房有车,如果不攀比,也过得去。至于媒体出现生存压力,我觉得不会影响我的心情,毕竟我还是有一技之长的。(评论员 G)

焦虑确实有很多,一是自我提升的焦虑感,想把评论写好,我总不能写了几年还写得跟刚来的小伙子一样,我要让人一眼就能看出我的积累、我的功力来,不要写得像领导讲话稿一样。二是现在的媒体对评论创新要求较高,不停地要求创新,评论一共那么几个人,一创新就变得压力非常大。其他的焦虑则来自言论空间的收缩,很多东西都不能写,不过,对言论强化管理我理解。(评论员 B)

现在应该说焦虑感比以前强一些,现在要搞视频,这个对我来说真的是一种挑战,我觉得我们部门中可能五个人里面有两个人比较胜任这个挑战,其他人我觉得可能永远也胜任不了,我是勉强能做一些。所以说,对于搞视频,我确实很有焦虑感。(评论员 B)

现在的评论员老喜欢坐在电脑前面查找资料,依照理论和知识进行写作,不是说这样不行,而是说现实的社会生活有时往往会超越我们的想象力,不走进现实社会,评论很难写出深度来。社会上有那么多理论,你仅仅做个搬运工,我觉得是不合适的。我老想推动评论员改变这点,但是真的有些难。(评论员 A)

房价太高了,难以生存,压力和焦虑主要来自这块。工作上的问题主要体现在同事之间的关系上。我渴望那种大家亲密无间、平等交流的相处方式。你想,新闻评论就是观点交流,如果我们的评论部都交流不了,那还有什么意思?(N 评论员)

看着别人写的东西都火了,有时我们写的东西不温不火,有点不舒服,最担心写作的东西没人看。做自媒体不容易,压力太大了,总在想办法提升流量,有点逆水行舟的感觉。(自媒体从业者 T)

总体而言,当前新闻评论工作者的压力偏大,生活方面和工作方面都有。生活方面体现在新闻评论工作的经济价值相对降低,曾有评论员半开玩笑称,"十多年前开始写作新闻评论时,一篇评论能够买得起二线城市 1 平方米的房产"①,如今房产价格上涨,而评论的经济价值相对降低。在工作方面,由于新媒体的冲击,传统新闻评论人不但要在思想上创新,还要在形式上进行创新,不但要思考表达什么,还要思考如何表达。当然还有部分评论员的压力来自对自己关注的问题无法得到解决的忧虑。

理论上来看,前两大压力是社会上任何群体都具有的压力。但在新闻评论工作者身上,这些压力可能传导到他们的公共表达之上,从而可能影响其表达的情绪和对特定选题的关注方式。后一种压力则要求评论者具有一

---

① 观点来自对评论员 C 的采访。

颗平常心，而不能简单地想通过社会动员或思想启蒙来解决问题，因为从理论上来说，很多问题是基于文化习俗而形成的，其形成历史悠久，解决问题所需时间也必然不短。因此，就新闻评论工作者而言，需要将自己的生存焦虑与社会表达区别开来，同时也不能急于求成。

第六章 转型期新闻评论表达的问题

中国新闻评论起源于古代论说文,发端于近代报刊政论,目前已成为"公众意见整合"[1]、公民"表达"的载体,新闻评论功能逐渐由政治宣传转向社会调节。现如今,新闻已成为社会心态显现的触媒,新闻评论已成为各种社会思潮争相亮相的场地。令人遗憾的是,新闻评论仅完成了观点表达这一步,尚未达到观点间相互交流对话的效果,每个表达者均"对着空中说话"[2]。这点在社会转型和媒体转型期体现得尤为明显。在不经意间,新闻评论不仅未让理越辩越明,反而使社会沟通越来越难。探讨转型期新闻评论的问题与特征,对于我们反思目前新闻评论运行的现状具有一定的指引作用。

第一节 新闻评论表达发展背景:社会转型[3]

目前,中国正值转型期,这种转型由经济转型带动,从而形成社会转型,最终在媒介技术转型的推动下,经济和社会转型愈加活跃。转型意味着旧常态的消逝,新常态的逐渐出现。随着媒介技术的发展,媒体越来越移动化、社交化,现有的社会各类转型最终大量反映在以社交媒体应用为代表的新媒体应用上,于是虚拟的媒体社会交往成为现实社会的影像,媒体上的各类表达时刻反映着这个社会的各种思潮、冲突与变迁。

总的来说,社会的各种转型提供了表达的动力,媒体技术的发展则提供

---

[1] 涂光晋,吴惠凡.表达·交流·争论·整合:新媒体时代新闻评论的变化与反思[J].国际新闻界,2011(5):16-23.
[2] 彼得斯.交流的无奈:传播思想史[M].何道宽,译.北京:华夏出版社,2003:序言.
[3] 胡沈明,杨悦.转型期新闻评论表达中的问题研究[J].新闻界,2016(2):14-19.

了表达的可能性,经济发展促使表达复杂化,人们不仅为观点而表达,也为利益、为立场和存在而表达。

一、经济转型奠定观点表达地位

传统的计划经济,一切皆可预知,人们只需知道信息或者说政治层面的信息即可,极少需要获知对未来经济社会走向的判断,此时政论和消息当道。当经济由计划转向市场,信息愈加纷繁复杂,趋势判断而非号召呼吁便成为人们从媒体上获知信息的主体。这类信息即为观点性信息。

市场经济促进了人们价值观念的转变,具体体现在"从重视政治转向重视经济,从重视平等转向重视效率,从重视群体转向重视个体"[1]。表现在媒体上,就是在此之前,媒体作为"党的耳目喉舌"享受国家完整经济制度的保障,并未承受过多的生存压力,政治、平等与群体是其考虑问题的首要之点。但在经济转型之后,身为市场竞争主体的媒体,在残酷的竞争压力面前,经济、效率与个体成为关注的重点,于是新闻评论顺势成为媒体行业竞争的聚焦地,因为观点能提供异质性的产品。作为文化产品,新闻评论借助互联网技术和新媒体技术的发展,拓展多方渠道满足受众需求,抢占市场份额,把握媒体融合的新机遇,成为媒体的主角,实现了跨越式发展。

二、社会转型提供评论思想源泉

社会的转型"本质是社会结构的变迁"[2],最终引发不同社会利益主体的多元化观点碰撞,进而导致社会价值冲突。俗话说"不平则鸣",新闻评论作为一种批判性表达的工具,对"不平"尤为关注,而社会转型则为新闻评论提供了天然的表达动力。

当今社会急剧变化,社会阶层处于不断分化的过程中,不可避免地引发了错综复杂的矛盾,一些社会问题日益严重。在日益开放的舆论环境下,不同的利益诉求迫切需要表达,各阶层间的冲突提升了社会大众对新闻评论的需求。此外,多元的价值取向使得社会大众对于同一事件有着不同的思

---

[1] 兰久富.从价值观念的变迁转向交往方式的变革[C]//王玉樑,岩崎允胤.中日价值哲学新探.西安:陕西人民出版社,2004:416.
[2] 黄焕汉.中国社会转型及其价值冲突之化解[J].求索,2010(9):55-57.

考角度和立场态度,容易引发许多深层次的矛盾和问题。面对错综复杂的矛盾,不乏情绪偏激、思想偏执的社会大众,这时候亟须新闻评论承担相应的社会责任,对价值失范现象进行纠偏,有效解惑释疑、缓解矛盾,进而维护社会稳定。①

三、媒体转型拓展意见表达渠道

我国实行改革开放后,传统媒体为了应对开放的市场经济环境,主动摒弃"假、大、空"式的文章,更加注重政治传播的人情味和民生性,"舆论宣传越来越注重普通群众的感受,日益成为引导舆论的权威机构"②。然而,随着改革的不断深化,长时间占据舆论主导权的传统媒体,在当今时代不但承载不了风格多样、形态各异的评论题材,而且无法容纳数量庞大的意见表达群体。

随着新媒体技术的发展,互联网、手机等新兴媒介在应用上的日益成熟,新兴的传播渠道和传播方式相继出现,提供给新闻评论更加多元的表达平台。纵观近年新闻评论在新兴媒体传播渠道的发展历程,从最初在网络论坛上发帖评论,到博客上书写个人观点,再到微博、微信的各抒己见,新媒体以令人惊诧的更新速度提供给大众意见表达的平台。与传统媒体时期相比,如今大家从多渠道获取所需的新闻评论内容。以腾讯《大家》为例,该栏目最早仅开辟了网站栏目,而后将内容发布至腾讯新闻客户端,在微信出现之后,又打造了"网站—腾讯客户端—微信公众号"三位一体的收看平台,让受众能够多渠道获取信息内容。

新闻评论在全媒体平台的发展,拓展了信息的生产和消费模式,对于促进观点表达和意见传播有着积极作用。值得注意的是,在新媒体的观点表达平台上,语言表达过于网络化,文字衔接缺乏逻辑,进而容易造成思维的混乱。观点有传播而无交流,观点类信息单向流动明显,同类观点抱团取暖现象严重。人们不是为了观点,而是为了情感和本能选择接受某类观点表达。

---

① 曾建雄.转型期新闻评论功能的拓展与内容形式创新[J].国际新闻界,2012(12):6-12.
② 骆正林.传统媒体是引导舆论的权威机构[J].新闻爱好者,2012(4):1-4.

第二节　进攻型表达:网络道德绑架[①]

在传统农业社会中,社会的阶层体系多为封闭式或半封闭式的,社会权力结构相对稳定。进入现代社会,人员流动加剧,社会群体在社会资源和权力的分配等方面也发生了变化。自媒体时代,一方面媒体赋予人们表达和获取一定社会资源的权力,具有较明显的赋权作用;另一方面社会却没有很好地对某些赋权行为加以限制和疏导,从而使得网络道德绑架发展成为一种社会权力争夺行为。

传统的基于血缘、地缘、业缘而形成的社会群体,权力关系相对稳定,而在社会转型时期,不稳定的社会结构使得社会权力的争夺更加明显,不同的群体分别拥有不同的社会权力争夺工具,拥有一定"知识"和"金钱"者往往以此为资源占有社会权力,并未拥有这两大资源或这两项资源不够深厚者则利用"暴力"抢夺社会权力。网络道德绑架本质上就是一种暴力行为,它用"道德"作为工具,以数量的方式迅速占领社会舆论,形成自己的话语权力,进而占据社会优势。探讨网络道德绑架的权力意识与权力抢夺行为,对于认清自媒体时代网络社会表达的乱象具有一定的作用。

一、网络道德绑架

自有人类始便有道德,道德已成为调节人类社会关系的一种重要手段。作为统治阶级约束普通民众的一种方式,道德始终是为统治阶级服务,间或调节普通民众间的关系,然而当其异化为对抗社会统治力量或社会既有价值秩序之时,道德便有可能沦为绑架的工具。19世纪50年代末,英国哲学家约翰·密尔在《论自由》中提到了"道德胁迫(moral coercion)"一词,在讨论社会权力对人的限制时指出"社会对人的胁迫和控制,无论是通过法律制裁的武力,还是通过公众舆论的道德胁迫"[②]。哈贝马斯曾经认为,媒体构建的公共舆论"实际上是一种精心策划的公共舆论",是公共领域被伪私人化

[①] 胡沈明,杨悦.作为社会权力争夺工具的网络道德绑架[J].西部学刊,2017(5):36-39.
[②] 密尔.论自由[M].许宝骙,译.北京:商务印书馆,1959:90.

的过程,公众则在一定程度上沦为舆论的傀儡。① 在新媒体打造的更加开放、自由的舆论场域中,公共舆论则沦为了道德绑架的帮凶,胁迫被绑架者让渡私领域权力。

学界对道德绑架的研究并不多,通过查阅文献资料可知,有关研究主要集中于概念特征、现象以及与新闻道德绑架的关系三大方面。其中,针对道德绑架概念的探析从伦理学、法学和心理学等学科展开,但尚未形成权威性的概念。德育研究学者张北坪认为,道德胁迫是一方以道德名义迫使另一方做与道德相关之事,具有强制性、群体性、有限性等特点。② 覃青必结合日常生活中的案例和语义进行分析,总结出道德绑架的定义,即人们以行善的名义,通过舆论压力胁迫他人履行一定行为或中止与道德相冲突的行为,具有道德性、公开性、胁迫性、软约束性等特征。③ 杜振吉、孟凡平将道德绑架定义为,人们以自己认定的道德标准干涉他人(或群体)道德行为选择的一种行为,是一种"愿望的道德",具有弱强制性、善恶同在性和"事前审判"等特征。④ 在这些定义中,道德绑架的强制性、约束性工具正是社会舆论。但是其中提及的"道德名义""行善名义"均是一个笼统的说法,学者们对其适用条件、范畴均没有具体阐述。

从新闻传播学视角来看,道德绑架还未引起学界的广泛关注。陈桥生、陈力丹、誉俊等学者多从媒介批判的角度,对新闻生产中存在的道德绑架现象进行阐述。陈力丹、谢丽莎认为,"舆论绑架"现象是由媒体逼视所形成的,"媒体逼视是对私人领域过度公开报道的行为,这种行为报道给被报道者带来本不应该承受的压力,同时也造成了大众传媒的功能失调,是新闻媒体社会角色的错位"⑤。这表明,作为"第四权力"的新闻媒体将社会舆论变成了一种权力运行的方式,对被绑架者施压,有悖新闻伦理。

在新媒体环境下,新闻报道的传播速度加快,广场式的开放空间为公众提供了良好互动,实施道德绑架行为的主体转向以大众为主,媒体"退居二

---

① 哈贝马斯.公共领域的结构转型[M].曹卫东,等译.上海:学林出版社,1999:230.
② 张北坪.困境与出路:反思慈善捐赠活动中的"道德胁迫"现象[J].西南大学学报(社会科学版),2010(6):71-76.
③ 覃青必.道德绑架内涵探析[J].江苏社会科学,2013(5):246-250.
④ 杜振吉,孟凡平.道德绑架现象论析[J].学术研究,2016(3):32-38.
⑤ 陈力丹,谢丽莎."善"与"美"的新闻更需"真":谈谈道德"绑架"新闻的现象[J].东南传播,2012(5):3-4.

线",起着推动作用。近年来在网络上频发的热点话题,引爆了大量道德绑架的言论,尤其是活跃于社交媒体中的网民用户,他们集聚而成社会群体,经常在网络上发表以高道德标准要求他人的言论,站在道德制高点上对他人进行舆论批判已经成为普通民众的日常行为和生活状态,这引发了我们对民众这一行为主体的深入分析。

总的来说,网络道德绑架就是一种网络暴力行为,是人们愤怒情绪的一种表现,是一种典型的社会动员,它用"道德"作为工具,以数量的方式迅速占领社会舆论,从而形成自己的话语权力,进而占据社会优势。其本质就是民众利用网络提供的公共空间对私人空间权力或社会既有权力的一种挤压,以重构社会权力。在网络公共空间中,道德而非法律已经成为网络空间的重要权力争夺工具。从某种意义上来说,我们可以认为网络空间治理包括事实治理和价值治理两个方面,通过实名制、诚信制度以及反谣言条例,我们已基本完成对网络的治理。然而,在价值治理方面,以道德之名进行的权力争夺是一个较难处理的社会问题。

二、道德绑架的根源:社会权力的重新分配

我国目前处于社会转型的深化期,从社会结构角度而言,社会资源和社会权力的分配都在进行调整。新媒体的出现,打造了新型化的社交圈子,产生了众多网络社会群体,也折射出社会阶级矛盾和社会权力分配问题等社会隐痛。

(一)话语权的争夺展现权力关系的重构

新媒体为人们提供了展示自我的舞台,人人都可以畅所欲言,大众的话语权得到大幅提升。新媒体构建的"拟态环境"模拟了乡土社会供人任意发表言论的场所——井台,人们在社会上也许实行不了其他权力,但是至少能够在网络上满足话语权,掌握这一隐形的社会权力。在这个广场式的新媒体空间里,人们可以通过建立关系、组建虚拟群体来维护社会群体的权力。

随着新媒体技术的发展,"用户制作内容"的理念正逐渐瓦解传统媒体所拥有的宏大叙事的话语权优势,建立起现代社会的多元话语格局。网络社会是现实社会的延伸和扩展,人与人之间的阶级性隐藏于虚拟网络之中,但其言论表达会投射出各自的阶级属性。然而道德一般是不具备阶级性的,

它是社会各阶级成员都应遵守的行为准则,也是人们可以直接展开话题对话的最低门槛,因而不同社会阶级的社会群体都可以就网络事件发表以人伦、道德为评判标准的言论,试图通过提升话语权来实现自我群体的社会权力。道德绑架式的言论凭借新媒体,在极短时间内击穿一个个社群,形成传播的海啸效应,力图实现社会权力关系的重构。

(二)网络直接展现群体社会认同的差异

国家的转型带来了社会资源分配不合理、社会贫富差距加大、贪污腐败等问题。当下道德绑架的频发,其表象是民众站在道德高地指责"不道德的人",本质上则暴露了社会群体的社会认同分化问题。

道德绑架的网民主体在发表言论时会代入其现实身份和阶级属性,更多的是站在弱者立场发表"仇富""仇官"的言论,折射的正是阶级矛盾、社会资源和权力分配的深层次问题。在"丁锦昊到此一游"事件中,在外国景区文物上乱涂画的丁锦昊,被网友"人肉"出他的家庭信息,网友不禁发出"丁锦昊父母都是干什么的,是不是有钱人""埃及之行有没有挪用公款的嫌疑"等咄咄逼人的疑问。在邓超因王宝强事件遭炮轰的过程中,有人发出"只为了赚钱,做人太虚伪"的评论。这类言论已经脱离了道德的评判,道德沦为了网民宣泄偏执情绪的幌子,最终转向对当事人及其家庭社会身份、地位、社会财富的窥视和质疑。

三、网络道德绑架的表现

通过分析网络道德绑架案例,对网络中发生的道德绑架事件进行深入分析,并按照被绑架者、道德绑架的工具以及道德绑架的出发点,对其进行归纳总结,我们可发现道德绑架的不同类别特征。

(一)道德绑架的对象:各类占优者

总结以往发生的道德绑架事件可知,人人都有可能成为被绑架者。通过分析,这些对象可以归类为普通民众、公众人物以及财富、权力的持有者。普通民众被道德绑架的事件发生地多是公共场合,如公交车上的青年人不给老人让座,野生动物园的自驾游旅客在猛兽区下车,旅游景区的游客在文物上乱涂画等。公众人物被道德绑架的事件频发,是因为他们身份的娱乐性和话题性,加之新媒体的发展,使得他们被网络舆论绑架的可能性加大。

例如邓超未能及时在王宝强事件中发声遭炮轰,陈乔恩因为没有第一时间在社交媒体上就好友乔任梁的死亡发声表态而被舆论绑架等。还有一种容易成为道德绑架对象的就是财富、权力的持有者,如屡遭"逼捐"的企业家,与弱势群体对峙的公职人员等。

(二)道德绑架的工具:脱离环境的虚拟标准

康德曾说,"有两样东西,人们越是经常持久地对之凝神思索,它们就越是使内心充满常新而日增的惊奇和敬畏:我头上的星空和我心中的道德律"①。这便暗含道德标尺是模糊的,不同的人对道德的运用也不同。正因为大家对道德的概念莫衷一是,我们只能归纳出道德绑架的主体倚仗哪一条道德律来进行舆论施压,从而对道德绑架工具的类别进行考察。道德绑架的核心特点在于其工具具有典型的脱离环境的特性,脱离环境使得这类工具具有普遍适用性。这类脱离环境的虚拟标准具体有以下几类:第一类是道德中的行为规范。譬如在评论被老虎咬伤的赵女士时,不少网友发出"不守规矩的人还有脸推卸责任"的指责。第二类是道德中的社会意识形态树立。如果有人的言行未能符合网络社会群体期待的人设,网友则会对他们失望,并通过舆论诋毁他们。第三类是道德中的品质美德,尤其是强者扶弱的美德。青年人给老年人让座是美德,有钱人给穷人捐钱是美德,如果强者不施以援手,则会被认为是不道德的,甚至是缺德的,从而遭到舆论的抨击。

(三)道德绑架的出发点:朴素正义、简单平等

道德绑架的行为主体进行舆论施压的出发点是什么,或者说他们期望达到的目的是什么,据此我们可将之分为两种类别。其一是为了维护公序良俗。民众普遍认为自己是属于遵循公共道德、遵守规矩、尊崇习俗的一类人,他们有权利、有责任指责"不道德的人",维护社会秩序。其二是为了维护社会的公平正义。民众基于锄强扶弱的正义心态,本着"弱者有理"的集体潜意识,为"弱势群体""受了委屈的人"打抱不平,谋取权益。

从网络道德绑架的总体表现来看,我们均能发现其发生行为的普遍性、绑架工具方面的飘忽性以及绑架对象的不稳定性。究其原因,在于网络道

---

① 康德.实践理性批判[M].邓晓芒,译.北京:人民出版社,2003:220.

德绑架是一个权力争夺工具,它主要为权力争夺服务,可以说权力是网络道德绑架者始终关注的目标。

四、新媒体环境下道德绑架的危害

人们就网络热点事件发表言论时不自觉地做出了道德绑架行为,且不断演变成一种日常生活状态。当道德绑架形成一种社会群体文化后,对社会造成一系列的危害——道德的功能发挥受到制约,社会群体容易发生极化,网络暴力也变得更加常态化,社会阶层的矛盾不断深化。

(一)道德功能异化

"道德"在中国传统文化中居于十分重要的地位,在规范人们的日常生活行为、稳定社会秩序方面发挥着重要作用。但是在现代法治社会,刚性的法律强约束力逐步取代道德软约束作用,道德稳定社会秩序的功能相对下降。道德是一种文化习得,在生活成长过程中可以本能掌握这种伦理观念,而法律是讲究程序和技术性的,以契约为准绳的法律是一种后天习得,是普通大众不易掌握的。故此,民众热衷于使用道德来调节利益、维护社会秩序、进行社会控制,"泛道德化"的言论表达甚嚣于网络之中。

道德绑架虽然在动机或出发点上通常是"善"的,即为了维护社会公序良俗或者是为了维护社会公平正义,但其本质是社会群体对社会资源、社会权力的争夺,于是其沦为了社会权力斗争的工具。道德主张应当以尊重权利为前提,如果在公共领域对他人的道德进行公开指责或评价,侵犯私人领域权利,道德绑架最终结果往往会导致"恶"。这不仅会扭曲社会大众对"道德"的认知,扰乱社会道德秩序,也会在根本上削弱道德的社会控制功能,影响道德功能的发挥。

(二)网络暴力常态化

道德绑架和网络暴力的关系密切,新媒体条件下的道德绑架,极易走向网络暴力。网络暴力凭借网络虚拟技术,兼具暴力工具、环境、动机三大元素,经由网民群体多维互动产生言语抨击、隐私披露等行为。一个网络热点事件的爆发营造了舆论环境,新媒体又给予了网民大众施暴的工具,而道德则可以成为引发的动机,那么网络社会群体只要从道德的动机出发,就会增加网络暴力发生的可能性,最终变成一种常态化行为。

网络暴力的常态化，对媒介发展、个人素养的提升和国家网络监管都将造成毁灭性伤害。网络暴力的频繁发生，不仅会让网络用户受到暴力伤害，迫使他们逃离这个虚拟网络社会，还会影响媒介的可持续发展，阻碍网民的网络道德素质和媒介素养的提升。网络暴力会使网络言论环境污浊，社会戾气盛行，对国家网络空间的治理和社会秩序的稳定造成严重威胁。

(三)社会群体极化

美国哈佛大学教授凯斯·R.桑斯坦在《网络共和国：网络社会中的民主问题》中提出"群体极化"这一概念，他指出："群体极化的定义极其简单，团队成员一开始即有某种偏向，在商议之后，人们朝着偏向的方向继续移动，最后形成极端的观点。"[1]在新媒体条件下，网络事件经由新媒体发酵传播，迅速引发大量社会群体的汇聚。尤其在主流媒体对舆论热点事件报道缺位的情况下，情绪偏激的网民易形成批判的、非理性的、趋向统一的言论。

社会群体对道德的认知不清，无法准确把握道德的约束力，社会群体走向极端化之后不仅不能通过道德做出理性判断，反而容易走向道德沦丧。情况严重的话，他们会将这种对道德有偏差的认知带到现实生活中，造成社会秩序的混乱。极端的认知会引发极端的行为，例如2012年抵制日货事件，反日群众打着"保卫钓鱼岛，抵制日货"的口号对同胞实施打砸抢，导致群体性事件的发生，引发社会秩序混乱。

(四)社会群际矛盾深化

麦克卢汉曾说"媒介即信息"，近年来有国内学者声称"媒介即关系"，意即媒介决定和影响着人们的关系。随着网络技术的不断进步，新型网络传播媒介相继被开发和使用，人们从早期在贴吧、论坛上的"楼上楼下"关系，发展成微博上积极点赞、互粉好友的关系，直至现如今以互加微信为结交朋友的基础，人们的关系正随着新媒体的发展发生着改变。如今人们置身于新型的传播形态中，空间不再是阻挡彼此交往的因素，人们的交往处于即时在线的状态，线上交往逐步变成现实社交的延伸和拓展，以至于社交传播与人际传播的边界日益模糊，甚至不断重叠。

传播的本质是寓于传播关系的建构和传播主体的互动之中的，传播是

---

[1] 桑斯坦.网络共和国：网络社会中的民主问题[M].黄维明，译.上海：上海人民出版社，2003：47.

社会关系的整合。① 在现实社会关系中,精英阶层与大众阶层阻隔较大,且囿于认知思维、思考角度等差异,二者实现直接对话、现实交往的可能性较小。然而来到新媒体平台,不同认知水平、不同阶层的人们可以打破空间界限,被整合进入共同的虚拟场景,大众的话语权得到满足。在这个新媒体打造的交流场景中,虽然大众的话语权得以实现,但是线上的互动仍停留在固定的圈层,例如大众习惯从道德人伦的视角来评判事件,精英则习惯从专业视角进行解读,他们相互忽略对方,自说自话,固化自我观点。言论表达的层级并没有消弭,不同社会群体、社会阶层的人在新媒体中的互动与人际传播并无二致,社会的二元化程度不断加深,群际矛盾不断深化。

五、应对策略:重构网络权力关系

目前网络权力是既有社会权力的重现,其本质并不符合网络的特征,因此改变网络道德绑架的核心在于重构符合网络权力关系特性的权力关系,最终使得权力的争夺不以"道德"的面目出现,而以理性探讨的方式存在。传统的社会权力是建立在财产权以及其他社会资源(包括行政资源)的占有之上,当群体拥有的此类权力相对较少或在某个领域并不拥有知识之时,道德作为一种本能表达便凸显出来。从这个方面来看,网络道德绑架虽是一种群体行为,但具有深厚的个人意识,是个人对行政、知识和财产的一种反叛。这种反叛有时以一种"证伪"的方式展开,也就意味着大多数被卷入其中的个体或群体并无法改变其处境。就浅层来看,可以建构合理的网络知识获取渠道,将这种基于价值判断而形成的判断转变为事实和知识,从而减轻价值判断对社会的冲击力。同时,互联网的精神核心是分享,建构以分享为基础的社会关系(尤其是权力关系)对于降低权力存在感具有一定的好处,权力在场意识的淡薄从另一个方面成为化解权力反抗的动力,进而减少道德绑架发生的概率。

---

① 陈先红. 论新媒介即关系[J]. 现代传播(中国传媒大学学报),2006(3):54-56.

第三节　求利型表达:追逐热点,肆意阐释①

"热点事件"之所以成为热点,在于其呈现的相关内容与个体的社会存在或社会认同高度相关,或涉及政治或涉及民族,或涉及娱乐及其他与个体阶层意识相关的事件。已有的研究表明,"热点事件"的传播与扩散往往是网络媒体与传统媒体"合力作用"②的结果,具体表现为先后经历网络媒体、报纸等传统媒体和较大的网络媒体等"三棒"的接力传播。在这个过程中,较大的社交性媒体,早期如天涯社区、新浪微博、猫扑社区和新浪新闻节点性较强,中介功能最强,如今微信朋友圈和微信公众号等自媒体平台的中介功能最强,一个"热点事件"往往数小时内即可传遍全网,于是出现"蹭热点"的现象,传播的内容甚至完全超越热点事件本身。所谓"蹭热点"是指自媒体平台中大量自媒体在并不拥有新闻采编以及传播权的情况下,为了获取流量和利益而主动向热点事件靠近,进行各类自媒体表达和创意的行为。

自媒体时代,流量为王,热点意味着天然的流量。自媒体"蹭热点"不仅能使其迅速为人知晓,也能使得自媒体所承载的商业标的得到快速传播,但不恰当地"蹭热点"容易形成自媒体同质化,造成社会撕裂的后果,同时违反《即时通信工具工众信息服务管理暂行规定》,给自媒体运营带来系统性风险。

一、自媒体"蹭热点"的逻辑

自媒体本质是寄生于社交媒体之上的个体或伪个体表达,从表面上来看,自媒体传播具有大众传播的特点,但实质上其人际传播特征更为明显。大众传播具有"我传你接收"的特性,信息交互性不强。而人际传播则强调双方互动,或者双方围绕某一主题进行持续的讨论。话题或主题是自媒体得以存在的核心基础,因此寻找话题,并围绕话题进行相关表达是自媒体运

---

① 胡沈明.自媒体"蹭热点"的逻辑、方法与问题[J].新闻论坛,2018(4):46-48.
② 樊亚平.网络新闻传播产生社会影响力的一种特殊模式:兼论网络新闻传播的社会影响力[J].科学·经济·社会,2004(1):94-96.

营的基本所在。目前自媒体中运行较好的个体和机构或关注政治、经济、文化、国际等宏大主题,或关注人们的衣食住行等日常生活话题,或关注个体社会存在、社会意识以及社会心理的微观话题,目的是找到与大众关联度高的话题,并寻求最大的共同意义空间。

"热点事件"之所以成为热点就在于其具有获得公众注意力的天然属性,不需要自媒体运营者去主动思考、设计,能最大限度地节省运营成本,提高运营效率。具体而言,其好处有如下几点:

第一,提高流量。自媒体流量的产生主要源自大众的信息分享行为。热点事件一旦产生,公众便产生强烈的信息、观点和情感需求,人们渴望获得与热点事件相关的信息要素。此时获取、传播相关信息或观点能获得极高的分享率,能有效避免分享时的"社会角色困扰"[1]。

第二,展现实力。围绕热点事件产生的相关自媒体产品不仅涉及对该事件的信息补充、信息整合、观点表达以及信息可视化,而且还包括对相关热点的创意性加工。此时热点事件的传播已经超越了信息本身,一方面是大量同质化信息的存在,另一方面也为一些自媒体的创造性表达提供了空间,能更好地展现表达者的聪明才智。

第三,拉近情感。热点事件成为热点的核心原因在于其与大众某一点情感的靠近,因而具有天然的情感优势。沿着相关情感进行表达能极大地拉近与用户的距离,建立稳固的关系,从而促进用户向"粉丝"转换。

第四,使用户对内容的同质化脱敏。自媒体平台为普通公众提供了表达的空间,但大量自媒体的产生使得自媒体同质化严重,大部分自媒体难以脱颖而出。在热点事件中,公众的情感需要被拔到很高的高度,情感需要在一定程度上压制了信息需要和观点需要,从而使得使用者对信息内容脱敏。

二、自媒体"蹭热点"的方法

自媒体"蹭热点"实际上是自媒体主动寻找与热点事件的相关性,进而建立自媒体与热点间的流量相关性,获取相关收益。自媒体"蹭热点"之所以能产生收益,主要在于自媒体中"未知信息补充或观点表达的平视视角和

---

[1] 胡沈明."互联网+"时代新闻言论生态的转型[J].青年记者,2016(7):75-76.

解密者视角更易引发疯转效应"①。总的来说,从蹭的内容来看,自媒体"蹭热点"有信息蹭、事件蹭、意义蹭和情感蹭等方式。从蹭的方式来看,主要有以下几种:

第一,信息补充与整合。信息补充主要体现在既有事件的各要素进行进一步完善,使其成为一个完整事件,让人们了解事件如何,从何而来,往何而去。在这个过程中,极容易产生"人肉搜索"和"谣言传播"。从某种意义上来说,热点事件信息传播具有后真相时代传播的典型特征,即情感首位,真相其次,人们在参与事件传播过程中,娱乐性被摆到极高的位置。在补充信息的同时,不少自媒体对信息进行整合、条理化以及进行其他可靠性和真实性的分析,从而使得事件相对而言呈现出整体感。

第二,事件类比与戏仿。热点事件表面上看是单个事件,但其深层是一系列可能引人注目的事件。因此,自媒体往往将类似的事件进行类比与整合,力图在碎片化的自媒体传播情景下为用户提供全局认知。与此同时,部分自媒体会对热点进行加工处理,或模仿其语言,或模仿其行为,或模仿其神态,在自媒体上形成与核心事件有一定距离的相关内容,从而形成娱乐性效果。

第三,情感勾连与意义泛化。自媒体时代人们不仅关注形式、内容,还关注关系和场景。关系使人们关注情感,场景则使得意义可以摆脱事件单独传播。在情感和意义传播中,人们对于事件的认知与接触不仅仅停留于事件和情感层面,还会对意义进行关注和深挖。"热点事件"往往与政治、经济、文化以及阶层对立相关,其表达的意义有时会与目前我国自媒体管理的相关政策或制度相抵触。因此,不少自媒体从一开始便从意义和整体的角度抽象地谈论与此事件类似的场景,从而在意义上与热点事件建立联系。之所以能完成这样一种联系,主要原因就在于自媒体传播是一种碎片化、场景化和社交化传播,信息、观点、情感和意义往往整体体现在自媒体平台之中,传播者并不需要对事件进行单独介绍。热点事件的基本事实,大多数受众都清楚,于是大量意义均可意会,从而造成意义可以单独传播的现象。

---

① 胡沈明,冯淑闲.新闻评论话语表达的变迁探究[J].新闻界,2017(8):23-28.

三、自媒体"蹭热点"导致的问题

"蹭热点"是个体参与社会的本能,是个体群体化的一种基本手段,也是自媒体运营的基本方式之一。"蹭热点"除了使得事件传播面更广外,其对整个社会、自媒体平台以及个体,均有一定的负面影响。

首先,"蹭热点"可能撕裂社会。"热点事件"成为热点不但在于事件本身的娱乐效果,而且在于事件所体现的情感和意义。在"热点事件"的传播和扩散过程中,观点表达和对事实的猜测占据了自媒体的大部分版面,其事实的可靠性和情感的理性都大大降低。在群体互动过程中,群体会围绕着自媒体结成不同的意见队列,进行交锋。理论上来说,观点交锋并非坏事,但是由于"热点事件"中的情感因素占据较大份额,交锋容易沦为"交战",大规模的"蹭热点"使得网络派别表达成为常态,理性交往成为奢侈之物。

其次,"蹭热点"导致自媒体内容同质,表达浅薄化、庸俗化。自媒体与传统媒体最大的区别在于自媒体发挥了个性和独特性。当"蹭热点"成为流行行为之时,自媒体平台上的相关内容高度同质,自媒体平台很容易丧失吸引公众进一步参与的热情,于是平台替代会成为现实。

最后,对于自媒体运营者个体而言,由于"热点事件"在意义和情感生成上容易形成与制度、主流价值观以及意识形态的对抗,易与国家的互联网相关管理规定相抵触,从而触发删除等一系列惩罚机制,进而加大自身的运营成本。

理论上来说,"蹭热点"是自媒体运营者的本能反应,但是脱离本能更是社会对自媒体的基本要求。而摆脱这种本能不能仅仅依赖于自媒体自身,必须同时提高普通用户的信息修养,为自媒体提供一个相对良性的运行空间。首先,用户对于"蹭热点"现象本身的运行规律要有一个完整的认识,从而超越"蹭热点"所带来的娱乐效应;其次,在意义建构与消解中,对于热点事件的意义建构保持一个批判与反思的心态;最后,网络平台要对热点的类型有一个基本的划分,区分政治性主题、社会性主题以及一般娱乐性主题,防止"蹭热点"演变成对政治和文化权威的消解。

第四节　违规式表达:躲避技术把关,引发表达无序[①]

互联网时代,媒体格局多元化,信息表达的有效性难以保证,把关对媒介内容生产仍具有时代意义。基于语料库分析的技术把关是对媒介内容、文本词汇、信息意义的初步筛选。技术把关对媒介使用者会造成一定影响,使用者规避技术把关则会带来一定的负面效应,自媒体内容生产者对把关产生怨恨情绪,内容使用者对信息形成多重解读并导致意义泛化、语言混乱,而普通民众往往将责任归咎于行政管理者。要想营造清朗的网络话语表达空间,就需要内容生产者、媒体平台和行政管理者形成分级把关的清晰模式。

1943年,社会心理学家库尔特·勒温(Kurt Lewin)在《心理生态学》一书中曾提及"把关"的概念;20世纪50年代,传播学者D.M.怀特(David Manning White)将"把关"的概念引入新闻传播领域[②],分析了把关的过程,但传统把关都以人工把关为主。

自媒体的产生使信息生产方式多元化、内容获取碎片化,信息的快速传播与内容的庞杂无序使得信息的把关模式由传统的人工把关向技术把关转变。技术把关是一种利用软件自动对信息进行筛选和过滤的机制,其技术原理源于语料库分析,平台通过设定敏感词以及关联敏感词,由软件自动判别内容是否触及信息管控原则。当相关信息触及管控原则之时,机器便自动删除信息或提交人工审核。

当前技术管控的主要原则是依据"七条底线""九不准"以及媒体平台自身的运营规则。技术把关生硬、缺乏人类思维的处理方式容易造成不当删文、强制封停账号、信息传播不通畅、等待时间过长等一系列问题。部分内容生产者通过关键词替换,借助词语的引申含义来构建隐藏的文本,运用非文字形式或直接对内容把关表示不满,从而造成怨恨情绪、意义泛化和语言混乱。因此,网络表达者需要明确表达标准,避免触及信息发布底线;传播

[①] 胡沈明,魏涵玉.规训与躲避:媒体平台技术把关模式与影响探究[J].教育传媒研究,2018(6):17-20.
[②] 黄旦."把关人"研究及其演变[J].国际新闻界,1996(4):27-31.

平台提供畅通的申诉渠道,避免作者自我删稿①,以保障受众的知情权;同时国家应制定刚性标准杜绝替代性表达。

一、媒体平台技术把关模式

技术把关是一种基于语料库、算法程序对文本表达方式、信息内容进行机器把关的模式,其实质是国家管理机制与企业成本控制的平衡。互联网的快速发展使技术把关成为可能,面对海量信息,人工把关存在耗时长、工作量大、工作成本高等短板,新媒体传播平台广泛采用程序化的技术把关或技术、人工相结合的综合把关方式,对涉及违反管控法则的信息加以过滤,对网民有意见的信息进行自动处理。

技术对于内容违反法律法规底线、社会主义制度底线、国家利益底线、公民合法权益底线、社会公共秩序底线、道德风尚底线和信息真实性底线的信息予以筛选过滤。把关包括信息审核机制、内容删除机制、网民投诉机制以及账号封停机制,涉及把关原则的内容将无法上传;对于新出现的问题则根据机器学习的相关原则进行删除;对网民举报或社会需要管控的相关内容进行删除;对多次违反相应规则的信息发布账号进行封停。

(一)把关原则:"七条底线""九不准"

内容把关原则主要来自四个方面:一是国家的相关政策制度,二是媒体平台的运营规则,三是用户的及时反馈,四是舆论宣传和社会稳定的需要。

国家的相关政策制度主要是由互联网信息办公室等相关部门提出,主要有两方面的内容:一是在全国跟帖评论专项整治视频会议中提出的"七条底线""九不准"总原则;二是针对谣言信息传播、网络跟帖评论、网络内容发布者、自媒体平台提出的相关原则,如《最高人民法院、最高人民检察院关于办理利用信息网络实施诽谤等刑事案件适用法律若干问题的解释》中明确谣言构成犯罪的条件,《互联网用户公众账号信息服务管理规定》《互联网跟帖评论服务管理规定》《互联网论坛社区服务管理规定》等规定中强化了相关规则。

当前网络空间俨然已具备"公共场所"的功能和属性,网络空间秩序应

---

① 指自媒体运营者自己删除稿件,而未说明理由,此举容易导致信息接收者产生理解偏差。

成为社会秩序的一种,而网络空间秩序混乱带来的危害有时会甚于现实空间秩序混乱。① 因此这些规定的制定意在使网络社会不违背法律原则和公序良俗,不违背真实的原则,不会导致社会出现混乱。

媒体平台的运营规则主要是从内容呈现方式、自媒体营销方式、公众号吸粉方式三个方面进行规制,以避免媒体平台的无序运营。如微信公众号要遵守《微信公众平台服务协议》《腾讯服务协议》《腾讯微信软件许可及服务协议》等。

由于新闻事件往往不可预测,有时一个普通的事件有可能引发大规模的讨论,一个长远的计划也可能引发短时间内的不理解,因此在网民大规模讨论某事件,导致事件性质被公众误解、国家形象被损害、公众情绪被调动时,网络平台不得不对涉及事件的关键字予以把关。如在"北京大兴火灾事件后的出租房治理事件"中,"低端人口被清理"成为网民舆论的爆点,破坏了公众对政府的情感。为避免舆论的恶化和对国家形象的误解,微信、微博等自媒体平台在"低端人口"和"被清理"连用时自动对相关信息不予传播,避免舆情恶化。

(二)把关方式:敏感词过滤

当信息内容不存在原则性的错误时,技术把关主要针对文本内容中的敏感词和关联敏感词进行筛选过滤。敏感词的类别包括带有反党反政府倾向、暴力倾向、不健康色彩的词以及不文明用语等。自媒体信息发布平台中通常都有敏感词设定功能,即程序通过事先建立好的语料库对信息中的关键词进行甄别,在甄别到含有敏感词的信息时,传播平台程序便删除该信息或者将关键词自动替换为"＊""×"。这种处理方式往往只机械地对字符进行审查,而无法把握信息文本情境中词语的意义。只要文本中文字符号并列存在构成了敏感词的形式便可触发机器自动把关处理机制。不文明用语大部分都是敏感词,因此技术在无法识别并列字符在具体语境中的含义时,便将敏感词字符默认为不文明用语进行处理。如在贴吧上发布"你妈逼你学习是为你好"时,机器自动会处理为"＊＊＊你学习是为你好",这种处理显然不具备符号在具体语境中意义的解读。

---

① 戴烽,朱清."双层社会"背景下无特定指向虚假新闻的刑事规制思路[J].当代传播,2016(4):73-75,81.

(三)补充策略:民众举报

对内容生产者的管理主要是站在内容使用者的角度提出的,这为技术把关留下了广阔的空间。自媒体技术发展的核心是社交,因此每个媒体平台都会想尽办法为民众社会交往提供服务,这种服务不仅产生于民众与民众之间,也产生于民众与媒体机构之间。吸纳民众的意见、投诉、举报不仅有利于强化平台和民众的关系,也为信息把关提供了技术以外的支撑。除了明显的不合格内容和敏感词外,发布平台为避免信息中含有把关遗漏,针对有关体验的营销广告、诈骗、色情、暴力、迷信、赌博、谣言、反动等不良内容,开设有举报或投诉功能,作为全民监督、社会把关的依据。当程序接收到投诉、举报信息时,技术将自动对信息进行数据核对,在核查到信息具有不合格内容或敏感词时,平台将自动对信息进行删除。对于多次遭受民众投诉的账号或者同一个账号名下有多条信息被网民举报时,平台将对网络表达者采取禁言、封停账号等措施。这类措施有利于清扫媒体平台上的信息灰尘。

二、网络表达者的规避模式

在自媒体创造的"话语"制胜的时代,技术把关使得网民的表达内容和表达形式受到限制,于是部分网络内容生产者为夺得"话语权"寻求其他的方式以规避删文、封号,如词语替换、意义泛化、非文字形式表达和主体转换。

(一)词语替换

技术对媒介内容进行自动化把关,传者为规避机器对信息的审核,往往借助其他符号对敏感词进行替代,形成一种隐藏的文本。大部分的自媒体平台为了便于管理都进行了关于敏感词的设定,当网民发布的信息内容中含有平台规定不允许存在的词语时,平台便对该词语进行"＊""×"或者不予显示来处理。网民为了保证语意的连贯、话语表达的畅通而不得不寻求其他的词语来规避技术审核。网民在替代词语时大多选择与敏感词具有相同或相似含义的词语来替换,如将"俄罗斯"替换为"战斗民族"。替代词语还可以是与敏感词相关联或由敏感词引申的词,如将"赤裸裸"替换为"红果果"。当敏感词难以找到可表达传者目的的词语进行表达时,传者往往将敏感词的字符进行拆分或并列组合来表达，如将"政治"替换为"正攵氵台"，或者是将敏感词用为大众所接受的非中文语种的语言或拼音首字母来替换，如将"日"替换为"sun"，将"政府"替换为"ZF"。由于社交媒体平台均禁止脏话、黑话等不文明用语表达，于是网民便使用与敏感词发音相似的形声词来替换，如"碉堡了"。敏感词很多为网络热词，其中有很多由于词语本身或者其中某个字符涉及侮辱性含义或其他不文明含义而被列为敏感词，于是网民将涉及侮辱性的敏感词用与地方方言发音相似的音译词来替换，如"打飞机"（广东方言）。还有很多网络词语本就由脏话、黑话音译而来，在被技术设定为敏感词后，网民为规避审核，对这类本就是音译而来的网络热词进行进一步替换，如将"我操"替换为"我草"再替换为"卧槽"。敏感词的替换大多采取语种的替换、字符的拆分组合、音译为形声词、拼音首字母缩写等方式，而选择这类方式的原因就在于这些词语不被敏感词语料库所囊括但又能被网民群体解读。

（二）意义泛化

当基本词语的替换已经不能满足网民群体自由表达的需求时，网民便通过消解原本体现了概念的词或固定语以构建一种新的含义，这种新的含义或为原词/固定语的引申义。如将"白莲花""小绿茶"的意义引申为女性，泛指看起来无害无辜、没心机、有着娇弱柔媚外表却行为阴险狠辣的女性。由于有些平台将网络热词"绿茶婊""圣母婊"亦添加至禁止发布的敏感词语料库中，于是网民便使用"白莲花""小绿茶"这种不触及敏感字符的词予以替换来表达敏感词的含义，进而词语的意义开始出现泛化，"白莲花""小绿茶"除最初的概念外还具备引申义，成为网民暗讽、指桑骂槐的表达方式。还有一些词或固定语由于经常性被用于某种特定情境中而延伸出新的含义，如"查水表"本意为自来水公司检查用户家的水表是否正常运转，或是查看用户家中水表读数并进行收费的一种行为，后因为电视剧《派出所的故事》中，民警办案时为使人开门而谎称身份。此后"查水表"延伸为在网络上发布了不合法、破坏社会稳定或污染网络空间的信息被国家网信办约谈或被删除信息的行为。这种意义的延伸往往发生在发布的信息中不允许出现"国家网信办""警察"等与政府政治相关词语时，网民便借助"查水表"以替代、规避技术审核。当技术把关抵制了脏话、黑话等恶劣的表达方式时，网民便通过意义的泛化来表达怨怼的个人情绪；屏蔽了低俗的黄段子，网民便通过隐藏的文本来发表具有同样内涵的话语。

(三) 非文字形式表达

当难以通过替换敏感词和将文本内容进行意义泛化来实现表达目的时，网民便从表达形式上寻求规避的方式。当发现技术把关主要是基于语料库中的数据针对文字形式进行把关时，网民便通过非文字形式进行表达，如图片、音频、视频、表情包。2017年11月23日，新闻曝出北京管庄红黄蓝幼儿园疑似伤害儿童事件，当日各大自媒体平台上有一篇关于此事件的文章《"叔叔光溜溜，童童也光溜溜"》，此文在次日被技术把关认定为内容违规而无法查看。由于微信平台对文章发布予以限制，所以网民便将文章内容编辑至手机记事本后截图上传至传播平台以规避技术审核。文字表达本为网络表达者最顺畅的表达方式，但因技术把关而导致内容难以传播时，图片便成为替换文字进行表达的首选方式。除了图片外，网民还借助视频进行表达。由于《"叔叔光溜溜，童童也光溜溜"》一文中的信息内容主要为儿童家长接受采访时的话语，所以网民直接发布儿童家长接受采访的视频以替代文字内容，避免信息被硬性删除。对于具有严肃性和新闻性的信息，网民大多使用图片、音频、视频以替代文字表达，但在为了调侃和娱乐而规避技术对文字的审核时，网民还使用表情包这种具有趣味性的表达形式来进行替代。

(四) 主体转换

当技术把关对敏感词的严格把控使得网民不能自由地表达观点时，为避免被审核、删除，表达者选择将舆论主体进行转换以达到一种隐性表达的目的。看似在讨论与舆情事件不同的另一事件，实则是借由不具有敏感性的另一事件暗喻、隐藏自己的观点，从而就舆情事件进行表达。如"北京红黄蓝幼儿园虐童事件"中，由于民众缺乏对谣言的认知，当该事件在网络上舆论呈现难以把控的态势时，传播平台不得不对"红黄蓝"的相关舆论予以严格把控，一旦发布的言论真实性未被核实便可能归结为谣言进行处理。民众为规避平台的把关而将事件的主体进行替换，原本舆论对象特指"北京红黄蓝幼儿园虐童"，表达者便将其更换为具有虐童情节的影视文化作品，如《熔炉》《嘉年华》等。这种主体的转换，看似是在讨论作品，实质还是在讨论"虐童"这一事件本身,这种主体转换是民众为避免触及事件敏感性和避免被定义为谣言的又一规避方式,从而借助这种"指物言他"的方式进行表达,隐藏事件本身却通过事件的相关性直接抒发自己的观点。

三、技术把关的问题与影响

技术把关的硬性措施限制了网民的表达空间,民众对技术把关的应激反应迫使媒介内容不得不谋求一种新的表达方式借以规避技术的显性控制。在此种情况下,传者感受到自我话语权被控制,产生了对媒体、传播平台甚至国家的怨恨式表达,那些被规避的语言符号原本的意义开始消解,在特定情境下,新的意义被建构,受者对信息进行多重解读,这就使得传者的表达目的难以被直接有效地掌握,新旧意义的杂糅和泛化导致语言混乱、信息含义复杂。

(一)传者怨恨式表达

技术把关对信息采取强硬、独断的处理方式损害了网络表达者的话语权,当权利受到技术的压制时,网络表达者便会对传播平台、媒体甚至是国家产生一种怨恨式表达。传者将技术把关导致的强硬删文、封停账号的处置方式归结为传播平台对信息的垄断,将公共数据资源变成独家所有,挑动网民群体对平台的误解和不满,从而对他们产生一种怨恨情绪。东方网总编辑在致腾讯马化腾的两封信中,以公开的方式谴责腾讯平台控制传者话语权,在技术把关后不与传者沟通便单方面删文、封停账号,将传播平台的权力凌驾于媒体之上。作为由新闻人士自发组织的非营利性微信公众号记者论坛2017年8月14日也发布推文《今日停更,以示……》,文章表示,由于技术把关导致的一篇关于新闻专业讨论的文章推送不了,而传者尝试了多种表达方式却因技术把关均被显示违反相关规定而审核失败,于是传者截图上传至推文,以表达对这种机械化程序造成的不便产生的抗议和愤怒情绪。除对传播平台由于算法造成"偏差"产生的怨恨外,受众将对信息"知情权"受阻的怨恨情绪也表达在媒体和国家身上,同时也将技术把关、传者的自我删稿导致的信息难以有效表达的问题,看作媒体为维护国家形象、迫于政府压力而不对信息据实以报,于是对被禁止的信息予以评论,指责媒体缺乏社会责任感,只能让受众生活在媒体制造的幻象当中。由指责媒体进而发展为不满行政机关的信息管理措施,将技术把关带来的问题看成是政府为维稳而隐藏事实、对真相不予公开,继而质疑政府的信息管理政策。

(二)受者多重解读

语言受人的表达习惯、逻辑方式、个性情感等因素的影响,在不同的场景、情境中相同的词语往往具备完全不同的含义。除去词语已有的含义,传者为替代表达的需要而给词语建构新的意义,这就使得受者可能对意义进行政治层面、民间生活层面和词语本身概念层面的多重解读。意义增多之后,原本没有意义的文本也会被受众按照刻板印象去解读,导致对意义的误解,产生负面的情绪。词语既有的概念由于意义泛化开始消解,而缺少界定的词语由于意义的泛化使受者难以把握真实的意义。接收者不能领会传者真实的表达目的,就容易使传者的表达意义产生歧义,人际交流由围绕同一个词语的相交线变为平行线,交流开始变得艰难起来。即便是同一个文本,不同的接收者会产生不同的解读,原因只是文化习俗、知识水平、对流行了解程度等因素的差异而已。

(三)意义泛化导致语言混乱

新旧意义的聚合让词语具有词语本身的意义、民间意义和政治意义。2017年网络上兴起"打call"一词,网络上出现"给×××疯狂打call"的表达。"call"本身是英文"电话"的意思,而"打call"这一用法是源于日式演唱会的一种应援方式,后经网友在网络间使用而被引申为支持、拥护、表达喜爱之情。从词语本身层面解读"给×××疯狂打call"的意义为"给×××疯狂打电话",从民间生活层面解读则意为"疯狂喜欢×××"。意义泛化就使得意义缺少为受众共同接受的文化基础和概念界定,而这种具有泛化意义的词语因受众难以把握其不同语境下的不同含义而导致受众的语言混乱。受众对具有泛化意义词语的认知程度不一致,语言文化背景的不同使泛化的意义并不能为所有信息接收者接受,因不了解传者所表达的意义致使信息接收者认为传者语言表达混乱,造成沟通障碍。而意义泛化甚至使得其原本的褒贬性发生了彻底变化,如"喜当爹""老实人"等,这种意义的泛化往往造成人际交流中的认知偏差。

(四)引发媒体纷争

当媒体机构借助传播平台发布的信息被投诉、举报而遭到平台的删除、封号时,媒体往往对平台的删文依据进行质疑,质疑其删文的科学性、专业性。这种质疑得不到发布平台的回应时会进一步激化为媒体纷争,新闻媒体将传播平台的删稿行为视作信息的垄断和新闻不专业,传播平台将新闻媒体被投诉的信息视作不权威。如 2016 年 11 月 2 日,东方网旗下公众号"新闻早餐"发布在腾讯平台上的一篇《为什么街上香喷喷的烤鸭只卖 19 元?》被人举报涉嫌造谣和传谣而被第三方机构封号 7 天。对此,东方网总编辑连发两篇致腾讯总裁马化腾的公开信,引发纷争。东方网总编辑的公开信表示,"新闻早餐"作为经过官方认证的媒体属性的公众号,在文章《为什么街上香喷喷的烤鸭只卖 19 元?》中被处理为谣言的报道很多都是此前经由众多媒体报道过的事实,因此即使在整合有瑕疵的情况下也不应该将之作为造谣、传谣处理,这种未经协商的硬性封号行为未免有些武断且缺乏说服力。民众监督、数据库审核移交第三方机构成为社会把关的主要依据,也是技术把关的最后环节。文章质疑腾讯第三方机构的不专业性,而腾讯没能回应第三方具体的判断依据成为这场纷争的核心。这类纷争一旦增多,冲突激烈,其对传播的公信力、人们对社会的情绪感知往往造成一定的负面影响。

四、应对策略:分级把关

程序化的技术把关导致网络表达者为规避审核而寻求替代性表达和对媒体、传播平台、国家的怨恨式表达,读者对文本的多重解读使其难以获取真实意义,意义泛化导致语言混乱。要想真正实现信息的有效表达需要网民、自媒体和国家三者合力,具体表现为网络表达者熟知信息发布标准,传播平台畅通申诉渠道,国家制定更为刚性的标准以杜绝替代性表达。

(一) 网络表达者:明确表达底线

媒介赋权时代带来了"人人都是自媒体,人人都有麦克风"的话语权自由,网络表达者明确表达标准,进行个人"把关",是自媒体语境下把关的第一道门,即在传播信息前了解传播平台的信息管理条例,学习《互联网信息管理办法》。网络表达者在主观意识上主动承担起把关人的职责,杜绝为博眼球、追求另类而发布挑战公序良俗的信息,为恶意炒作、制造噱头、故意消遣受众的注意力而使用夸张词语、命题,发布一些含有惊悚、血腥内容的信息或谣言,用低俗内容骗取点击量、进行广告营销,抄袭他人原创文章,擅自违规发布新闻信息的行为。不造谣、不传谣,不对没有证据的道听途说予以传播,面对风险社会中的矛盾在网络公地众声喧哗时保持理性思考,不跟风。不发布对民众情绪具有煽动性的信息,注重言语表达的客观理性,言之有理,言之有据。

(二)传播平台:避免作者自我删稿,畅通表达渠道

稿件删除既可能是作者自己删稿,也可能是平台删稿。其中作者删稿原因无外乎三点:一是稿件出现错误,自己删除;二是稿件对自己不利,自己删除;三是作者写作内容受到社会压力,不得不自己删除。目前已有的表现方式就是仅留下被删痕迹,没有解释删除原因,这就给接收者以巨大的想象空间。阴谋论者倾向于认为作者是基于社会压力而删稿,从而形成对平台和行政机关的不满。因此,平台应强化作者自我删稿的管理,充分考虑到自媒体的公共性,减少作者删稿权,增加对删稿原因的陈述。

此外,平台删除稿件,有合理的也有不合理的,传播平台不但应畅通申诉渠道,而且还应明确删稿原因,避免权利被压制后的怨恨式表达。当平台删稿后民众在进行信息申诉时,信息应交由平台管理者和第三方机构共同审核。平台管理者应具备一定的新闻传播知识,能够分辨出信息的真假以及所含有的价值。第三方机构判断信息内容的专业性,平台管理者检测信息真假并评估信息是否具有价值。当多方审核均显示信息不符合标准时,应在删除信息、封停账号前与传者进行沟通,告知传者各方审核结果的判定依据以及审核主体是谁,避免独断的处理方式。

(三)政府部门:制定刚性标准,杜绝替代性表达

法律上须健全和细化有关条文,在不干扰信息正常传播的情况下,通过引导、惩治等手段最大限度地杜绝各类媒体的"犯规"行为,尤其是一些追逐商业利益的新媒体内容发布者。国家制定刚性标准,杜绝替代性表达,实时更新规避模式的表达并列入语料库中。将刚性标准和法律条文相结合,共同打击网络空间的不合规表达。采取积分制,通过评分标准对使用替代表达的传者进行扣分,当屡次违规发布信息导致分数低至底线时,对传者的账号进行封停等惩处。

社交媒体时代革新了传统把关理念,这不但对传者,而且对整个新闻传

播内容生产流程都会产生影响。将技术把关归因于行政层面,势必会造成不必要的社会误解。技术把关之所以要革新,最终目的在于不造成行政机关、平台、媒体、群众间的误解。把关是必要的,通过层层把关尽可能实现对重复信息的整合、有效信息的精筛和糟粕信息的过滤,最终使得网络内容有序、群体之间能相互理解,从而塑造出一个风清气朗的网络传播环境。

第五节　简化表达:利用场景进行论证

论点、论据和论证是观点表达的三大要素,然而随着交往方式的改变,无论是表达还是接受,人们似乎越来越不关注论证。从说服的角度来看,没有经过论证的东西无法改变人们的态度和行为,因此表达者必须从其他层面完成论证。从传统媒体到社交媒体,媒体技术变迁彻底改变了媒体,其构成要素已从传统的内容与形式两要素变成了如今的内容、形式、关系和场景四要素。关系和场景是其中重要的变化因素,影响新闻评论表达的正是关系和场景,论证已经从表达者自我独立完成变成表达者与接收者相互共同完成。这种改变意味着新闻评论的论证已从传统单纯依赖逻辑论证和情感共鸣进行观点说服变成了高度依赖场景而进行的论证说服。场景的基本要素在于"空间与环境、用户实时状态、用户生活惯性、社交氛围"[1],其中的每个方面都会影响用户的观点接受,我们可以视其为影响观点接受的因素,也可视其为论证要素。

一、产生背景

所谓场景论证是新闻评论论证从传统的传者论证变成受者论证或者说受者和传者互动形成论证,观点表达者仅提供论点的触发点,由受者根据自我所处场景自发完成论证过程,重要的是这种论证过程是悄无声息的。对于表达者而言,他们需要做的是制造触发受者进行自发论证的场景。

逻辑论证强调无可辩驳性,而场景论证则强调无处可逃性,以人性、人的社会地位、角色观念、相关场景的社会惯习等文化性因素为主。场景论证

---

[1] 彭兰.场景:移动时代媒体的新要素[J].新闻记者,2015(3):20-27.

并不是一种新鲜事物,在传统非对抗性人际交往过程中,场景论证十分发达。当前,场景论证盛行主要与社交媒体的发展密不可分。

自媒体的社交特性为场景论证提供了发展的前提。相对而言,传统新闻评论主要由作者自己完成论证,原因在于其文本不具有开放性,他们在文本完成后并不能再对其进行加工处理,其评价高度依赖文本自身,阅听者一般是通过文本了解作者。在这种接受框架体系之内,一般表达者为广大公众熟悉的可能性较低。当然,也有例外情况,如某些"语录"等相关话语在日常传播过程中并不需要多少论证,原因在于这类话语已经成为日常生活的一部分,表达者亦多为人所熟知。新媒体的发展以社交为主,寄居于此的自媒体亦是建立在一定的社会关系之上,这种社会关系因为有社会交往和价值体系相同等的保障,往往比传统媒体所塑造的弱关系连接更强,因此可以形成某种强关系。无论是微博、微信、网络小视频还是网络直播都具有这样的特色。

自媒体内容的碎片化为场景论证提供了发展空间。社交媒体对生活的高嵌入性使得人们的生活高度碎片化,进而使得人们信息接收高度碎片化,人们宁愿在不同主题、不同主体的信息间游移,也不愿意完整而全面地进行相关信息的获取。从论坛到博客再到微博,从微信到网络直播再到小视频,自媒体的每一步发展,都使得碎片化信息传播深入人心,成为生活的一种本能。在这样的基础之上,人们对观点及观点接受偏于简单、简短的文本。简短在某种意义上就意味着论证的缺失,表达者便采取其他的方式对论证进行补充。这种方式便是场景,如传统的时评中新闻事件、社会现象、社会问题等均是写作不可缺少之物。但在自媒体中,新闻信息传播广泛,总体上处在传播圈内的人均了解相关新闻,即便不了解也可以通过其他相关材料迅速了解。因此,简述事件已不重要。为获得论证效果,表达者便经常将相应事件结合在一起,通过对比和总结使得人们自动接受观点。如2018年中美贸易争端基本解决之后,知名评论作者王传宝在微信朋友圈的感言:

> 如果不战而败,"你们"会说这是卖国政府;如果拼死抵抗,"你们"会说不顾人民死活;如果和谈成功,"你们"会说暗地牺牲国家利益,卖多少天知道。真理都在站着说话不腰疼的"你们"手中。那到底该咋整?"你们"有答案不?干脆并入美国算了?人家要你

吗？问问俄罗斯人就知道了。(来源于王传宝朋友圈)

这样的表达直接将既有的新闻信息抛弃,将论证结论抛弃,只提供假设。但相对而言,其提供的分析已将各种可能性包含在内,从而颇具说服力。

在场景式论证里最常见的方式就是转发新闻,加一句评点,引发议论,引起共鸣。这种表达方式于表达者自己并无害处,但是于社会舆论则易出现不可控因素。对于表达者而言,他们只是提出话题,引起关注,形成传播圈,塑造出自身优势。这种点评式评论在早期电视节目里相当常见,其收视率也较高,这也说明了对于碎片化观点的接受不仅与媒体相关,也与人们的基本心理相符。从理论的角度来看,人们需要了解社会的意见气候,以便做出相应判断,更新自己的生活方式和思维理念。表达者的媒体优势恰恰为普通民众提供了获知意见气候的假想。

自媒体运营的商业性为场景论证提供了价值动力。与传统媒体运营和早期网络媒体运营不同,自媒体的资本补偿路径已经相当完备,即依靠流量获取广告收益,或者直接依靠粉丝获取商业收益。无论如何,获得相当数量的用户,是其基本目标。从这点来看,自媒体与其他形式的商业在运营逻辑上并无多大差异。其他商业运行的逻辑就是制造需要,而需要的制造又源自欲望的制造,通过广告制造欲望是商业运营的逻辑,这种制造出来的欲望并非基本需要,而是精神层面的不平衡。就自媒体而言,它们同样需要通过内容进行欲望制造,这种欲望并非直接的说服,而是通过塑造场景、制造关系从而让接受者形成焦虑,进而接受它们所传播的内容。自媒体运营逻辑见图6-1。

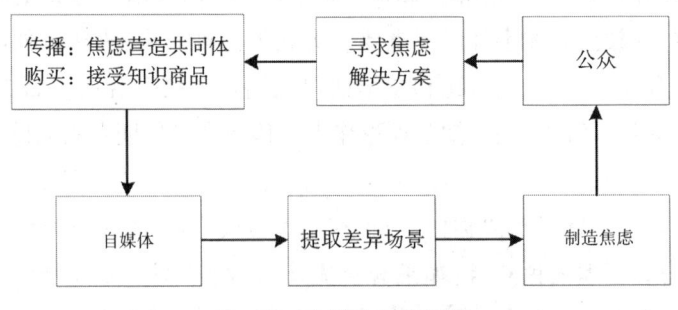

图6-1 自媒体运营逻辑

在这样的运营逻辑之中,不断提取社会中的差异场景,对部分内容进行言说,进而制造焦虑,是自媒体获取关注、进行内容贩卖的基本方法之一。有网络文章这样评价知识付费的生产逻辑,"××确实十分懂你的焦虑,但他永远无法治好你的焦虑,他只会不断挑逗你,给你制造焦虑。比卖知识更高明的,是卖焦虑感。""(很多)知识付费向用户兜售的,实质上是一种精神慰藉,让你感觉自己随时随地都能得到些什么有用的东西,从而有一种收获知识的满足感。"①如果用修辞学的概念对此进行解释,那就是场景论证充分利用了"合法化偏离"这一修辞手段,其合法化的内容不再是传统的思维理念,而是人们的日常生活,因为只有日常生活人们逃无可逃。从这个意义上而言,场景论证的核心就是运用一切日常生活情景,对人们进行说服。这种说服充分利用了人性,即人的社会关系这一本质。

二、论证特征

传统论证中传者占主导地位,传者提供论点、论据和论证,受众可选择接受也可选择不接受,关键在于论证的效率如何。而在场景论证中,传者仅提供事实或引导性话语,这种事实或引导性话语部分起着论据的作用。事实或话语与受者的生活场景关联,从而引发情感参与,最终用户接受传者所传播的情感和思考问题的逻辑。与传统论证接受观点不同的是,场景论证直接接受情感或思考问题的逻辑,这种接受效果比传统论证效果更强,影响力更大。

在当前的自媒体中,场景论证一般有以下几种特征:

第一,开放话题,利用粉丝崇拜心理,进行模仿性表达。自媒体是一个江湖,在这个自媒体江湖中,盟主就是自媒体人,他们利用网络留言等功能与粉丝进行互动。在长期的接触过程中,粉丝对自媒体人的思想、思维理念以及操作模式烂熟于心,部分粉丝以能模仿和"上墙"为荣。有时部分粉丝甚至主动将这种思维理念应用到日常生活实践中,有点类似于广告中的"效果再现"。这种交流或表达并非传统的一次性观点说服过程,而是整个人格与思想的臣服。

第二,放出话题,制造阶层或群体差异感,制造场景代入。与早期网络热词多来源于日常生活和新闻不同,近年有大量影响力较大的网络热词源

---

① 罗振宇的骗局!大部分知识付费其实都是大忽悠[EB/OL].(2017-10-28)[2018-03-21]. http://www.360doc.com/content/17/1028/09/41082923_698762677.shtml#google_vignette.

于自媒体文章对社会中某些群体的描述,如"脱发90后、保温杯一族、中危病90后、油腻中年人、猪精女孩、塑料姐妹、云养猫一族、妈宝、95后职场新人、中年知识分子"①等十大现象人群。人群榜的出现,一方面表明人们的关注由传统的观点、情感差异变成群际差异感,同时也从另一个角度表明社交媒体的话题制造特征。

第三,利用流行语,形成观点依附,避免观点独立存在。场景论证最核心的特征就是不加论证,直接改变,这就意味观点、情感等直接依附于话题、场景或话语之中,人们并未完整地认清其中的观点特性。实际上人们将观点与事实二者完全分离始于近代。早期,人们一直认为人可以客观真实地认识事物。布伦塔诺首提"意向性",强调人们认知事物时早已将自己的观点隐藏其中,但这种隐藏并非故意而为,而是无意为之,准确地说是根本没意识到其中的主观意向。其后胡塞尔等进一步对此进行分析,并创立现象学派,直至现代语言哲学的形成。哲学思潮的变化表明,将观点与依附材料相分离已超越普通公众的能力,这就意味着大多数人无力识别依附于场景或流行语中的观点,从而使得论证成为场景的比拼。

第四,利用交往材料,随时植入情感,进而塑造观点生成环境。场景论证立足于空间与环境、用户的实时状态、用户的生活惯性以及社交氛围等四个方面。场景论证成功与否源自所提内容与这四点间的契合度,这些内容存在于人们生活的各个角落,如流行语以及表情包等。见图6-2。

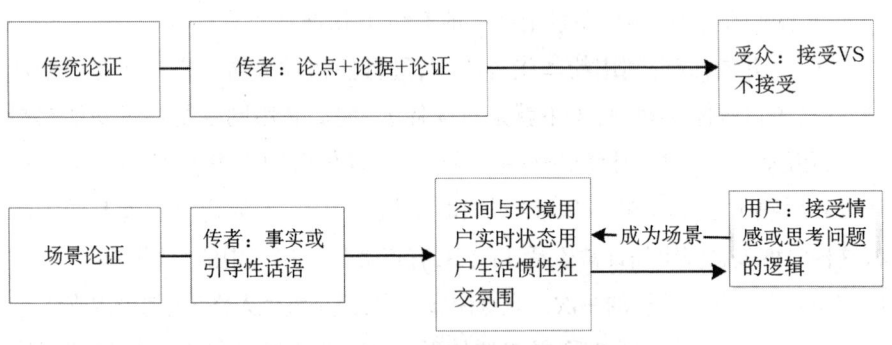

图6-2 场景论证与传统论证差异对比图

---

① 百度发布2017年热搜榜:AlphaGo和iPhoneX成热点[EB/OL].(2017-12-18)[2018-03-25]. https://baijiahao.baidu.com/s?id=1587090563813012824&wfr=spider&for=pc.

三、论证影响

场景论证的最明显特征就是没有明显的论证,从而容易使人们丧失批判力;第二大特征就是与情绪、情感高度相关,从而使理性和逻辑丧失作用,因为论证是由个体自己完成的,不存在外部作用力。总体而言,场景论证有以下几点影响:

第一,观点碎片化。场景与个体生活密切相关,其存在点非常细小,也正因为如此,才容易获得大众的支持,这就导致一个明显的后果,观点容易碎片化,难以形成完整统一的观点。

第二,表达情绪化。场景论证多基于人的本能而生。与人的社会性不同的是,人的本能往往容易脱离社会控制,其内容不仅带有个体的特性,情绪化还特别严重,难以被说服。

第三,说服成本大。场景论证基于本能而言,产生于个体内部,因此难于从外部进行批判。解决相关问题必须从内部出发,或者塑造不同的场景,这就使得整个社会的说服成本增加。当然这也提示我们,观点并非独立而生,应多加关注观点的生存空间或具体存在场景。

第六节 新闻评论表达问题的产生原因[①]

在社会转型期,新闻为各类观点表达提供了触发点,针对新闻而做的评论成为人们自我价值自发流露的触媒,或者成为人们谋生的工具,或者成为各类利益诉求的工具。在表达过程中,表达主体的权利意识增强,观点表达的竞争意识浓厚。人们在表达过程中的思维方式也逐渐由传统的理性趋向于感性,因为感性更易在大众社会中取得一席之地。与感性诉求相伴而生的是评论的意义逐步丧失,评论的"说服"功能下降,社交功能增强,即评论成为抱团取暖的工具。结果,评论强化了已有意见,弱化了不同意见。

---

① 胡沈明,杨悦.转型期新闻评论表达中的问题研究[J]. 新闻界,2016(2):14-19.

一、表达主体权利意识增强,观点场域特性浓厚

媒介技术的进步,表达平台的增多,一方面增加了民众的表达阵地,另一方面也使得各类表达之间的竞争更加激烈。新闻评论表达作为一种现象,场域特性浓厚,表达早已不只是判断和观点的呈现,它已然变成一种竞争,一种力图通过观点来抢占舆论高地的竞争。

就个体评论者而言,社会转型期阶层差距增大,普通民众迫切希望打破话语权的垄断,建立与"官方舆论场"抗衡的"民间舆论场",完成对社会权威和中心的颠覆与反抗。青岛"天价虾"事件一出,人们表达的几乎全都是对"被宰游客"的同情,"店主"几无发言之地,"好客山东"在人们的表达中几成"土匪山东"。这种"批判强者,同情弱者"的观点表达,不仅极大地迎合和消费了大众情绪,在竞争中大获全胜,而且暗含着阶层全体权利意识的增强。

从媒体在新闻评论的表现上来看,新闻媒体更加注重的是效果而非过程。新闻评论从立意层次上划分,既有就事论事、就问题论事、就现象论事、就规律论事,也有批判个体、批判群体、批判社会、批判政治中的制度甚至是体制。但是当下媒体为了显示各自在观点表达中的优越性,往往形成略过对事件本身的分析,而直接跨越到评论最后一层的格局,动辄就现象、规律谈事,动辄论及制度甚至体制或者中国人的人性及非文明本质等。以南平校园惨案为例,不乏媒体批判社会和体制的不公,它们呐喊着"社会不公、体制不全"的口号,只为达到以观点取胜的目的。不仅如此,部分媒体甚至通过名人、红人来堆砌自己的声誉,成为场域中的优胜者。前有网络媒体不惜成本召集各类"大家",后有"另辟蹊径"聘请"网络红人"开设专栏,更不济者则通过设立专栏吸引一般写作者,以形成媒体强势,力求在观点竞争的大潮中取得不败之势。

二、思维方式由"理性"转向"感性",交往可能性降低

新闻评论是情与理的统一体,在理性分析的基础上适当运用感性因素,能够增添作品的感染力。① 理性是评论的本质特征,也是评论区别于其他表

---

① 肖鲁怀. 新闻评论节目中感性因素的运用:以《新闻启示录》栏目为例[J]. 东南传播,2009(10):136-137.

达形式的重要方式之一。然而近年来,新闻评论为了满足受众主观情感体验,迎合时代对于"正能量"的需求,大多简化了分析论证的过程,不做严谨的推理论证,思维方式日益感性。

随着社会转型的深入,媒体发展迅猛,人们的生活中充斥着各种信息,快餐式阅读开始大行其道。这就为相当一部分空话套话连篇,被人诟病的"心灵鸡汤"式新闻评论的存在提供了温床。"马航失踪事件"中,媒体高唱"等待奇迹!等你回家!""坚持,努力,说好不放弃"。"天津港爆炸事故"中,媒体赞叹"最帅的逆行,最美的人""为塘沽祈福,为天津人点赞"。固然,在灾难面前我们应充满感情,用感情凝聚力量,然而当满屏尽是煽情话语时,评论便与普通公众的一般表达无异了。

过于感性的评论,放弃了辩证的理性思考,忽略掉了是非对错的判断、恶性事件的归因以及对事实的反思和追问,对事件本身往往缺乏指导性的观点和意见。这就导致在面对同一事件时,大行其道的滥情调调无法与理性观点在同一话语频道下对话,人们交往互动的可能性将大为降低。当舆论无法通过理性辩论达成共识时,语言暴力便成为唯一交往方式,剩下的就是不同阶层之间互相强化的敌意和不断加深的隔膜。

三、效果诉求由"说服"走向"娱乐",观点表达沦为文字游戏

媒介市场与信息消费观念的兴起,直接催生了一股传媒娱乐化的浪潮。[①] 在新闻报道同质化的今天,国内媒体为了赢取更多市场和受众,把希望寄托在新闻评论上,致使新闻评论的表达趋于娱乐化。

新媒体与大众文化日益融合,新闻评论的娱乐化呈现在语言表达和形式展现上。在语言表达上,新闻评论为了迎合受众趣味,满足受众需求,无论是电视评论栏目中的口头用语,还是报纸评论版的书面用语,语言表达都逐步摒弃沉重、乏味的论述词调,大量运用网络流行语,不断向通俗化、娱乐化靠拢。在形式展现上,新闻评论毫不避讳地与娱乐挂钩,不遗余力地挖掘娱乐价值,为评论寻求夺人眼球的附加值。以凤凰卫视出品的《锵锵三人行》栏目为例,其性质为评论类的谈话节目,它不仅没有专业的评论员在镜头前一本正经地匡正时弊,反而时常邀请娱乐圈的知名演艺明星参与谈话,

---

① 郑根成. 传媒娱乐化的伦理反思[J]. 湖南师范大学社会科学学报,2006(2):47-51.

巧用调侃式的语句将各自的观点渗透在节目中,为受众带来了娱乐性与话题性。再如,直接归类为娱乐节目的《奇葩说》以犀利辣评走红,被网民称为"一个把观点包含在笑话中的节目"。该节目借助辩论这一大众喜闻乐见的形式,以社会性话题为辩题,把观点和娱乐糅合在一起,观众往往醉心于互掐的娱乐视听刺激,观点表达反而沦为了追求娱乐效果的附属品。

评论日益摒弃严肃的说理风格,强调"五花八门"的娱乐风格,为受众提供轻松愉悦的气氛,激发了受众的兴趣。但是,新闻评论作为"媒体的灵魂和旗帜,承担着舆论引导,舆论监督的重任,关乎社会文明和进步"[1]。如今,走上娱乐化道路的新闻评论,质量良莠不齐,为了迎合受众,更是在无形中消解了舆论引导的意义。在经济利益的驱动下,新闻评论一味寻求娱乐消遣价值,观点的表达沦为无意义的文字游戏,这势必会弱化媒体的社会功能和社会责任,对社会思想和社会价值产生消解作用。

---

[1] 许鑫,沈天舒. 电视新闻评论:本质、模式与生存路径[J]. 湖南科技大学学报(社会科学版),2010(6):142-145.

第七章 新闻评论壮大社会主义思想舆论的策略

在社会转型、经济转型、媒体转型和全球化的大趋势下,新闻评论观点表达异常发达,各类群体、各种形式、各种话语、各种社会思潮都在众多媒体平台上争夺着话语权。在各种新闻评论表达之中,为名者有之,为利者有之,宣泄情感寻求安慰者有之,亦不乏借开放的网络空间扰乱网络表达秩序和颠覆社会主义核心价值观念者。在错综复杂的网络空间表达环境中,制定规则压缩恶意表达者的生存空间,建构表达底线规范一般性商业表达,构建开放对话的表达环境引导本能表达,同时积极壮大社会主义思想舆论,能为我们构建一个风清气正的网络表达环境,亦能为我们构建一个稳定和谐的社会环境。

壮大社会主义思想舆论,一方面要对社会主义思想舆论有一个全面而深刻的认识,另一方面要对影响社会主义思想舆论壮大的相关因素进行有针对性的处理。根据当前新闻评论表达的特征、主体间的关系、主体的心态、主体对新闻评论的认知以及当前新闻评论表达存在的问题,我们认为新闻评论表达作为思想舆论形成的重要影响因素,需要做到以下几点,以壮大社会主义思想舆论。

第一节 壮大主流舆论表达主体

当前新闻评论表达已高度泛化,人们的表达动力多为一种价值存在,即希望获得社会的承认。这种价值存在的表现无外乎三种:一是名,二是利,三是理念。从群体的数量来看,为名为利者占绝大多数。因此,赋予理性表达者以名和利,截断损害社会主义思想舆论者的名利补偿机制,就能在群体上壮大符合当前我国社会主义发展要求的新闻评论者。

在名的方面，主要是继续扩大中国新闻奖的影响力，具体包括扩大奖项覆盖面、完善扩散机制和增强仪式功能等。当前，中国新闻奖将所有参赛作品放在同一层面上进行比较，获奖者主要集中于特定媒体，这使得部分领域的评论者无法参与其中，从而降低了奖项的覆盖面。从意识形态规训的角度来看，宜对新闻评论的领域、媒体、作者群体等进行分类，从而实现精准覆盖。在扩散机制方面，中国新闻奖的圈子化趋势使得它的影响力在日益退化，随着媒介技术的发展，党媒评论员仅是评论群体中的一部分，专家学者、自由职业者开始转型为新时代评论的主力军，只有拓宽扩散范围、完善参与机制、追求平衡公正，使更多群体参与的积极性增加，才能使中国新闻奖的影响力扩大。同时还要增强仪式功能。相比于其他奖项，中国新闻奖从参奖资格到评选过程，更多局限于新闻业界；奖项设置按等级划分，相对来说较为单一；奖品数额缺乏独特性。要改变这种现状，就必须增强仪式化，从改变评选机制、按作品题材划分奖项等方面增强评论员价值共同体的塑造，使中国新闻奖成为业界标杆和权威。

从利的层面来看，当前自媒体运行的核心动力在于经济利益，因此壮大社会主义思想舆论重点在于关注自媒体的价值补偿机制。自媒体价值补偿或靠流量吸引广告，或靠内容吸引用户，最终形成粉丝群体完成补偿，两种补偿机制的核心在于形成了以用户为主导的价值补偿机制。在此种补偿机制之下，自媒体运营内容偏向低俗，娱乐之风盛行。而娱乐的核心在于意义的消解，它不仅消解现实意义，也消解历史意义，还消解权威、知识和经典形象，从而形成遍布全网的各类"虚无主义"和"揭秘潮"，不利于社会主义思想舆论的壮大。

从媒体平台来看，必须坚决斩断两类内容的价值补偿：一是以消解意义为主导的娱乐之风；二是制造社会焦虑，放大社会矛盾的内容。但是相对而言，这两类内容的评价标准较难把握。当前，自媒体平台管理主要有事实管理和底线伦理管理，缺乏对壮大主流思想舆论、弘扬社会正能量以及关注当前国家建设的重大主题的鼓励，未来自媒体平台价值补偿机制应着重探讨对这些内容的鼓励。

对于为理念进行表达的群体而言，需要充分挖掘其理念与社会主义建设相符的部分，充分调动其积极性。对于那些违反法律和社会存在的理念则需要及时识别，坚决打击，这些理念包括但不限于否定人类存在、社会共同体存在以及社会主义的各类思潮。

理论上,每个表达者都有一定的理想,这种理想都或多或少带有改造世界的目的。但是在改造世界的具体方法上,各种理念并不一致,同时人们能力水平的高低和对实际问题了解的程度也影响着批判的理念。

调研表明,以案头工作为主的新闻评论者,往往将批判抽象化,习惯于从制度、文化层面去找原因,其批判性带来的负面效应更大。而进行实地调查,对问题发生的各个方面进行细致而翔实调研的新闻评论者往往会拥有相对理性和建设性的观点。原因则在于他们了解事件的复杂性和社会的多元性,往往不会苛求用一种思路来解决问题。

当前,新闻评论面临的最大挑战就是表达者思考问题过于简单、思考问题过于单一,从而形成偏执化、极化的观点而不自知。另外一个原因是大多数未进行调研论证的新闻评论者往往只能通过各种类比和资料的堆集完成问题的阐述,其阐述往往是基于个人价值观,未能关注到现实世界。从这个角度来看,改变表达者表达内容中的材料来源方式,将有可能改变其思维方式。

新闻评论表达既包括自我表达,也包括对抗式表达。自我表达往往会依据个人见识和思考问题的取向进行表达;而对抗式表达中,价值观成为主要内容,材料、论证过程均居次位,从而使得表达空洞,失去改造社会、形成良好局面的价值。

理想状态中的新闻评论表达者应该由排他型心态变为交往型心态,其进行新闻评论的目的不但在于表现,而且在于识别、承认其他思想并最终寻找交往的空间,从而形成基于社会主义当前任务、发展目标以及核心价值观的新闻评论表达。评论的表达应该是与社会主义价值、文化、发展目标等方面保持一致,进而在寻求解决现实问题的方案层面进行探讨。在这种表达中,我们便能将表达、理解和交往合而为一,最终实现社会主义思想舆论的壮大。见图7-1。

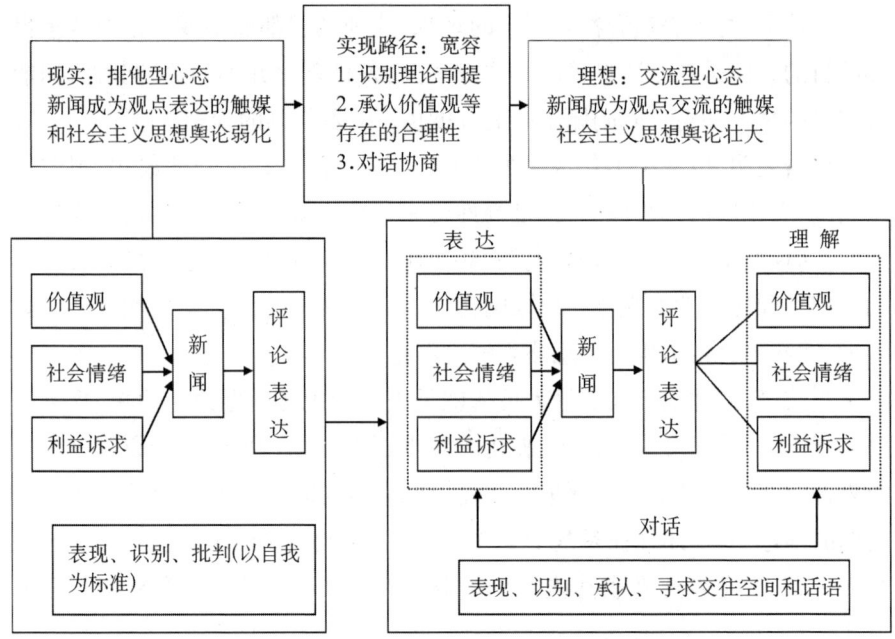

图 7-1 壮大社会主义思想舆论的新闻评论表达思路图

第二节 培养表达主体理性意识①

2007年,赵振宇认为"新闻评论应成为一项公民传播素质"②,原因在于新闻评论能推动信息传播、促进社会进步、提高人们的认识能力。时至今日,当评论表达已成为人们日常生活的一部分时,我们发现:从新闻的层面来看,新闻评论确实能推动信息传播,但强化了部分信息的传播,弱化了全局性信息的传播;新闻评论在某种程度上促进了社会的进步,然而由于评论者过于关注自我意识的表白,忽视观点表达的最终目的,新闻评论所导致的社会交往不畅反而成为这个时代的通病;理论上来说,针对新闻进行观点表达确实能提高人们的认识能力,但是有多少人会严格根据新闻评论写作的

---

① 胡沈明,杨悦.转型期新闻评论表达中的问题研究[J].新闻界,2016(2):14-19.
② 赵振宇.一项需要普及和提高的公民素质:关于新闻评论的三点理性思考[J].新闻大学,2007(4):96-101.

要求,去大量搜集资料、分析资料,然后提出问题、分析问题和解决问题呢?大多数人往往根据自己的本能直接做评,众多的人进行评论从而形成所谓的舆论,舆论的发展又左右着事件的进展,或者说当新闻事件的相关要素出现变化时,舆论陡然间又可能来个一百八十度大转弯,评论的独立性无从谈起。

从传统的政论到目前的公民自媒体表达,新闻评论虽然在表达主体层面发生变化,在表达起点上有所不同外,表达方式和方法等并未出现较大的变化。传统政论以宣传为主,表达过程重"独白",不注重"对话"。转型期的时评虽然在形式上具有对话的性质,但是并无对话的基础。人们虽然具备平等的交往地位,但是他们之间相互忽略对方,并不"悬置"自己的观念,而"观念悬置"是对话的核心所在。总体而言,作为一种公共表达,新闻评论的公共性呈现出伪公共性的特征,评论沦为"求胜"①的工具,评论的"求真"功能消退,丧失了新闻评论本应该有的为反思和交流而进行批判的功能。因此,壮大社会主义思想舆论的核心在于培养合格的新闻评论人才。新闻评论应成为表达者的一种基本素质,这种素质的前提是批判性,核心是人性,理性和交往性则是保证社会正常运行的基础。

在理性方面,与其他表达不同的是,新闻评论表达是一种面向整个社会的表达,它的基本要求便是理性,即新闻评论在提出观点之时,应该为公众提出一个明确的理由,即用什么来支持观点。然而,给出一个理由仅是新闻评论理性的最低要求,理性的更高要求是现实性。

新闻评论的核心在于批判性,它不仅批判政治,也批判社会,然而新闻评论的批判也并非为批判而批判,批判需要一个度,这个度就是在既有的社会条件下是否具备可实行的基础,或者更进一步地说,在特定的历史条件下,评论所提倡的观念与方法是否存在可能,这种可能性又与公共利益有多大关联性。我们经常遇到的一种情况是:某极端个案出现,如"家属拒绝在手术单上签字,病人没有得到及时救治而死",由于新奇性,也由于事情涉及中国当代一个重要的社会问题——医疗问题,不少评论便纷纷将矛头指向医疗体制。事实上,如果将一个特例、一个个案放大到普通可能性,社会存在的前提则会消失。因为在这类评论中,评论者忽略了一个问题,即极端个

---

① 范正伟.公共辩论,求真比求胜更重要[N].人民日报,2014-07-28(005).

案中,我们评论的对象不应是制度,而应是个体。将评论指向制度而不是指向个体,一方面使得观点貌似深刻,另一方面避免了个体的不道德感,为评论者提供了广阔的生存空间。从这点来看,理性的核心一方面与评论者的素质有关,另一方面则与评论者的利益相关。因为社会阶层和价值的冲突推动人们的观点表达,无论是个体还是媒体都试图引导舆论走向,凭借观点形成强势打压,以寻求各自的利益。简化的分析论证、欠缺严谨的逻辑推理、意见与事实间模糊的界限,非常容易满足受众主观情感体验和感官效果,获取社会的关注度。如果仅为抢夺舆论"占有率",迎合大众情感,营造过多娱乐效果,则新闻评论理性尽失。

就人性而言,理性是新闻评论的基础,但仅有理性,新闻评论表达可能冷酷无情,于社会交往无益,导致"制度""规律""理论"等与民众的基本生活无关。因此,理性仅是新闻评论浅层次的要求,它无法与公众形成交往,因此新闻评论尚须人性。所谓人性,即新闻评论工作者应站在普通公众的立场上看待问题,得出较有情怀的观点来。

在具体表现上,新闻评论者不仅要在观点上表现出人性来,也要在与受众的交往过程中表现出人性来,更应在与其他观点相左者的交往中表现出人性来。因此在评论的观点上,应注重自我反思、日常生活反思和社会整体反思。每个评论者应先反思自我,反思自己的观点表达是否只见树木、不见森林,只有自己、没有他人,是否过多地使用暴力语言。其次,评论者应该反思日常生活,新闻评论需要从日常生活的常态着手,让人们认识到常态的悖谬之处,进而抽丝剥茧,涵盖对个人行为、生活方式、生产行为、文化生活等各个方面的反思。最后,需要反思整个社会,反思的核心内容就是社会是否具有交往性,社会是否朝着整合的方向走,各阶层、各群体的交往是否和谐。

谈及交往性,新闻评论不单是"观点传递",更是"关系强化"[1],仅将评论当作"表达",则容易导致社会冲突和偏见加深。认识到评论的"关系强化"功能,则能减少那种"为创新而创新"的表达。因此须将评论视为人们日常社会交往过程中的一项工具,不能"为了说而说",更不能"你说你的,我说我的",将评论视为表达自我偏见的工具。当然我们所言的偏见在表达者自

---

[1] 胡沈明.论当代中国新闻评论解读模式的变迁[J].江西师范大学学报(哲学社会科学版),2014(5):46-52.

己看来并不一定是偏见，而可能仅是评论者自我存在的一种展现，是自我无意识本能的一种表现。所谓评论交往性，就是评论表达者应具备克服和认知自我意识形态和自我偏见的能力，在表达自我意见之时，时刻给其他理性意见表达一点空间。观点可以不一致，论证与逻辑必须一致，这是评论的基础；观点可以不一致，承认他人的存在，给他人表达留有空间，这是交往的基础。

交往性的前提是评论各方都认识到评论仅是一种表达的工具，评论真正的目的是交流。在思想理念上，各评论者首先应认识到评论主体的地位具有平等性，判断评论的好坏，不应以出发点和立场论好坏，而应以论证的逻辑来判断。其次，不以自己的立场论他人是非。从不同立场和前提出发的评论应承认各自存在的合理性，不能动辄从自我出发，根据自己的前提得出他人结论的不恰当性。最后，在论证过程中，尽量少使用暴力性语言，在批判之时应多用协商的口吻，在保证他人身份、名誉的前提下，为自己的表达创造更大的空间。在表达平台上，应充分利用社交媒体。

如今的社会交往，更多的是观点的对话。若缺乏观点的碰撞，自我偏见则易强化，社会阶层间的敌意和冲突也会加强。在社会转型期，各类矛盾和问题的累积与发酵，常常伴随着公众的焦虑乃至偏激情绪，倘若处理不当，就会激化矛盾，并直接危及社会稳定。

第三节　推进人工智能辅助表达[①]

经历多轮更迭，以大模型为基础的人工智能产品已进入平台化的发展阶段。国内阿里云"通义千问"、科大讯飞"星火大模型"、百度"文心一言"、字节跳动"豆包"、智谱华章"智谱清言"、华为云"盘古"、百川智能"百川大模型"、腾讯"混元"以及月之暗面"Kimi"等大模型应用平台集中上线，使用者日盛，智能体创建和使用已成为时尚。生成式人工智能技术（生成式 AI）正以前所未有的速度对传统平台如美国的 GAFAM（Google – Alphabet、Amazon、Facebook–Meta、Apple 以及 Microsoft）以及国内的微信、微博、抖音、

---

① 胡沈明，骆文琳. 生成式 AI 对新闻评论表达生态的影响与应对[J]. 新闻论坛，2024(6)：34-37.

快手、小红书、哔哩哔哩、知乎等平台形成一定的冲击。当然,感受冲击更大的当属使用者,一种新的使用风尚和新的内容生态体系正在形成。

一、生成式 AI 影响新闻评论表达的机制

以大数据、算法和算力为基础,生成式 AI 让以经验、数据库以及结构为基础的传统的新闻评论表达的优势荡然无存。就数据和算力来说,人工智能已完美超越人类。但就新闻评论的核心竞争力——观点而言,既有算法在结构和语言方面尚无法替代人类。生成式 AI 影响新闻评论表达的具体机制主要有如下几点:

(一)以结构化表达替代随机性表达

人工智能时代,信息的空间结构已发生改变。吉登斯在结构化理论中提出,结构是社会系统再生产过程中反复使用到的规则和资源。[1] 固定的结构有利于提高信息生产与传输的准确性与效率。传统的新闻评论多是源于评论员自身的专业知识、丰富经验、敏锐洞察,既有个性与深度,也有一定的灵活性与随机性。而生成式 AI 由于具有一定的数据结构、语言结构和文本结构,通常生成结构化的文本内容,文本内容具有清晰的段落划分、标题和子标题等结构元素。一方面,固定的结构能够完成高效有序的表达,但另一方面,这也造成一定的规范性限制,导致 AI 生产的新闻评论成为一种模板化、套路化、标准化的产品。其便利性的背后也潜藏着数字八股和叙事"僵死"的危机。[2]

(二)以快速表达对抗表达的时间焦虑

约翰·汤林森认为,当下社会已由"即时性"主导,触手可及的商品、快速传播的信息以及欲望的即时满足形塑了一种全新的"速度文化"。[3] 人工智能的出现给追求时效的新闻业带来了巨大的机遇,其快速生成的能力能

---

[1] 喻国明,李钒.内容范式的革命:生成式 AI 浪潮下内容生产的生态级演进[J].新闻界,2023(7):23-30.
[2] 刘纯懿,胡泳.人机逆转、叙事僵死与无事实时代:生成式革命的影响与危机[J].探索与争鸣,2024(1):150-164,180.
[3] TOMLINSON J. The culture of speed:the coming of immediacy[M].London:SAGE Publications,2007:73-74.

够大大缩短新闻评论的创作时间,提升写作效率。

一篇完整的新闻评论包括选题、立意、论证和谋篇几个方面,其中决定新闻评论差异的部分在于立意和语言。这意味着在确定选题之后,论证和谋篇部分可由人工智能解决。借助强大的计算能力、先进的算法和丰富的数据,人工智能能够快速地对现有文本进行学习分析,在网络信息中找出所需例证,结构化、机械性地填充进文章中,加速新闻评论表达的完成。

(三)以极速生成弥合表达的模态差异

模态是指信息接收者所感知的话语模式,模态既是媒体表达信息的结果,也是人们通过感官感知的交际结果。传统的新闻评论往往依赖于文字这一单一模态进行表达,但随着平台型媒体的不断发展,新闻评论的表达形式更加多样化,短视频类、直播类、互动类等新形式的新闻评论层出不穷,使得新闻评论从业者疲于应付。但从 ChatGPT 到 Sora,人工智能在文字、图片、语音和视频的生成能力上突飞猛进,输入文字指令便可以指挥其进行快速的创作,完成文字到图像、视频的转换。这种快速生成能力能够打破单一模态表达的限制,实现文本、图像、音频、视频等多种表达模态的深度融合与相互转化,弥合不同表达模态之间的差异,增强新闻评论的吸引力和感染力,更好地满足受众对于多元化、个性化信息的需求。

二、生成式 AI 对新闻评论表达生态的影响

生成式 AI 技术一方面降低了新闻评论表达的进入门槛,另外一方面迅速提升了新闻评论表达的传播门槛。大众表达和专业表达之间的界限显得模糊,却也促进着专业表达的革新。生成式 AI 对新闻评论表达生态的影响可以从五个方面来看待:一是对内容制作者的影响;二是对内容生态的影响;三是对平台关系的影响;四是对内容使用者的影响;五是对内容模式的影响。

(一)内容制作方面:效率大幅提升

在内容制作上,生成式 AI 无疑会对原本的新闻制作模式产生巨大的影响,甚至改变原有的内容制作逻辑。人工智能的应用使内容制作在三个层面得到了飞速的提升:一是能够完成不同模态之间的迅速转换;二是材料整理归纳更加便捷;三是能够极大弥合创意与实现之间的鸿沟。以 ChatGPT

为代表的人工智能工具,实现了专业用户的内容生产与制作的全流程优化。原本需要多部门、大量人手相互沟通配合的生产制作过程被简化为人工智能与用户之间一对一的对话交流,同时智能体的出现进一步简化了制作流程。内容制作不再仅仅依赖于个体的经验和观察,而是成为一种可通过数据处理与分析,模仿学习和智能训练而产生的,能够适时调整与动态反馈的精细化、定制化的过程。在新闻评论的创作过程中,评论员可以借助人工智能工具对事件过程及相关信息进行搜集,对基本的选题方向进行把握。人工智能生成的内容也能够辅助评论员完成框架搭建和创意输出,提升内容制作的效率。

(二)内容生态方面:优质作品稀缺

内容生态包括内容生产、传播、消费和反馈等多个方面,是一个相互依存、相互影响的生态系统。对内容的生产主体来说,创作门槛的降低使更多人能够借助智能工具实现自己的创意。从内容的分发来说,生成式 AI 的多模态转换能力能够跨越平台、渠道的限制,实现适用于不同平台的内容模态的转换,构建起多模态内容传播体系,提升分发与传播的效率。目前新闻评论的基本形态看似固化于文字、图片、视频等形式,但是在沉浸程度、交互方式和底层逻辑上,依然留有极大的上升空间。[①]

然而,生成式 AI 的急速发展也给生态治理带来了新的问题。快速生成的、浅表化的内容成为主流,有深度的内容则逐渐稀缺。人工智能生成的信息会导致内容生态失衡,同质、造假、信息安全风险等问题难以避免,作品的"灵韵"逐渐消失,成为千篇一律的"复制品"。这也提醒我们应该基于 AI 原生工作流进行新内容生态的搭建。

(三)平台关系方面:资源更为均衡

有学者认为,大模型驱动的人工智能应用正在改变技术工具的属性,迭代成为新型平台。[②] 2022 年,OpenAI 逐步开放内部插件,并允许第三方在 GPT 模型中创建插件,开启"模型即平台"时代。如今,通过人工智能开放平台的搭建,AI 逐步成为一种基础设施,AI 与其他接口互通共联,共同构建起

---

① 喻国明,李钒.内容范式的革命:生成式 AI 浪潮下内容生产的生态级演进[J].新闻界,2023(7):23-30.
② 陈昌凤.智能平台兴起与智能体涌现:大模型将变革社会与文明[J].新闻界,2024(2):15-24,48.

新的平台世界。

生成式AI强大的数据处理和生成能力,让不同的平台之间能够实现数据流通与共享,有助于打破平台间的屏障,让新闻评论多渠道、多模态分发,削弱头部平台的中心化控制,提升用户的自主权和控制权,促进平台间的合作开放。例如,通过生成式AI技术,不同平台可以更容易地实现数据的格式转换、内容生成和分发,从而提高数据的使用效率和价值。

(四)使用者方面:降低表达主体性

作为智能时代的便利工具,生成式AI的服务模式变革能够为使用者带来更加高效、舒适的使用体验。对话式指令的发布能够缩短人机沟通流程,用户无须学习代码编写、软件运行等复杂技术,智能工具的数字接入门槛降低,人工智能的使用逐渐日常生活化。

生成式AI的使用对于使用者的认知结构、语言组织、材料收集都会产生影响。评论员能够借助工具快速掌握大量信息,拓展认知边界。但对技术和算法的依赖可能导致人们的思维模式发生转变,更加注重效率、准确性以及数据,从而削弱使用者独立分析问题的能力。在语言组织上,AI模板化的生成逻辑,也会影响评论员的语言使用。人工智能在短时间内可以完成几乎以假乱真的新闻评论,这无疑给创作者带来了巨大的挑战。

(五)内容模式:形式主义加速衰落

形式主义是指过分注重表面形式、流程,而忽视工作本身的质量和实际效果,造成不必要的繁重负担和资源浪费的行为方式。对于这种追求表面,无须进行深入分析、探究本质的工作,AI能够快速完成,这使其成为应对形式主义的黑科技。例如,使用AI自动生成和整理各种报告、总结、会议记录等文档,能够减少人工操作的时间和错误。对于新闻评论来说,在生成式AI依赖模板和套话大量炮制空洞无物、缺乏实际见解的浪潮下,新闻评论中假大空的形式主义表达会被加速淘汰,真正有内容、有观点、视角新颖、言之有物的新闻评论表达将会脱颖而出。

三、新闻评论员善用生成式AI技术的策略

面对技术带来的改变与冲击,新闻评论员不必如临大敌,不必将新的技术形式视为洪水猛兽,而应学习掌握,积极对其进行调试,将科技转化为自

己的力量。

（一）从低阶表达转向高阶整合与对话

新闻评论功能多样，既有政治传播和日常交往的功能，还有个体素质提升的功能，因此传统新闻评论是"一项需要普及和提高的公民素质"[①]，其重点是理性的表达和成熟的思考。在人工智能出现之后，资料的整合创新以及有情怀的表达成为新的创作着重点。生成式AI能够从海量数据中学习模仿，创作出具有一定观点且表达完整的新闻评论，却难以进行灵活的思考与判断，生成的内容本质上仍然是数据的概率化组合，是框架化的产品。在信息泛滥的时代，任何人都能够在信息空间发表自己的看法与观点，低阶表达已难以满足受众的需求，要做好新闻评论就必须向着更为高阶的整合与对话进发。整合，不仅是整合事件资料，也是整合各方观点、多方数据、不同传播形态。多元、丰富的内容才是受众渴望看到的。

（二）从理性分析转向价值塑造

与新闻报道强调事实的客观呈现不同，新闻评论基于新闻事实，旨在表达观点、彰显立场、宣扬价值，为价值判断提供样本。生成式AI虽然能够对新闻事件进行条理清晰的逻辑归纳，却无法做出价值判断。技术虽然中立，知识内容却有一定的观点立场，使用的方式也会对价值的塑造造成影响。如果不能很好地对其进行调教与管理，技术就有可能从解决问题的利器变成危险的定时炸弹。

从平台逻辑来说，平台已经构建起一个全面统摄平台空间内各参与主体认知、态度和行为的虚拟权力系统，[②]这就导致生成式AI的知识来源于网络平台，其生成的内容也会对平台造成一定影响。对于人工智能生成的重要或敏感内容，平台有责任进行监管治理。就参与逻辑而言，多主体的参与让内容市场鱼龙混杂，新闻评论员应凭借专业知识和敏锐度，对人工智能生成的内容进行把关，确保其能够传递正确的价值观、引领社会导向。就对话逻辑而言，新闻评论员应该了解如何在人机对话中实现价值补充与价值引

---

① 赵振宇.一项需要普及和提高的公民素质：关于新闻评论的三点理性思考[J].新闻大学,2007(4):96-101.
② 李贵成,高晋.数字经济时代平台权力的表征、生成逻辑与规制路径[J].河南师范大学学报(哲学社会科学版),2024(3):16-22.

导,完善人工智能中缺失的部分。

(三)从工具使用转向工具制造

虽然生成式 AI 能够在短时间内完成信息的搜集、学习、输出,但其始终是一个开放性的平台,面对的是广而泛的信息,难以媲美领域内深耕者的专业。新闻评论员需要从使用人工智能工具到调试智能体,再到实现人工智能工具的制造,进一步完善人工智能在新闻评论领域的专业程度。智能工具的制造能够帮助新闻评论员延伸智慧,发挥出人工智能和人类在新闻评论创作中的各自优势。人工智能擅长数据处理、信息筛选和初步分析等工作,而人类则擅长深度思考、情感表达和道德判断。将二者结合,制造出"事实收集—观点阅读—观点生成—情感凝结—价值升华"并存的工具,将会使得新闻评论员的创作更加得心应手。

(四)从内容创造转向内容协商

对人工智能的驯化使得人与机器不再是彼此异质的实体,而是能够形成相互依存、相互嵌入、协同共进的"人机同构"紧密联系的共同体。[①] 个体写作与内容创作不再是一个孤独的过程,而是一个与人工智能交流互动、碰撞与调试的过程。新闻评论员能够发布指令让人工智能进行学习整合,生成所需的内容,在此基础上进行修改补充,可大幅提升创作效率。借助大数据的抓取与整合,生成式 AI 与人类的不同运行逻辑能给创作者带来启发,生成式 AI 不再只是一个机械式执行的机器,而是能够通过深度学习,为个体创作提供亮点的助手。这就要求新闻评论员掌握与 AI 对话的基本技能,并在此基础上对其不断进行调试,才能让人工智能在创作中发挥出最大的效用。

总之,明辨新闻评论的本质,了解新闻评论表达的环境变化,运用新闻评论强化社会功能和社会责任,是每个媒体和受众都应孜孜不倦培养的媒介素养。专业的媒体人应提升新闻评论质量,在社会转型期寻求新闻规律、市场规律以及技术进步间的平衡,推动社会进步;非专业的普通大众更应该强化传播素养,透过新闻评论的本质,在社会交往的过程中推动社会思潮的进步,唯有如此,社会主义思想舆论方能壮大。

---

① 喻国明,杨雅.5G 时代:未来传播中"人—机"关系的模式重构[J].新闻与传播评论,2020(1):5-10.

参考文献

一、中文论著

[1] 哈贝马斯.公共领域的结构转型[M].曹卫东,等译.上海:学林出版社,1999.

[2] 康德.实践理性批判[M].邓晓芒,译.北京:人民出版社,2003.

[3] 巴特.神话修辞术:批评与真实[M].屠友祥,温晋仪,译.上海:上海人民出版社,2009.

[4] 迪克.作为话语的新闻[M].曾庆香,译.北京:华夏出版社,2003.

[5] 彼得斯.交流的无奈:传播思想史[M].何道宽,译.北京:华夏出版社,2003.

[6] 麦克马纳斯.市场新闻业:公民自行小心?[M].张磊,译.北京:新华出版社,2004.

[7] 米尔斯.社会学的想象力[M].陈强,张永强,译.北京:生活·读书·新知三联书店,2001.

[8] 桑斯坦.网络共和国:网络社会中的民主问题[M].黄维明,译.上海:上海人民出版社,2003.

[9] 特纳.仪式过程:结构与反结构[M].黄剑波,柳博赟,译.北京:中国人民大学出版社,2007.

[10] 费尔克拉夫.话语与社会变迁[M].殷晓蓉,译.北京:华夏出版社,2003.

[11] 密尔.论自由[M].许宝骙,译.北京:商务印书馆,1959.

[12] 范荣康.新闻评论学[M].北京:人民日报出版社,1988.

[13] 郭步陶.编辑与评论[M].上海:商务印书馆,1938.

[14] 贺来.宽容意识[M].长春:吉林教育出版社,2001.

[15] 胡文龙.中国新闻评论发展研究[M].北京:中国人民大学出版社,2002.

[16] 李法宝.新闻评论:发现与表现[M].广州:中山大学出版社,2005.

[17] 林照真.收视率新闻学:台湾电视新闻商品化[M].台北:联经出版事业股份有限公司,2009.

[18] 马少华.新闻评论教程:第2版[M].北京:高等教育出版社,2012.

[19] 孙正聿.理论思维的前提批判:论辩证法的批判本性:第2版[M].北京:中国人

民大学出版社,2010.

[20]涂光晋.时代之声.新时期中国新闻评论研究[M].北京:中国人民大学出版社,2011.

[21]王俊秀.中国社会心态研究报告:2017[R].北京:社会科学文献出版社,2017.

[22]王俊秀.中国社会心态研究报告:2016[R].北京:社会科学文献出版社,2016.

[23]王俊秀,杨宜音.中国社会心态研究报告:2015[R].北京:社会科学文献出版社,2015.

[24]王俊秀,杨宜音.中国社会心态研究报告:2014[R].北京:社会科学文献出版社,2014.

[25]王振业.广播电视新闻评论[M].北京:北京广播学院出版社,1997.

[26]中共中央文献研究室.习近平关于全面深化改革论述摘编[M].北京:中央文献出版社,2014.

二、英文论著和论文

[1]ZELIZER B. Journalists as interpretive communities[J]. Critical studies in media communication, 1993(3).

[2]BOURDIEO P. Practical reason: on the theory of action[M]. Stanford: Stanford University Press,1998.

[3]CARLSON M. Meta journalistic discourse and the meanings of journalism: Definitional control, boundary work, and legitimation[J]. Communication theory,2015(4).

[4]COULDRY. Media rituals: a critical approach[M].London:Routledge,2003.

[5]DOMINGO D, QUANDT T, HEINONEN A, etc. Participatory journalism practices in the media and beyond[J]. Journalism practice,2008(3).

[6]GREY D L, BROWN T R. Letters to the editor: hazy reflections of public opinion [J]. Journalism quarterly, 1970(3).

[7]ENLI G, ROSENBERG L T. Trust in the age of social media: populist politicians seem more authentic[J]. Social media + society,2018(1).

[8]JACKMAN M R, JACKMAN R W. An interpretation of the relation between objective and subjective social status[J]. American sociological review,1973(3).

[9]MCCIUSKEY M, HMIELOWSKI J. Opinion expression during social conflict: comparing online reader comments and letter to the editor[J]. Journalism,2012(3).

[10]USHER N. Goodbye to the News: how out-of-work journalists assess enduring News values and the new media landscape[J]. New media & society,2010(6).

[11]BOURDIER. Practical reason: on the theory of action[M]. Stanford: Stanford Uni-

versity Press,1998.

[12]SPAULDING S. The poetics of goodbye:change and nostalgia in goodbye narratives penned by ex-Baltimore Sun employees[J]. Journalism, 2014(2).

[13]WU T Y, ATKIN D. Online news discussions:exploring the role of user personality, self-efficacy,and motivations[J]. Journalism & mass communication quarterly,2017(1).

[14] WOLFGANG D. How commenters use online forums as spaces for journalism's boundary work[J]. Newspaper research journal, 2018(1).

[15]ZELIER B. Covering the body:the Kennedy assassination, the media, and the shaping of collective memory[M]. Chicago:University of Chicago Press,1992.

三、学术论文

[1]安娜,林建成.新媒体条件下社会思潮传播的特征及其引领[J].社会主义研究,2016(6).

[2]白红义.新闻权威、职业偶像与集体记忆的建构:报人江艺平退休的纪念话语研究[J].国际新闻界,2014(6).

[3]卜建华,潘云梦,张宗伟.青年群体网络民族主义极端行为研究[J].学校党建与思想教育,2017(21).

[4]曾建雄.转型期新闻评论功能的拓展与内容形式创新[J].国际新闻界,2012(12).

[5]陈栋.我国新时评发展趋势分析[J].今传媒,2008(12).

[6]陈经超,万家驹,王忠彬.认证与非认证记者微博的话语表达分析[J].广告大观(理论版),2014(1).

[7]陈力丹,谢丽莎."善"与"美"的新闻更需"真":谈谈道德"绑架"新闻的现象[J].东南传播,2012(5).

[8]陈敏,张晓纯.告别"黄金时代":对52位传统媒体人离职告白的内容分析[J].新闻记者,2016(2).

[9]陈先红.论新媒介即关系[J].现代传播(中国传媒大学学报),2006(3).

[10]戴烽,朱清."双层社会"背景下无特定指向虚假新闻的刑事规制思路[J].当代传播,2016(4).

[11]党明辉.公共舆论中负面情绪化表达的框架效应:基于在线新闻跟帖评论的计算机辅助内容分析[J].新闻与传播研究,2017(4).

[12]丁法章.新闻评论在社会转型和公共话语中的独特功能[J].新闻战线,2013(3).

[13]丁方舟,韦路.社会化媒体时代中国新闻从业者的认知转变与职业转型[J].国际新闻界, 2015(10).

[14]丁方舟,韦路.社会化媒体时代中国新闻人的职业困境:基于2010~2014年"记者节"新闻人微博职业话语变迁的考察[J].新闻记者,2014(12).

[15]丁方舟."理想"与"新媒体":中国新闻社群的话语建构与权力关系[J].新闻与传播研究,2015(3).

[16]董天策.媒体言论的社会认知偏差与非理性表达:以周鼎"自白书"事件中的评论为例[J].新闻界,2015(4).

[17]杜骏飞.网络民族主义表达及文化消费景观:美联航事件、《人民的名义》谈话录[J].编辑之友,2017(7).

[18]杜涛.新闻评论的定义之争与研究路径整合[J].新闻界,2013(22).

[19]杜振吉,孟凡平.道德绑架现象论析[J].学术研究,2016(3).

[20]樊亚平.网络新闻传播产生社会影响力的一种特殊模式:兼论网络新闻传播的社会影响力[J].科学·经济·社会,2004(1).

[21]费芳.高职院校校企价值共同体构建思考[J].中国职业技术教育,2016(23).

[22]冯强,李孝祥.微博动员、维权倡议与记者的利益表达机制:以"记者S被打事件"为个案[J].新闻界,2016(13).

[23]高丙中.民间的仪式与国家的在场[J].北京大学学报(哲学社会科学版),2001(1).

[24]高海珍,米博华.一名评论员的成长逻辑:专访人民日报社原副总编辑米博华[J].新闻与写作,2016(5).

[25]郭小安,杨绍婷.网络民族主义运动中的米姆式传播与共意动员[J].国际新闻界,2016(11).

[26]何桦.报业转型:红星新闻"调查+评论"模式探究[J].新闻战线,2018(2).

[27]胡德平,赵静雯.主流理论在微博场域的生长空间、表达困境与发展策略[J].思想理论教育,2014(2).

[28]胡沈明.当代中国新闻评论权力场域分析[J].媒体时代,2012(10).

[29]华中科技大学新闻与信息传播学院课题组.社会心态影响我国网民的网络表达研究:以微博网民对"药家鑫事件"的评论为例[J].新闻前哨,2013(12).

[30]黄朝钦,彭芳.网众传播时代的表达自由与社会责任[J].当代传播,2016(2).

[31]黄焕汉.中国社会转型及其价值冲突之化解[J].求索,2010(9).

[32]姜利标.现实事件、网络话语和双重表达:以庆安事件微博传播为个案[J].青年研究,2017(5).

[33]李彪,郑满宁.从话语平权到话语再集权:社会热点事件的微博传播机制研究[J].国际新闻界,2013(7).

[34]李彪.网络事件传播空间结构及其特征研究:以近年来40个网络热点事件为例[J].新闻与传播研究,2011(3).

[35] 李法宝. 时评的"冷""热"与社会变革[J]. 写作,2016(21).

[36] 李红涛,黄顺铭.传统再造与模范重塑:记者节话语中的历史书写与集体记忆[J].国际新闻界,2015(12).

[37] 李红涛."点燃理想的日子":新闻界怀旧中的"黄金时代"神话[J].国际新闻界,2016(5).

[38] 梁衡. 评论是报纸的宝塔尖[J]. 采写编,2004(6).

[39] 刘枫. 自媒体时代记者的价值定位:信息校正和关系校正[J]. 编辑之友,2016(5).

[40] 刘景钊.转型期如何摆脱价值危机:兼论价值整合与价值共同体的建构[J].探索与争鸣.2013(1).

[41] 刘涛. 作为知识生产的新闻评论:知识话语呈现的公共修辞与框架再造[J]. 新闻大学,2016(6).

[42] 刘小龙. 当前中国网络民粹主义思潮的演进态势及其治理[J]. 探索,2017(4).

[43] 刘小龙. 解构与建构:当前中国网络民粹主义话语的生成逻辑[J]. 中共浙江省委党校学报,2017(4).

[44] 刘小龙. 论当前中国的网络民粹主义动员及其治理[J]. 社会主义研究,2017(4).

[45] 陆学艺. 当代中国社会阶层的分化与流动[J]. 江苏社会科学,2003(4).

[46] 罗以澄,王丹艺.新媒体赋权语境下网民的言论表达与行动研究:以"哈尔滨天价鱼"事件为例[J].当代传播,2016(2).

[47] 骆正林.传统媒体是引导舆论的权威机构[J].新闻爱好者,2012(4).

[48] 马少华. 早期的"时评":论我国近代新闻评论发生发展的形式规律[J]. 国际新闻界,2003(5).

[49] 毛丹. 村落共同体的当代命运:四个观察维度[J]. 社会学研究,2010(1).

[50] 聂静虹,李磊磊,王博.承前启后:新闻评论之架构效果探究[J].新闻与传播研究,2013(3).

[51] 欧阳明. 我国电视新闻评论的困局及解困策略探析[J]. 现代传播(中国传媒大学学报),2009(2).

[52] 潘光哲.近现代中国"改造国民论"的讨论[J].开放时代,2003(6).

[53] 彭兰. 场景:移动时代媒体的新要素[J]. 新闻记者,2015(3).

[54] 彭兆荣. 人类学仪式研究评述[J]. 民族研究,2002(2).

[55] 钱军平. 打造价值、理想和利益共同体:从管理的双重使命看现代大学发展战略[J]. 现代教育管理,2011(8).

[56] 饶世权,林伯海.习近平的人类命运共同体思想及其时代价值[J].学校党建与思想教育,2016(7).

[57] 佘正荣. 价值共同体与环境义务[J]. 上海师范大学学报(哲学社会科学版),

2005(1).

[58]苏琦.胡舒立:十字路口的中国新闻人[J].记者观察,2014(7).

[59]孙志军,张若云.近代报刊启蒙对新闻评论转型的启示[J].青年记者,2018(2).

[60]覃青必.道德绑架内涵探析[J].江苏社会科学,2013(5).

[61]陶倩,曾琰.志愿服务之于价值共同体的建构探析[J].社会主义核心价值观研究,2017(1).

[62]田谷.地摊文学面面观[J].齐齐哈尔社会科学,1993(1).

[63]涂光晋,吴惠凡.表达·交流·争论·整合:新媒体时代新闻评论的变化与反思[J].国际新闻界,2011(5).

[64]涂光晋.多媒体生存·多功能延伸·多主体参与:改革开放30年新闻评论的发展与变化[J].现代传播(中国传媒大学学报),2008(6).

[65]王君超,郑恩."微传播"与表达权:试论微博时代的表达自由[J].现代传播(中国传媒大学学报),2011(4).

[66]王君超.微博的表达权及"理想传播情景"的构建[J].中国出版,2011(6).

[67]王俊秀.社会心态的结构和指标体系[J].社会科学战线,2013(2).

[68]王首程.情绪记忆与娱乐本性对微博表达的影响:一项关于微博评论的个案分析[J].广州大学学报(社会科学版),2013(10).

[69]王喆."今晚我们都是帝吧人":作为情感化游戏的网络民族主义[J].国际新闻界,2016(11).

[70]闻迪生.《环球时报》社评:主流话题与民间表达[J].现代传播(中国传媒大学学报),2014(6).

[71]吴乔.仪式的要素与仪式研究:以国内个案对国外人类学仪式理论的再探讨[J].世界民族,2013(5).

[72]吴自力.进退之间:2008—2013年记者职业化状态分析:基于南方报业"年度记者"文本的词频考察[J].新闻与传播研究,2015(3).

[73]肖鲁怀.新闻评论节目中感性因素的运用:以《新闻启示录》栏目为例[J].东南传播,2009(10).

[74]许鑫,沈天舒.电视新闻评论:本质、模式与生存路径[J].湖南科技大学学报(社会科学版),2010(6).

[75]杨凤娇,陈曦,锁菁.微博视域下女性在社会公共话题中的话语表达:基于新浪微博对"全面二孩"的讨论[J].现代传播(中国传媒大学学报),2017(2).

[76]杨宜音.个体与宏观社会的心理关系:社会心态概念的界定[J].社会学研究,2006(4).

[77]李永健,张弛.融媒体时代多元化场景建构《中国舆论场》:电视新闻评论节目的

创新探索[J].电视研究,2017(10).

[78]俞虹,顾晓燕.新媒体:传播能力与媒介责任的延伸[J].现代传播(中国传媒大学学报),2012(5).

[79]喻国明.互联网是高维媒介:一种社会传播构造的全新范式:关于现阶段传媒发展若干理论与实践问题的辨正[J].编辑学刊,2015(4).

[80]张佰明.嵌套性:网络微博发展的根本逻辑[J].国际新闻界,2010(6).

[81]张北坪.困境与出路:反思慈善捐赠活动中的"道德胁迫"现象[J].西南大学学报(社会科学版),2010(6).

[82]张碧红.从媒介工具化到媒介社会化:微博的个体表达与社会影响[J].学术研究,2012(6).

[83]张梅.滞留的集体主义:微博场域经济议题的社会共识现状与表达[J].新闻大学,2017(1).

[84]张涛甫.微博的功能限度[J].新闻记者,2011(3).

[85]张显峰.新闻评论不能做舆论的"应声虫"[J].新闻与写作,2016(9).

[86]张莹瑞,佐斌.社会认同理论及其发展[J].心理科学进展,2006(3).

[87]张志安.深度报道从业者的职业意识特征研究[J].现代传播(中国传媒大学学报),2008(5).

[88]张志旻,赵世奎,任之光,等.共同体的界定、内涵及其生成:共同体研究综述[J].科学学与科学技术管理,2010(10).

[89]赵振宇,邓辉林.新闻评论者的独立品格及培养初探[J].国际新闻界,2008(12).

[90]赵振宇,刘义昆.据"势"行事,以事成"势":新闻评论特色教育体系的构建与实施[J].现代传播(中国传媒大学学报),2017(8).

[91]赵振宇,张强.新闻评论的正义观初探[J].国际新闻界,2013(11).

[92]赵振宇.一项需要普及和提高的公民素质:关于新闻评论的三点理性思考[J].新闻大学,2007(4).

[93]赵志明.透过文本的新闻价值之关照:中国新闻奖与普利策新闻奖比较研究[J].新闻知识,2005(7).

[94]郑根成.传媒娱乐化的伦理反思[J].湖南师范大学社会科学学报,2006(2).

[95]郑杭生.改革开放三十年:社会发展理论和社会转型理论[J].中国社会科学,2009(2).

[96]钟志贤.知识建构、学习共同体与互动概念的理解[J].电化教育研究,2005(11).

[97]周葆华.新媒体使用与主观阶层认同:理论阐释与实证检验[J].新闻大学,2010(2).

[98]周海燕、李婧姝.策略与分野:在新闻专业主义话语与国家话语之间的新闻奖:基于《南方都市报》新闻报道奖与"中国新闻奖"的研究[J].新闻记者,2012(8).

[99]周逵,苗伟山.竞争性的图像行动主义:中国网络民族主义的一种视觉传播视角[J].国际新闻界,2016(11).

[100]周智强.媒体评论新取向及其特征[J].新闻记者,2008(4).

四、学位论文

[1]苏蕾.从强公共性到弱公共性:我国媒体评论公共性话语建构[D].武汉:华中科技大学,2010.

[2]韦冬妮.维克多·特纳及其仪式理论[D].北京:中央民族大学,2010.

图书在版编目(CIP)数据

转型期的新闻评论表达研究/胡沈明著.--北京:中国传媒大学出版社,2025.3.

ISBN 978-7-5657-3877-7

Ⅰ.G210

中国国家版本馆 CIP 数据核字第 20250DD077 号

转型期的新闻评论表达研究
ZHUANXINGQI DE XINWEN PINGLUN BIAODA YANJIU

著　　者	胡沈明
策划编辑	李水仙
责任编辑	李水仙
封面设计	拓美设计
责任印制	李志鹏

出版发行	中国传媒大学出版社				
社　　址	北京市朝阳区定福庄东街1号		邮　编	100024	
电　　话	86-10-65450528　65450532		传　真	65779405	
网　　址	http://cucp.cuc.edu.cn				
经　　销	全国新华书店				
印　　刷	唐山玺诚印务有限公司				
开　　本	710mm×1000mm　1/16				
印　　张	15.5				
字　　数	246千字				
版　　次	2025年3月第1版				
印　　次	2025年3月第1次印刷				
书　　号	ISBN 978-7-5657-3877-7		定　价	79.00元	

本社法律顾问:北京嘉润律师事务所　郭建平